교직실무

교직실무

이병환 저

dm 동문사

PREFACE

교직실무는 교육학 관련 이론을 탐색하는 과목이라기보다는 교육대학이나 사범대학 그리고 교직 이수과정 등 교원양성기관에서 예비교사가 갖추어야 할 실무적인 지식과 기술을 습득하는 과목이라는 데 그 특징을 찾을 수 있다. 실무적인 지식과 기술은 학교 현장의 변화 양상에 따라 시시각각 변화할 수 있다. 오늘날 학교 현장의 변화 양상은 그 어느 때보다도 크고 빠르다. 따라서 교직실무의 내용도 이에 걸맞은 모습으로 학교 현장의 변화 양상을 신속하게 반영해야 한다.

최근 학교 현장의 변화 모습은 실로 대단한 것이라고 밖에 표현할 길이 없다. 특히 국가교육과정의 대폭적인 개정과 함께 학교 관련 각종 법령이 개정되었다. 제4차 산업혁명이라는 시대적 변화 양상을 반영하는 소프트웨어 교육의 확대와 과정 중심의 수행평가 실시 등으로 대표되는 학교 문화 전체의 획기적인 변화는 교직실무의 새로운 내용을 촉구하는 환경이 되었다. 따라서 부분 개정보다는 전면적인 개정을 통한 신간 발간으로 교육수요자의 요구에 부응하기로 하였다. 이번 신간에서는 예비교사의 새로운 교육적 요구를 충실하게 반영하기 위하여 학교 현장의 요구와 필요성을 중심으로 우선순위를 정하고 이를 목차에 반영하였다.

교직실무 신간은 모두 3부로 구성되었다. 1부는 교사와 교직에 대한 이해를 돕기 위한 내용으로 구성되었다. 교사와 교직에 대한 이해, 교원의 권리와 의무, 교원의 보수, 교원연수, 교직단체, 교원능력개발평가에 대한 이해를 통해 교사와 교직에 대한 전문적 이해와 직업적 소명감을 함양하고자 하였다.

2부에서는 교사의 고유 업무와 관련되는 부분으로 학생지도의 실제를 다루고 있다. 교육과정의 편성과 운영, 수업에 대한 이해, 학생평가와 성적관리, 학급경영, 생활지도와 학교상담과 같은 학교 현장의 실무적 지식과 경험을 함양하는 단원으로 구성되었다.

3부에서는 학생지도 못지않게 중요한 영역으로 인식되고 있는 학교 행정업무에 대한 이해를 돕는 단원으로 구성하였다. 학교운영위원회와 학교회계제도, 문서관리, 교원의 인사와 복무에 대한 이해를 돕는 내용으로 구성되었다.

교직실무를 집필하면서 무엇보다도 초등과 중등의 교원양성기관인 교육대학과 사범대학의 존재 이유를 염두에 두었다. 교육대학과 사범대학의 존립 근거를 묻는 이 질문은 너무나도 당연하게 이상적 교사를 양성하기 위함으로 귀결된다. 즉 교사가 지녀야 할 이상적 자질과 능력을 기르는 데 있다. 교사를 학교(교실)에서 학생들과 더불어 지(知)와 행(行)의 가르침을 주된 혹은 우선적 과업으로 행하는 사람이라 정의할 때 교실, 학생, 가르칠 내용, 가르치는 방법은 교육대학과 사범대학 교육과정의 중심이 될 수밖에 없다. 그런데 교원양성기관의 현실은 그렇지 않다. 그것은 바로 교사의 열성적 수업이 학생들의 생활과 철저하게 유리되어 추상화되었다는 점 때문일 것이다. 철저하게 학생들의 삶과 유리되어 있는 박제된 이론을 학생들에게 가르치고 있는지 반문하지 않을 수 없다. 이런 현실적 고발에 대해 보다 친숙하게 들을 수 있는 말이 있다면 그것은 바로 현장성(現場性)이라는 용어일 것이다.

이 책은 초등과 중등의 교원양성기관에서 교직 생활에 필요한 실무적 지식과 경험을 사전에 체득하고 이를 통해 교사로서의 소양을 증진시키려는 예비교사훈련프로그램으로 활용하기 위하여 집필되었다. 기존의 교원양성기관 교육과정으로는 학교 현장의 지식과 경험을 직접적이고도 풍부하게 체험할 수 있는 기회가 충분히 제공되고 있지 못한 것이 현실이다. 교육실습이라는 학교현장 체험 기회가 있기는 하지만 교직실무 경험을 충분히 함양하는 데에는 여전히 모자람이 있다. 무엇보다도 우리나라의 교원양성기관은 교육의 특수성에 대한 충분한 진단이 부족함에서 반성의 여지가 있다. 교육의 특수성에 대한 배려는 이 책 집필의 시종(始終)에서 우선적으로 고려되었던 핵심적인 관건이다.

끝으로 이러한 현장성의 부족에 대한 지적이 교육대학과 사범대학 교육에서 이론적 가르침의 무용론을 주장하고 있지는 않다는 점을 말하고 싶다. 이론은 현

PREFACE

실(as it is)을 비추어 볼 거울이자 더 나은 발전의 촉매제이다. 교사는 현실에 기반하고 있지만 이상적 미래(at it will be)를 향해 나아가야 하기 때문이다. 다만 우리가 지적하려는 바는 아무리 좋은 이론이라도 결코 추상적 제시에 그쳐서는 안 되며 학생의 실질적 앎에 철저하게 기여하는 형태로 제시되어야 한다는 점을 지적할 따름이다.

이 책은 바로 이와 같은 문제 진단에서 출발한다고 할 수 있다. 다시 말해 유능한 교원을 양성하느냐 그렇지 않느냐의 문제는 실무적 지식에 대한 전문적 소양 여부에서 판단될 만큼의 중요도를 가지고 있다는 것이다. 이 책은 심층적인 이론서가 아니라 실무적인 내용으로 구성된 지침서이다. 다시 말해 초・중등학교에서 교직을 수행하는 데 필요한 실무 자료를 체계적으로 정리한 지침서의 성격을 띠고 있다.

이 책은 특히 다음과 같은 몇 가지 측면에서 많은 노력을 기울였다.

첫째, 교직 수행에 실제 필요한 내용으로 구성하였으며 특히 각종 법규와 제도가 자주 바뀌는 환경적 특성을 감안하여 가급적 최신 자료를 제시하도록 노력하였다.

둘째, 교직을 수행하는 데 요구되는 실무적 지식을 실제적으로 이해하고 이를 수행할 수 있도록 현장 업무 매뉴얼이나 장학 자료를 활용하였다.

셋째, 이 책에서 제시하는 내용이 성공적인 교직 수행에 필요한 지식과 경험을 다 담기 어렵다고 판단하여 교사로서 반드시 숙지해야 할 내용의 우선순위를 설정하고 이 기준에 따라 내용을 구성하였다.

이 책은 교직을 이해하고자 하는 예비교사들에게 성공적인 교직 업무를 돕기 위한 자료로서 읽히기를 기대한다. 끝으로 이 책이 출판되도록 적극 격려해 주신 동문사 관계자분들께 깊은 감사를 드린다.

햇살 좋은 봄날 전남 순천의 향림 동산에서

저자 **이병환** 씀

차 례

CONTENTS

PART 02 학업지도와 생활지도

차 례

CONTENTS

PART 03 행정업무의 이해

01

PART

교사와 교직

CHAPTER 1_ 교사와 교직

CHAPTER 2_ 교원의 권리와 의무

CHAPTER 3_ 교원의 보수, 교원연수, 교직단체, 교원능력개발평가

CHAPTER 01 교사와 교직

이 장에서는 교사의 자질과 역할을 알아보고 이를 통하여 직업으로 교직의 특성이 무엇인지 생각해보기로 한다. 교사라면 바람직한 교사상을 지향하는 것이 당연한 일이다. 그러나 바람직한 교사의 특성은 교육자, 철학, 시대, 사회에 따라 다양할 수밖에 없다. 그렇기 때문에 바람직한 교사상에 대한 정의도 우리 사회의 보편적인 통념의 수준에서 규정하는 것이 바람직하다. 오늘날 우리 사회에서 요구하는 교사상은 어떤 것일까? 교권이 급격하게 떨어지고 있는 상황에서 교육자들은 어떤 자세를 가져야 하는 것일까?

1 교사의 자질과 역할

1) 교사의 자질

교사라면 바람직한 교사상을 지향하는 것이 당연한 일이다. 그러나 바람직한 교사의 특성은 교육자, 철학, 시대, 사회에 따라 다양할 수밖에 없다. 그렇기 때문에 바람직한 교사상에 대한 정의도 우리 사회의 보편적인 통념의 수준에서 규정하는 것이 바람직하다.

'교육의 질은 교사의 질을 능가하지 못한다.' 이 말은 교사의 질적 수준이 그 나라 교육의 질적 수준을 가늠하는 척도가 된다는 말이다. 이 말이 내포하는 의미는 교육에 있어서 가장 중요한 핵심적 요소는 교사임을 말하고 있다. 아무리 훌륭한 건물과 최신식 교육 기자재를 갖추어 놓은 학교라 해도 그것을 교육적으로 의미 있게 활용할 수 있는 유능한 교사가 없다면 좋은 교육이 이루어질 수 없다. 교사는 학교교육에서 가장 중심적인 위치를 차지하고 있으며 또 학생들에게 가장 중요한 영향을 미치고 있는 사람이다.

교사(敎師)는 학생 및 교육내용과 더불어 교육을 구성하는 3대 요소의 하나이며, 교육의 방향과 성과를 결정하는 데 가장 핵심적인 요소가 된다. 교사는 인간의 성장 가능성에 대한 믿음에서 출발하여 인간을 바람직하게 변화시키는 역할을 한다. 따라서 교사 없는 교육이란 생각할 수 없는 것이다.

무엇보다 교직의 중요성은 미성숙한 학생들을 대상으로 한다는 데 있다. 물론, 의사, 서비스업, 법률가 등 사회의 많은 직업들이 인간을 대상으로 한다.

그러나 이런 일들은 어느 한 분야에 집중되어 일시적으로 이루어진다. 즉, 위급한 수술 상황, 이윤을 통한 매매 활동, 재판 활동 등 인간 행위의 한 측면에 한정되어서 이루어진다. 반면, 교직은 어느 특정한 분야가 아니라 지적, 정신적, 사회적, 신체적 영역에서 인격자를 기르기 위한 전인교육을 추구하는 일을 한다. 따라서 교육의 대상은 신체적, 정신적으로 기존의 사회문화에 적극적이지 못한 학생뿐만이 아니라 미래 사회에 필요한 창의적, 비판적 시각을 지닌 새로운 세대도 포함한다. 자기 스스로 사회현상에 대한 합리적인 판단이 부족한 학생에게는 주체성과 판단력을 길러주고, 무한한 가능성을 가진 학생에게는 자기의 능력을 마음껏 펼칠 수 있는 기회를 제공하는 것이 교직의 중요한 특성이다.

오늘날 사회가 요청하는 교사는 지식이나 기능만을 가르치는 것이 아니라, 학생들이 전인(全人)으로서 성장·발달하는 것을 가능하게 하는 사람이다. 이런 의미에서 교사는 인간의 인간다움을 실현시키는 종합 예술가라고 할 수 있다. 교사에게 여러 가지 자질이 요청되는 것은 지극히 당연한 일이다.

첫째, 교사는 다른 직종과 달리 남다른 사명감을 가져야 한다는 점을 들 수 있다. 한 학급에는 개성과 환경 및 신체적 특징이 제각기 다른 수십 명의 학생들이 있다. 한 사람의 교사에게는 수많은 학생들을 올바른 길로 이끌어야 하는 숙명적 과제가 가로 놓여 있다. 언제 어디에서 돌발적인 상황이 터질지 모르는 긴박한 상황 속에서 묵묵히 교단을 지키고 있는 사람이 교사이다. 교사는 단순히 지식을 가르치는 사람이 아니라 인격을 가르치는 사람이어야 한다. 수십 명의 학생들을 제각기 한 사람의 인격체로 대하면서 올바른 길로 안내하는 일이 교사의 몫이다. 그렇다고 경제적 처우나 사회적 위신이 상대적으로 다른 직종에 비해 나은 것도 아니다. 사명감이 없이는 감내하기 힘든 일이 바로 교사의 길이라 할 수 있다. 한 명의 학생도 낙오 없이 올바른 길로 인도해야 한다는 막중한 사명감은 교사를 지탱하는 힘의 원천이기도 하다. 모든 직종에서 사명감이 요구되지만 교사의 사명감은 다른 직종에서 요구하는 사명감과는 많은 차이가 있다. 단순한 직업적 사명감이 아니라 한 인격체의 건전한 성장에 관련되는 숭고한 과업을 수행한다는 사명감이 교사의 삶을 특징짓고 있다.

둘째, 교사는 언제나 모범적인 삶을 살아야 한다는 점이다. 교육에서 가장 전통적이고 지속적인 가치는 바로 솔선수범의 자세이다. 수천 년 전의 스승들도 그래 왔고 미래의 교사들에게도 올바른 인격과 자질을 갖추는 일은 영원히 요구되는 덕목일 것이다. 교사의 삶은 학생들에게 사표(師表)가 된다. 모범적인 삶을 모범적인 행동에만 국한시켜서는 안 된다. 교사는 정신적으로 모범적인 자세를 가져야 한다. 학교 안에서는 물론이거니와 학교 밖에서도 몸과 마음을 가다듬으면서 절제된 생활을 해야 한다. 학생과 학부모는 언제 어디서나 선생님의 마음과 행동을 주목하고 있고 또한 본받으려 하고 있다. 경제적으로 청빈한 삶을 살아야 하며 도덕적으로 반듯한 자세를 견지해야 한다. 교사의 솔선수범은 동서고금을 막론하고 가장 일반적이면서도 중요한 가치이다.

셋째, 교사의 삶은 직업적 전문성을 가져야 한다는 점이다. 교사는 무엇보다 지식과 품성을 학생들에게 전수하거나 스스로 익히도록 해야 한다. 따라서 직업적인 전문성을 가져야 한다. 급변하는 사회 변화에 능동적으로 대처하기 위한 노력을 게을리해서는 안 된다. 요즘 학생들의 심리·사회학적 이해를 위해 부단히 노력해야 한다. 학생들의 사회적 관심사는 물론 학생 개인의 심리적 특성과 가정의 환경적 특성을 정확히 이해하고 교육적 처방을 제공해 주어야 한다. 교과에 대한 지식도 더욱 넓혀나가야 한다. 학생들과의 상호작용은 교과목을 통해서 이루어지는 부분이 제일 많기 때문에 존경받는 교사가 되기 위해서는 무엇보다 교과에 대한 전문성이 뛰어난 교사가 되어야 한다. 학생들의 흥미와 수준을 고려하여 죽은 지식이 아니라 살아있는 지식을 보급해야 한다.

넷째, 교사는 현재보다 미래를 생각하고 학생들에게 꿈을 심어줘야 한다. 학생들 한명 한명이 장차 나라의 미래를 짊어지고 나갈 소중한 자산들임을 명심하고 희망찬 미래의 포부를 심어주어야 한다. 옛말에 '일 년 계획은 곡식을 심는 일 만한 것이 없고, 십 년 계획은 나무를 심는 일 만한 것이 없고, 평생 계획은 사람을 키우는 일 만한 것이 없다'며 교육을 백년지대계(百年之大計)로 꼽았다. 학생을 교육하는 것은 국가와 사회발전의 초석이 되고 그 영향력이 계속 지속되기 때문에 백 년 앞을 내다보는 큰 계획이다. 그러므로 교육의 결과는 단시간에 나타나는 것이 아니라 한 개인의 일생에 거쳐서 계속 따라다니고 영향을 미친다. 교육은 장기적이고 먼 훗날을 준비하는 사업이다. 지금 현재에 나타난 성과에 매달리다 보면 정작 중요한 것들을 망치는 경우가 많다.

다섯째, 교사는 인간에 대한 믿음과 애정이 있어야 한다. 교사는 주로 학생들을 가르치는 일을 하고 있지만 넓게 보면 학부모와 지역 주민들에게도 영향을 미치는 존재이다. 교사는 그 대상이 누구이든 간에 인간에 대한 믿음과 애정으로 대하며 인내심을 가지고 기다릴 줄 아는 여유가 있어야 한다.

교육은 교사의 인격과 학생의 인격의 만남으로 이루어진다. 교사는 교실이 만남의 현장이 되고 학생들 간의 열린 대화의 광장이 되도록 노력해야 한다. 교사의 모든 언행은 학생들에게 영향을 미친다. 교사가 학생들에게 미치는 영향은 실로

지대하다. 김교신(金教臣) 선생과 같은 위대한 교육자의 삶을 통하여 교육자의 올바른 자세를 가다듬을 필요가 있다.

따라서 교사의 자질은 교직에 대한 사명감을 기초로 훌륭한 교양인이어야 하고, 인격자여야 하며, 전문인이어야 하고 이를 바탕으로 학생들에게 미래의 꿈을 심어주고 사랑을 베푸는 사람이라 할 수 있다.

더 알아보기 **김교신 선생(金教臣, 1901. 4. 18 ~ 1945. 4. 25)**

일제강점기 무교회주의 기독교 사상을 전파한 종교인, 출판인, 교육자이며 독립유공자이다. 함경남도 함흥에서 태어난 김교신 선생은 암울한 일제강점기에 우리 사회의 여러 분야에서 많은 업적을 남겼지만 무엇보다 주목할 점은 위대한 교육자의 삶을 살았다는 점이다.

선생은 양정고보, 경기고보, 송도고보 등에서 박물학(생물학 혹은 지질학) 교사로 재직하면서 민족정신 고취와 전인교육에 헌신하였다. 특히 서울의 양정고보 교사 시절에는 유달영(농촌운동가), 윤석중(아동문학가), 손기정(1936년 베를린올림픽 마라톤 금메달리스트), 구본술(의사이며 한국안과의 개척자) 등의 제자들에게 깊은 교육적 감화를 심어주었으며, 이들은 후일 선생의 가르침을 되새기며 올곧은 삶을 살았다.

선생은 타고난 체력이 천하장사와 같이 강건하였으며, 그의 곧은 성격과 날카로운 외모로 인해 '양칼'이라는 별명을 가졌지만, 수업이나 생활 속에서는 늘 지성에 바탕을 둔 따뜻한 인간미로 학생들에게 사랑을 전파하였다. 1936년 베를린올림픽 마라톤대회에서 금메달을 획득한 손기정선수는 나라를 잃은 우리 민족에게 희망을 주라는 스승 김교신 선생의 깊은 가르침을 되새기며 이를 악물고 완주하여 우승한 후 선생에게 감사의 편지를 보냈다는 일화가 있다. 일제강점기의 암울한 우리 민족에게 희망을 줄 수 있다면 어떤 어려움도 극복해야 한다면서 마라톤 연습장에서도 늘 격려해 주던 선생이었다.

이후 함흥 비료공장에서 노동자들과 함께 생활하다가 1945년 봄, 선생이 그토록 간절히 그리던 우리 민족의 해방을 보지도 못한 채 발진티푸스에 감염되어 제자들의 애도 속에 세상을 떠났다. 선생은 마지막 순간까지도 제자들에 대한 애틋한 사랑과 걱정으로 눈을 감지 못하였다고 전해진다. 김교신 선생의 일기 등 그가 저술한 글은 해방 직후 부족했던 한국어 교육의 교본으로 사용될 정도로 뛰어났으며, 그 속에 담긴 선생의 투철한 교육철학과 교육현장의 이야기들은 후배 교사들에게 큰 감화를 주었다.

2) 학교에서 교사의 역할

교사의 기본적 역할은 그가 수행하는 기능, 그에게 부여된 권한, 그의 개인적 자질과 경험 등에 따라 다양하게 나타나며 교사가 주위의 사람들로부터 기대되는 역할과 이를 교사들이 어떻게 지각하느냐, 그리고 그 역할기대가 그의 인성에 일치하느냐 아니냐에 따라 상이하게 나타난다.

(1) 수업관리자로서의 교사

교사의 역할 중에서 수업(instruction)은 가장 핵심적인 역할이다. 오늘날 교직의 특수성과 전문성이 크게 부각됨에 따라 교사의 역할은 무엇을 어떻게 가르칠 것인가 하는 교수내용과 방법 두 가지 요소가 동시에 강조되고 있다. 전자는 교육내용의 적절성에 관련된 문제이며 후자는 교수방법의 효율성에 관련된 사항이다. 교사가 가르치는 내용이 학생 및 사회의 필요에 적합할 때 일단 유능한 교사로 평가되지만 이 내용이 학생의 개성에 따라 전달되기를 학생과 학부모는 기대한다. 예컨대 실력은 있으나 가르치는 방법이 형편없다는 평을 듣는 교사라든지, 가르치는 내용이 빈약하여 실력이 없다는 평을 받는 교사는 모두 교사의 역할기대를 제대로 수행하지 못함을 뜻한다.

전통적으로 교사는 지식을 베풀어 주는 지식의 전달자였다. 이러한 영역의 일을 위해 교사들에게는 가르치는 교과목에 대한 훌륭한 기초적 소양과 적절한 전달수단이 필요했다. 그러나 이러한 전통적 교수형태는 오늘날 도전을 받고 있다. 즉 지식이 폭발적으로 증가하고 있고 새로운 정보가 비약적으로 발전되고 있는 지식정보사회에서 교사들은 확실히 그들의 학문 분야에서 낙후되지 않기란 대단히 어려운 일임에 분명하다.

이러한 비판으로 인해 수업에 관한 교사의 역할에도 변화가 일어나고 있다. 오늘날 교사들은 지식의 유일한 원천으로서가 아니라 「수업관리자로서의 교사(teacher as instructional manager)」로서 생각되는 경향이 있다. 다시 말해서 지식의 일방적인 전달이 아니라 학생들이 스스로 사고하여 새로운 사실을 밝히고 이해하는 자기주도적 능력을 기르기 위한 수업관리자로서의 역할이 중시되고 있다. 수업관리자로서 교사의 과업은 강의하는 사람으로서의 교사의 기능과는 확연히 다르다. 교사의 역할이 단순한 지식의 전달에 그치는 것이 아니라 학생들이 중요한 지식을 이해하고 새로운 지식을 찾아내고 배운 지식을 적용하여 새로운 문제를 해결하는 학습과정에서 교사는 유능한 조력자의 역할을 하여야 한다는 것이다. 특정한 개념이나 원리를 학습자의 발달단계에 맞도록 설명하는 일, 학생들의 학습 유형에 맞는 학습과정을 마련하는 일, 학습에 있어서 개인이나 집단이 당면하는 난관을 극복하도록 도와주는 일 등은 수업관리자로서 교사가 해야 할 일들이다.

(2) 판단자(判斷者)로서의 교사

교사가 학교상황에서 수행하는 많은 일 가운데 학생에 관한 올바른 판단을 요구하는 일이 상당히 많다. 학생들의 성적을 채점하는 일, 행동을 평가하고 기록하는 일, 우수아와 부진아를 결정하는 일, 수상 대상을 결정하는 일, 처벌 대상에게 처벌규정을 적용하는 일 등에 있어서 교사는 판단자의 역할을 수행한다. 이러한 교사의 판단이 과연 적절한 것이냐, 그렇지 못한 것이냐는 교사의 윤리에 관한 문제이다. 교사의 판단 그 자체는 학생의 자아개념 형성에 큰 영향을 주고 또 학생에 대한 강화체제의 중요한 부분이 되며 학생들의 학습과정에 직접적으로 영향을 미친다.

(3) 지식자원(知識資源)으로서의 교사

학생들에게 필요한 지식을 전수한다는 것은 교사에게는 가장 우선적인 임무이다. 교사는 살아있는 교과서의 구실을 다할 것이 기대되고 있다. 교사가 가지는 지식의 이해 정도는 학생들의 학업성취도와 밀접한 관련이 있는 점으로 보아 지식의 공급처로서 교사의 역할은 중요하다.

(4) 심판자(審判者)로서의 교사

학급 내에서 의견이 일치하지 않거나 갈등이나 대립을 보이는 현상은 흔히 있기 마련이다. 이때 공정하게 시비를 가려낼 수 있는 유일한 권위자는 교사이다. 이와 같은 심판 역할에 있어서의 공정성과 타당성 여하에 따라서 학생들에게 비치는 교사 권위는 크게 좌우된다.

(5) 훈육자(訓育者)로서의 교사

학생집단이 질서를 유지하기 위해서는 적절한 훈육을 일관성 있게 해줄 것을 학교경영자나 학부모나 학생 자신들도 교사에게 기대한다. 교사의 훈육 역할의 적절성은 학교의 질서유지뿐만 아니라 학생들의 학업성취에도 적지 않은 영향을 준다.

(6) 동일시대상(同一視對象)으로서의 교사

갈등이나 난관에 부딪혔을 때 학생들이 쉽게 취하는 행동으로 동일시의 현상을 들 수 있다. 학생들의 중요한 동일시대상은 교사이다. 따라서 교사의 여러 가지 행동 특징은 학생들에 의해서 잘 모방된다. 교사의 말투 · 걸음걸이 · 필체(筆體) · 태도 · 가치관까지도 동일시의 내용에 포함될 수 있다.

(7) 불안제거자(不安除去者)로서의 교사

성장과정에서 학생들은 여러 가지 불안을 겪게 된다. 현실에 대한 이해 부족과 자신의 능력부족에서 오는 불안은 자연스럽게 성인의 도움을 필요로 하게 된다. 따라서 학생들에게 불필요한 불안을 주지 않도록 상황을 통제하는 일 등은 교사가 수행해야 할 역할이다.

(8) 자아옹호자(自我擁護者)로서의 교사

성장과정에 있는 학습자들이 당면하게 되는 문제 중에는 자신감을 잃는 일, 자기부족을 느끼는 일, 열등감을 느끼는 일 등이 있다. 이때 교사는 학생들로 하여금 성취감을 느끼게 하고 학생의 성취에 대한 주위로부터의 인정을 받도록 해줌으로써 학생들의 자아를 옹호해 주고 자신감을 가지도록 하는 역할을 담당해야 한다.

(9) 집단지도자(集團指導者)로서의 교사

학교교육은 개별적 접촉과 지도를 통해서도 이루어지지만, 대부분의 경우 집단적 상황에서 이루어진다. 그러므로 교사는 그것이 학급 집단이건 그 밖의 소집단이건 집단의 사기를 높이고 응집력을 향상시키기 위한 지도자로서의 일반적 역할을 담당하게 된다.

(10) 부모대행자(父母代行者)로서의 교사

초등학교 저학년 아동의 경우에는 교사의 행동과 부모의 행동을 똑같이 여기는 경향이 있다. 부모에게 구할 수 있는 조언을 교사에게서 찾으려는 일도 있거니와 동서고금을 막론하고 교사들이 학생들을 대할 때 부모의 감정으로 대하는 경향이 짙다. 최근에는 결손가정의 증가로 초등학생은 물론 중등학생에게조차도 부모에게서 받을 수 없었던 만족을 교사에게서 구하는 경우가 많다. 이때 교사는 부모대행자의 역할을 하게 된다.

(11) 적대감정(敵對感情)의 표적(標的)으로서의 교사

성장과정에 있는 학생들은 일상생활에서 적지 않은 좌절감을 경험하게 된다. 성인문화의 표준을 학생들에게 제시하고 이에 순응할 것을 요구하는 이가 성인이고 보면 좌절감에서 폭발되는 적대감정의 대상은 성인일 수밖에 없다. 이때 그들의 표적이 되어주는 것은 그들의 정신건강을 위해서 대단히 유익한 일이다.

(12) 친구로서의 교사

학생들 중에는 교사를 하나의 다정한 친구로 대하기를 원하는 경우가 있다. 교사가 학생들의 개인적인 기쁨과 감정을 함께 나눌 수 있다는 것은 매우 바람직한 일이다. 교사와 학생과의 관계에 있어서 교사는 권위를 내세우는 형식적 관계만이 아니라 친구로서 언제나 마음속을 털어놓을 수 있는 비형식적 관계가 뒤따라야 한다.

(13) 애정상대자(愛情相對者)로서의 교사

교사에게 자기가 아끼는 물건을 선물하는 초등학교 1학년 어린이의 교사에 대한 애정으로부터 남교사에게 연정을 품고 고민하는 고등학교 여학생의 애정에 이르기까지 교사들은 학생의 애정 상대가 되는 경우가 있다. 이때 교사들은 학생들의 감정을 바람직한 방식으로 처리할 수 있도록 도와야 할 책임이 있는 것이다.

3) 사회에서 교사의 역할

교사도 사회집단의 성원이므로 교직에 상응하는 사회적 기대역할이 있다. 즉 교사는 지역사회에서 교사라는 지위를 가지고 그 사회의 기대에 맞도록 일련의 행동을 수행하게 된다. 그러나 이러한 교사의 사회적 역할은 지역사회의 구조 및 성격에 따라 다르며 교사가 사회로부터의 기대를 어떻게 지각하느냐에 따라 다양하게 나타난다.

(1) 교사에 대한 사회인의 시각

교사의 사회적 역할에서 먼저 생각해야 하는 일은 일반 사회인이 교사에 대하여 어떠한 시각을 가지고 있느냐 하는 점이다. 물론 이 시각 가운데에는 옳은 것도 그른 것도 있으며 시대의 변천에 따라 달라진다. 그러나 오늘날 대체로 일반인이 교사에 대해 가지고 있는 시각은 마음으로는 존경을 보내고 있지만 실제적으로는 교사들을 다소 비하하는 경향도 있다. 도덕적인 측면에서는 모범적인 위치에 있을 것이 요구되며, 정직・청렴・책임・친절・희생의 요구가 크다. 이처럼 일반인과 다른 행동을 요구받기 때문에 교사들은 사회생활에서 그만큼 제약을 받는 위치에 있다고 볼 수 있다. 교사는 학교나 학급 내에서 그의 동료 직원 및 학생과의 관계에서 비교적 이해와 협조가 있기 때문에 생활하기에는 별로 불편함이 없을 것이다. 그러나 지역 주민과의 관계에서는 각자 이해관계가 있고 또 감시가 따르므로 교사는 조심하지 않을 수 없다. 이러한 현상은 규모가 작은 지역사회일수록 더욱 심하다. 즉 작은 마을에서 교사의 행동에는 그 지역 주민들의 시선이 집중되기 때문에 교사의 행동은 보이지 않는 제약을 받는다. 어떤 지역사회에서는 교사가 그 지역의 도덕적 사표(師表)로서 행동할 것이 기대되므로 교사는 보통 사람들이 흔히 하는 행동, 예컨대 술이나 담배를 입에 대는 일, 미혼 교사가 이성과 교제를 하는 것은 물론 복장과 언변(言辯)에서도 주의를 기울여야 한다.

(2) 변화촉진자(變化促進者)로서의 역할

전통적 학교는 문화의 유산을 전달하고 유지하는 것을 주된 기능으로 하였다. 따라서 전통적 학교의 교사는 도덕적 모범자로서 혹은 교과지도자로서의 역할을 수행하는 데 그쳤다. 그러나 오늘날 학교는 사회의 변화를 가져오는 일에도 관심을 가지고 있는 것이 변화된 특징의 하나라 할 수 있다.

오늘날 교사는 전통적 교사관에서 탈피하여 지역사회의 문화를 개혁하고 발전시키는 변화촉진자(change agent)의 역할을 할 것이 요구되고 있다. 그러므로 변화촉진자로서의 교사는 단순한 지식의 전수자가 아니라 바람직한 사회변화를 자극하고 옹호하며 몸소 채택·실천하는 사람으로서 노력해야 한다. 학교 안의 학생들만이 아니라 학교 밖의 지역 주민들에게도 관심을 넓히고 어제와 오늘에 대한 관심에서 보다 나은 내일로 관심을 돌릴 것이 기대되고 있다. 오늘날 특히 주목을 받고 있는 평생학습사회의 건설을 위해서도 교사의 사회적 역할은 크게 기대되고 있는 것이다.

학교가 지역사회에서 구심적인 역할을 수행하려면 학교조직의 목표와 교육프로그램에 지역사회의 요구와 과제가 반영되어야 할 것이다. 이러한 지역사회 교육을 실천하기 위하여 학교는 새로운 역할·조직·규정 들을 보완하고 필요한 제반 인적·물적 자원을 확보해야 함은 물론이다. 학교가 지역사회에서 구심적 역할을 수행한다면 그 교육적 성과는 단순히 학생에게 나타난 행동의 변화만이 아니라 그 지역사회 전체 주민들에게 나타난 행동의 변화에서도 찾을 수 있을 것이다. 이처럼 전통적 학교에서 볼 수 없는 새로운 교육기능이 학교에 추가로 요구됨에 따라 학교와 지역사회의 관계는 역동적 관계를 유지해야 하며, 이에 부응하여 교사의 역할이 새롭게 요구되고 있는 것이다. 특히 주민들의 교육수준이 낮고 각 분야에 전문적 인사가 부족한 농산어촌 지역에서는 교사의 역할이 더 중시된다.

오늘날 학부모들조차 외형적으로는 교사들을 존경하는 체하면서 실제로는 낮게 평가하려는 경향이 있다. 교사는 개인에 따라 존경을 받는 정도는 다르지만 직업으로서 얼마나 존경을 받고 위신을 지니고 있는지는 매우 의심스럽다. 이러한 모순은 교사들에게 심리적 갈등을 일으키며 그들의 사기를 떨어뜨리는 주요 요인이 된다. 그러나 교사는 타인으로부터 인정과 존경을 받을 수 있도록 타인의 모범이 되는 언행일치와 윤리적 삶을 위하여 항상 노력해야 한다. 교사 스스로 교직의 권위를 향상시키기 위한 능동적인 역할을 해야 하며, 사회인들에게 반영된 그릇된 교사상을 바람직한 방향으로 시정될 수 있도록 노력해야 할 것이다.

2 교직에 대한 이해

1) 교직의 특성

교직(teaching profession), 즉 가르치는 직업이란 무엇인가를 알아보기 위하여 우선 직업이란 무엇인가 하는 문제부터 살펴볼 필요가 있을 것이다.

직업은 주로 세 가지의 중요한 의미를 가지고 있다. 개인적으로 보면 생계를 유지하기 위한 수입의 원천이 되는 것이요, 인생의 목표를 실현하는 자아실현의 수단이다. 또 사회적으로 보면 다른 사람을 위하여 봉사할 수 있는 사회봉사의 기회인 것이다. 직업의 수행을 통하여 사회발전이 이룩되기도 한다. 이상과 같이 직업은 개인적으로는 생계유지와 자아실현의 수단이 되며 사회적으로는 사회봉사 및 사회발전의 의미를 가지고 있다. 직업에 종사하는 사람들은 성실하게 자기의 직무를 수행해야 하며 자기의 업무를 수행하는 데 필요한 지식과 기술을 습득하기 위하여 노력을 아끼지 않아야 한다. 사회가 발달하고 분화될수록 직업의 종류도 다양해지고 직업의 분류도 달라진다.

그러면 교직은 우리 사회에서 어느 정도의 위치를 차지하고 있을까?

2023년 고용노동부 노동통계정보시스템의 한국표준직업분류[1]에 따르면 교육전문가 및 관련직의 대분류, 대학교수, 자연과학, 생명과학 관련 전문가, 인문사회과학 관련 전문가와 함께 학교 교사를 중분류에 포함시키고 있으며, 중・고등학교 교사, 초등학교 교사, 특수학교 교사, 유치원 교사 기타 교사를 소분류에 포함시키고 있다. 이 기준의 중분류에 따르면 학교 교사는 대학교수나 각계 전문가 등의 전문직 집단

1) 한국표준직업분류란 수입을 위해 개인이 하고 있는 일을 그 수행되는 일의 형태에 따라 유형화하여 분류한 것으로, 통계법 제22조(표준분류)에 따라 작성된 분류체계이며 각종 통계조사 및 행정자료에서 일관된 기준으로 적용된다. 국제표준직업분류(ISCO, 1958)를 기초로 제정(1963년)되었으며 '17년 개정된 제7차 한국표준직업분류에는 대분류 10, 중분류 46, 소분류 162, 세분류 447, 세세분류 1,404의 수준으로 분류된다. 그동안 국제분류 개정이나 국내 노동시장 구조변화 등 개정수요를 반영하여 지금까지 총 7차례 개정된 바 있으며 국내 노동시장 변화 및 정책요구 등 개정수요를 반영하여, 2024년 7월 고시를 목표로 제8차 개정을 추진하고 있다.

에 포함시키면서 상당히 높은 직업적 위신을 차지하고 있음을 알 수 있다.

그러나 교직은 하는 일이 매우 독특하여 미성숙한 학생을 성숙한 인간으로 이끌어가는 인간형성의 역할을 담당하고 있다. 교육의 대상은 바로 인간이며, 교사가 하는 일은 교수와 연구가 주된 업무이기 때문에 돈이나 권력을 대상으로 하는 직업과는 거리가 먼 것이 특징이다. 또 교직은 다른 직업에 비하여 방학이라는 재충전의 시간을 가지고 있으며, 성장하는 젊은이를 대상으로 한다는 점에서 좋은 환경에서 일한다고 볼 수 있다. 병든 환자를 대하는 의사나 범죄인들을 대상으로 하는 판사나 검사의 직업과 비교하면 교사의 근무환경은 확실히 좋다고 볼 수 있다. 또 사회적으로 존경을 받으며 직무와 관련하여 다른 직업에 비하여 비교적 자율성을 많이 갖는 것도 교직의 특징이다. 교사는 학생, 학부모, 동료교사 및 학교경영자 사이에서 업무를 수행하며 관료제의 조직 속에서 일하지만 교실에서 이루어지는 교육은 다른 사람이 감독할 수 없는 특수성을 가지고 있다. 최근에는 직업적 안정성이 교직의 장점으로 크게 부각되고 있다. 타 직종에 비하여 상대적으로 많은 자율성을 가지면서도 정년이 보장되는 장점으로 크게 각광을 받고 있다.

교사들이 몸담고 있는 곳이 교직이다. 교직은 미성숙한 세대를 바람직한 인간으로 성장하도록 도와주는 사회적 활동이다. 궁극적으로는 전인교육을 통해서 한 사회의 구성원으로서 적응과 도전의 능력을 기르고, 개인의 자아실현을 목표로 하는 행위이다. 따라서 교직이 다른 직종과 구별되는 특성을 갖고 있는데, 다음과 같다.

첫째, 교직의 가장 근본적인 특성은 미성숙한 인간을 대상으로 어느 특정한 분야가 아니라 지적, 정신적, 신체적, 사회적 영역에서 인격자를 기르기 위한 전인교육을 행하는 데 있다. 사회현상에 대하여 스스로 합리적인 판단이 부족한 학생에게는 주관성과 판단력을 길러주고, 무한한 가능성을 가진 학생에게는 자기의 능력을 마음껏 펼칠 수 있는 기회를 제공하는 것이 교직의 중요한 특성이다.

둘째, 교직은 사회발전에 중요한 역할을 한다. 교육은 사회의 안정과 유지에 우선적으로 중요한 역할을 한다. 사회에 필요한 지식과 문화를 선정하여 다음 세대에 전달하고 유능한 인재를 길러서 적재적소에 배치함으로써 사회발전에 중

추적인 역할을 한다. 우리나라의 미래는 젊은 인재들에 달려있는데 그 인재들을 길러 내는 곳이 학교이며 그러한 역할을 맡고 있는 사람이 교사이다.

셋째, 교직은 지식의 도덕적 책임감을 지닌다. 우리 속담에 '세 살 버릇 여든까지 간다' 혹은 '될성부른 나무는 떡잎부터 안다'라는 말은 어릴 적에 배운 습관이나 지식은 어른이 되어서 고치기 어려운 것임을 강조하는 말이다. 물론 성인이 되어 잘못된 지식을 수정하고 보완할 수는 있지만, 처음과 비교하여 교육에 투자한 효과는 그만큼 어렵고 떨어진다.

그러므로 교사는 지식에 대한 책임감을 지니고 있어야 한다. 교사가 모든 지식의 내용을 가르칠 수는 없다. 현실적으로, 교사가 모든 지식을 완벽하게 알고 내용에 대한 진위판단을 하여 가르치기엔 현대의 지식의 양은 너무 방대하다. 따라서 교사들은 어느 일정 부분의 지식을 자의적으로 판단하고 선별하여 가르치게 되며, 그 결과는 학생의 미래 선택과 삶에 큰 영향력을 준다. 결국 학생 시기에 습득한 지식은 오랫동안 거의 영구적으로 한 사람의 삶에 영향을 미치므로 교직의 도덕적 책임감은 매우 중요하다.

2) 교직을 보는 관점

교직에 대한 사회의 인식은 시대에 따라 사회문화적 영향을 받으며 변해왔다. 이 세상에는 수많은 직업들이 있으며 그 직업에 종사하는 사람들은 자신의 일을 소중하게 생각하는 사람도 있지만 그렇지 않은 사람도 있다. 이처럼 자신의 직업에 대한 생각은 본인의 가치관과 주관적인 판단에 따라 달라진다. 마찬가지로 우리가 어떤 인생관을 가지고 있느냐에 따라 미래의 삶의 양식과 자세가 달라지듯이 교직을 어떻게 바라보는가에 따라 자신의 교육방법과 학생을 대하는 태도가 바뀌게 된다. 교직관은 교직을 바라보는 관점을 말하는데 교직관은 성직관, 노동직관, 전문직관으로 나누어진다.

(1) 성직관

교직을 성직으로 보는 입장은 중세 기독교의 영향하에서 강조되었는데, 교사를 일반적인 직업이 아니라 신부, 목사, 수녀, 승려와 같이 성직자로 보는 관점이다. 성직관에 의하면 교사에게 요구되는 중요한 덕목은 교수 방법이나 전문적 지식보다는 학생들에게 도덕적이고 인격적인 본보기가 될 수 있는 완벽한 인격체이다. 그러므로 교사에게 엄격한 도덕적, 윤리적 규범을 강조하고 이상적인 정신세계를 강조하였다. 이런 관점에서 교사가 개인적인 권리와 물질적인 요구를 하거나 사회의 도덕적 기준에 어긋난다면 많은 비난을 받았다.

또한 교사가 정치나 사회에 참여하는 것을 세속적으로 보기 때문에 정치의 중립성을 강조한다. 교사들이 단체를 만들거나 정책에 참여하는 행위 등은 교사들의 이익을 추구하는 활동으로 규정하여 교직의 소명의식에 모순되는 행동으로 간주한다. 그러므로 오로지 학생들을 위한 봉사, 사랑, 헌신 등의 마음으로 교사 개인보다는 사회에 희생하는 존재로서 행동할 것을 기대한다.

이런 성직관은 우리나라에서도 역사적으로 비슷한 입장을 가진다. 삼국시대의 국학이나 태학, 고려의 국자감, 조선의 성균관 등의 여러 교육기관에서 스승은 매우 존경받는 성인군자로 여겨졌다. 이들에게 요구된 교육적 전통은 단순히 지식과 기능의 습득보다는 참다운 인격을 가진 도덕인을 양성하는 것이었다.

성직관으로서 교직은 장단점이 있다. 장점은 교사의 사회적 명망과 권위가 높아서 존경의 대상이 되었다는 점이다. 교사의 말이나 행동은 모든 행위의 모범이 되므로 사회의 선구자 역할을 하였다. '스승의 그림자도 밟지 않는다' 혹은 '군사부일체(君師父一體)' 등의 말들은 그러한 사회적 분위기를 잘 대변한 말이다. 반면에 단점은 지나친 교사의 희생을 강요함으로써 개인의 존재를 부정하였으며 급여 인상, 복지 정책 요구, 교육환경 개선 등 교사의 현실적 요구는 무시되었다는 점이다. 또한 지나친 윤리 규범적 행위의 강요는 현재의 다원화된 가치관과 모순되는 경향을 보인다. 더구나 민주화되고 자율성과 창의성이 강조되는 현재의 교육 상황은 성직으로서의 교직을 받아들이기 어렵게 하며, 자칫하면 획일적이고 강제적인 교육 방법으로 나아갈 소지가 있다.

최근 전통적 성직관은 교원의 복지와 권리 요구 등 교직의 현실을 도외시한 관점이라는 일부 교사들의 지적도 없지 않다. 반면 교육의 본질이 교사와 학생의 인격적 만남이라는 윤리적인 측면을 기초로 하고 있기 때문에 교직에 대한 성직관은 중시되어야 한다는 주장도 있다. 오늘날 비인간화되어가는 사회에서 참다운 스승상을 찾는 일은 성직관을 갖고 교단에서 묵묵하게 일생을 바치는 교사상과 일맥상통한다고 볼 수 있다.

(2) 노동직관

교직을 노동직으로 보는 관점의 핵심은 교사도 노동자이기 때문에 자신의 권리와 이익을 찾기 위한 활동을 할 수 있다는 것이다. 자본주의 사회에서 교사의 지위는 다른 많은 직업인들과 마찬가지로 노동을 하여 일정한 보수를 받는 일반 근로자이다. 좀 더 쉽게 말하면, 교사는 학교라는 직장에 고용되어서 노동을 제공하고 그 내가로 생계를 유지할 수 있는 보수를 받는다는 주장이다. 따라서 교사들의 권익을 지키기 위해서 노동3권인 단결권, 단체교섭권, 단체 행동권을 요구하며 교원의 처우개선과 근무조건을 향상시키려고 한다.

노동직관은 사회 참여와 투쟁을 정당한 행위로 간주한다. 이 관점에서는 노동의 개념을 세분화한다. 노동을 육체노동과 정신노동으로 구분하고 교육을 정신노동으로 분류한다. 또한 노동을 인간의 가장 중요하고 숭고한 목적적 행위로 간주한다. 노동은 기존 사회에 존재하지 않은 새로운 것을 만들어 내는 창조적 행위이므로 교육과 같은 의미로 생각한다. 이런 측면에서 활동과 체험을 중시하면서 일의 교육적 가치를 강조하는 노작교육의 입장과 유사한 점이 있다. 그러나 노동과 교육의 결과에는 큰 차이점이 있다. 즉 노동의 결과로써 나타나는 것이 물건의 상품화라면 교육의 결과로 나타나는 것은 학생의 성장이라는 것이다. 무언가를 만들어 가는 과정은 비슷하지만 노동이 시장에서 가장 잘 팔리는 최고 품질의 상품을 만드는 과정이라면 교육은 어린 학생의 인격을 완성하여 궁극적으로 자아실현을 가능하게 하는 과정이다.

노동직관은 성직관과 서로 정반대의 입장을 가지고 있다. 교육의 문제를 이상적인 접근이 아니라 구체적이고 현실적인 차원에서 접근하므로 자본주의 사회의 많은 문제점을 발견하고 개선하였다. 또한 교사들의 사회경제적인 지위를 향상시키고 교육의 근본적인 목적을 재정립하였다. 그러나 교사의 노동자 개념의 불명확성, 노동3권 중에서 단체 행동권이 가져오는 사회적 파급, 정치적 투쟁의 입장, 교사들에 대한 시민들의 정서 등에서 아직 많은 논쟁점을 남겨두고 있다.

(3) 전문직관

교직을 전문직으로 보는 관점은 오늘날 가장 보편적으로 받아들여지고 있다. 세계 각국의 교육계획에는 교사를 다른 직종과 구별되는 전문직으로 규정하고 교육의 질을 향상시키기 위해서 노력한다. 그리고 현재 교육문제의 토론에서 가장 흔히 접하는 문제 중의 하나는 교직의 전문성을 신장시키기 위한 방안들이다.

이 관점은 교사를 교육의 이론과 실제를 겸비한 전문가로 본다. 즉 교직은 전문적 지식과 국가가 인정한 자격증을 소유한 교사가 행하는 정신적 공공활동이다. 그러므로 교사는 자율적인 철학적 관점에 따라서 스스로 교육목적과 교육관을 설정하고 그것을 달성할 수 있는 가장 효과적인 방법을 선택할 수 있어야 한다. 교사의 중요한 덕목은 이론적이고 과학적인 지식을 바탕으로 한 전문적인 능력의 발휘에 있다. 따라서 교사는 그 교과에 대한 전문지식, 교육내용의 선정과 구성, 교수활동이나 평가에 대한 방법, 학생에 대한 공감적 이해 등의 전문적 활동이 요구된다. 교직이 전문직으로서의 가지는 특징을 요약하면 다음과 같다.

첫째, 교직이 가진 지식과 기술의 특징이다. 교사는 전문적 지식과 지도 기술을 가져야 한다. 교육에 대한 전문적 자질과 능력을 갖고 교육목적을 달성하기 위하여 자신이 맡고 있는 학생들에게 상응하고 적합한 교육내용을 선정할 줄 알아야 하고 교육내용에 따른 다양한 교수법에 구사해야 한다. 그러기 위해서는 최소 5년 이상의 장기간의 교육이 필요하고 일반인이 습득하기 어려운 체계적인 지식과 고도의 기술을 가지고 있어야 한다.

둘째, 교직이 가진 자율성의 특징이다. 교직의 전문성에 자율성이 수반되지 않으면 전문성은 발휘되기 어렵다. 자율성은 직무의 수행에 있어서 담당자의 자주적인 판단과 전문적 기술의 행사를 인정받는 것이다. 그러므로 교육목적, 교육내용, 교육방법을 결정하는 데 있어서 교사의 자율성이 최대한 허용되어야 한다. 자율성이 허용되지 않는 교육 상황에서는 전문직으로서 교직의 특성이 발휘되기 어렵다.

셋째, 교직이 가진 공공성의 측면이다. 교직은 어느 한 집단이나 계층을 위한 것이 아니라 사회적 공공복리를 우선으로 생각한다. 교사는 사회의 구성원으로서 책임과 의무를 다하여야 하며 사회적 책임의식을 가지고 있어야 한다. 그러므로 개인의 이익보다는 사회의 공공이익을 중시해야 한다. 또한 정치적 중립성도 이런 범주에 들어간다. 교사가 어느 한쪽으로 지나친 편협성을 보일 경우 학생들에게 부당한 영향을 줄 수 있기 때문이다. 이러한 공공성의 측면은 종교, 인종, 지역, 성차별 등의 여러 교육 분야에서도 마찬가지이다.

넷째, 교직이 가진 조직성의 측면이다. 급변하는 사회 속에서 교사의 권리를 확보하고 직무를 올바로 수행하기 위한 단체 활동과 조직이 요구된다. 또한 이런 조직성은 구성원들의 행동을 통제하고 관리하는 자치적인 조직을 필요로 하며 엄격한 전달체계와 명시적 목표를 가지고 있어야 한다. 이런 조직성을 바탕으로 교사로서의 유대관계를 강화시켜서 교직사회화를 촉진하고 교사의 의무와 권한을 확인하고 발전시킨다.

3) 교직에 임하는 자세

교육은 인간형성을 목표로 한다. 교사들은 지식과 기술을 학생들에게 전달할 뿐만 아니라 학생들의 인격형성을 도와주는 일을 하고 있다. 이러한 교사들의 업무를 수행하기 위해서는 교직에서의 전문성을 높이고 자율성을 보장해 주는 것이 바람직하다. 학교가 조직화되고 규모가 거대화되는 데에서 불가피하게 오는 관료제의 성격이 있지만 참된 인간으로 이끌기 위한 학교의 모든 활동이 교육이고 교육을 실제로 이끌어가는 사람이 교사라는 관점에서 막중한 책임감을 느껴야 한다.

무슨 직업이건 그것이 단순한 노동이 될 수는 있고 소명이 될 수도 있다. 일하는 사람이 자기가 하고 있는 일에 대하여 어떠한 태도를 지니고 있는가가 중요하다. 노동과 소명을 구별하는 기준 가운데 가장 중요한 것은 비전(vision)이다. 한 그루의 나무를 심는 사람이 그 일을 함으로써 일정한 임금을 받는 것만을 목적으로 한다면 그것은 단순한 노동에 지나지 않는다. 교직을 단순히 금전적 보수만을 위한 것이라면 단순한 노동에 불과할 것이다. 의무감에 못 이겨 맡겨진 하루의 일을 열의 없이 기계적으로 처리하는 데 그친다면 교직생활은 봉급일만 기다리는 무기력한 직장인에 다를 바 없다.

우리나라에서는 전통적으로 교직을 성직(聖職)으로 보는 경향이 지배적이었다. 교직을 성직으로 볼 때 전문적 자질에 앞서 교사들에게 기본적으로 요구되는 덕목은 교직으로 부르심을 받았다는 소명의식(召命意識)이라 하겠다. 단순한 직업이 아니라 소명이 되려면 종사하고 있는 일에 대한 헌신(commitment)이 있어야 한다. 소명이 요청하는 것은 기계적・형식적 태도가 아니다. 거기에는 일에 대한 정열과 성의가 있어야 한다. 자기의 몸과 마음을 쏟아 놓는 봉헌이 있어야 한다. 사람의 마음에 공명(共鳴)을 일으키는 감흥이 있어야 한다. 이러한 영감이 없을 때 우리는 상대방의 심금을 울릴 수 없다. 교사의 임무는 단순한 직업이나 노동이 아니다. 그에게 소명감을 주는 것이 비전과 헌신이다. 소명감으로 학생들의 심적인 공감을 주지 않는 교육은 산 교육이라고 할 수 없다. 소명감이 있으면 교사는 산 스승이 될 수 있고 미성숙한 학생들의 영적(靈的)인 성장을 돕는 참된 교육자가 될 수 있는 것이다(김윤태 외, 1984).

요컨대 교직은 전문직적인 성격이 있으면서도 소명의식이 요구되는 직업이라는 면에서 다른 일반 직업과 구별되는 특수 전문직임을 알 수 있다. 결국 교직은 인간을 가르치고 기르는 성스러운 직업으로서 특별한 자질과 사명감을 가진 사람만이 가져야 하는 직업이다. 따라서 현직 교사나 교사가 되고자 하는 사람은 투철한 사명감을 가지고 전문적 역량을 기르지 않으면 안 된다.

PLUS TIP | 교사 이해

| 좋은 사람 |

영국 중세 문학의 최고 권위자이며 유명한 석학이었던 매클레인 선생님은 답사에서 눈물까지 글썽이며 '좋은 사람'이라는 말은 자신이 이제까지 들은 그 어떤 찬사보다 더 값지고 소중한 말이라고 했다. 아직 20대였던 나는 그때 '좋은 사람'의 의미에는 관심이 없었다. 아니 '좋은 사람'은 특징 없고 재미없는 사람이라고 생각했다. 하지만 세월이 많이 흐른 지금, 나는 새삼 '좋은 사람'에 대해 생각한다.

그리고 정말 누구의 마음에 '좋은 사람'으로 남는 것이 얼마나 힘들고, 소중한지 깨닫기 시작한다.

장영희, <살아온 기적 살아갈 기적> 중에서

토의해 보기

01 전통적인 교사상과 오늘날 요청되는 교사상에는 어떤 차이가 있는지를 비교하여라.

02 교직이 다른 직종과 어떤 점에서 다른지를 몇 가지 기준으로 나누어 제시하여라.

03 교사의 역할을 학교 내의 역할과 사회에서의 역할로 구분하고 그 특징을 각각 설명하여라.

04 학생들로부터 존경받기 위한 교사의 자질에는 어떤 것들이 있는지 학생들의 인터뷰를 통해서 확인해 보자.

CHAPTER

02 교원의 권리와 의무

교사의 권리는 교육자율권, 생활보장 및 복지요구권 등의 적극적 권리와 신분보장 및 쟁송요구권 등의 소극적 권리가 있다. 또한 교사의 의무로는 교육 및 연구 활동, 성실 및 복종, 품위 유지, 비밀엄수 등의 적극적 의무와 정치활동의 금지, 집단행위의 제한, 영리업무 및 겸직의 금지 등 소극적 의무가 있다. 그러나 대부분의 교원들은 그들에게 부여된 권리와 의무 및 그 한계를 정확히 알고 있지 못하고 있다. 그로 인하여 그들은 사고에 두려움과 책임 회피 등으로 교육활동에 소극적이고, 또 법률지식이 없어 교권을 침해당해도 정당하게 권리를 주장하지 못하는 경우가 있다. 뿐만 아니라 교원으로서 지켜야 할 법적 책임과 의무를 잘 모르거나 그 한계를 이해하지 못한 가운데 행동하여 법적으로 책임을 지거나 사회적으로 비난을 받는 경우도 있다. 교사가 교직을 성공적으로 수행하기 위해서는 그들에게 부여된 권리와 의무 및 그 한계를 정확히 알고 있어야 한다.

1 교사의 법적 지위

교권(教權)은 교직에 종사하는 교원의 권리 혹은 교원의 권위(權威)를 말하지만 일반적으로 교원의 교육권이라는 제한적인 의미로 사용된다.

교권은 교육에 종사하는 교사가 교육활동을 함에 있어서 전문직으로서의 권위를 인정받고 부당한 간섭이나 침해가 없는 교육활동의 자율성을 보장받아야 할 권리이며, 교사의 전문성을 추구하기 위하여 요구되는 권한이기도 하다. 또한 사회적 · 경제적 지위가 우대되고 신분보장을 받을 수 있는 권리이며, 자율적인 단체활동을 할 수 있는 권리이다.

여기서 사회적 대우 또는 존경은 사회적 지위 측면을, 보수 및 그 밖의 물질적 급부는 경제적 지위 측면을 강조한 것이라고 할 수 있다. 즉, 사회적 측면은 학부모나 학생 또는 일반 사회인이 교사를 어떻게 인정하며 교직을 어떻게 보는가 하는 측면이다. 즉, 교사와 교직에 대한 외부로부터의 평가의 측면이다. 그리고 경제적 측면은 교사의 봉급이라든가 각종 수당 또는 교사에 대한 제반 후생복지 등을 포함하는 면으로써, 다른 직업집단의 그것들과 비교되는 상대적 수준이다. 또 사회적 · 경제적 지위는 교사의 법적 지위와 별개의 개념이 아니며 교류하는 관계에 놓인다. 즉, 법적 지위 측면에서 사회적 · 경제적 지위를 논할 수도 있고 사회적 · 경제적 지위 측면에서 법적 지위를 논할 수도 있다. 그리고 법적 지위의 내용인 권리 · 의무 · 책임관계로 인해 사회적 · 경제적 지위가 향상 또는 위축될 수도 있다. 반대로, 사회적 · 경제적 지위수준의 변화는 법적 지위의 내용 변동을 가져올 수도 있는 것이다.

교사의 법적 지위는 국민의 교육기본권 실현을 위하여 학생, 학교, 지역사회, 그리고 국가에 대하여 교사에게 기대되는 법제화된 역할, 즉 신분이다. 그리고 구체적으로는 교육활동에 있어서 교사의 권리, 의무, 책임 관계를 법으로 규정한 것이라고 할 수 있다. 그리고 현대 공교육체제하에서 교사의 법적 지위는 교사로서의 신분보장, 사회적·경제적 지위보장 등 교사의 권리뿐만 아니라, 교육기본권의 적극적 실현을 위한 행위의 강제와 교육기본권의 실현을 저해할 우려가 있는 행위의 금지를 포함한 의무에 관한 사항을 규정하며, 의무위반에 대한 책임 규정까지도 포함한다.

교권을 교원의 권위로 규정하면 그 자체로는 의의를 가질 수 없고, 개인이 주관적으로, 혹은 독단적으로 결정하고 행사하는 지배력으로서의 권위가 아니라, 상대가 스스로 인정하고 수용하고자 하는 교육의 영향력을 의미한다.

교육의 장은 교사와 학생 간의 만남의 장이다. 만남의 장에서 인격적 교류가 있고 그 가운데 인격적 성장이 이루어진다. 교육활동에서 교사와 학생 간의 인격적 만남과 교류는 다른 어떤 요소로도 대치할 수 없는 비대치성과 독립성이 있다는 점에서 교권은 존재 이유가 있는 것이다(김종운 외, 2023). 교원의 권리 및 의무와 관련된 법령과 교원의 직책별 임무는 다음과 같다.

표 2-1 교원의 권리 관련 법령

구 분	근 거	내 용
교육의 자주성 등	「교육기본법」 제5조	1. 국가 및 지방자치단체는 교육의 자주성 및 전문성을 보장하여야 하며, 지역의 실정에 맞는 교육의 실시를 위한 시책을 수립·실시하여야 한다. 2. 학교운영의 자율성은 존중되며, 교직원·학생·학부모 및 지역주민 등은 법령이 정하는 바에 의하여 학교운영에 참여할 수 있다.
교 원	「교육기본법」 제14조	1. 학교교육에서 교원의 전문성은 존중되며, 교원의 경제적·사회적 지위는 우대되고 그 신분은 보장된다. 2. 교원은 교육자로서 갖추어야 할 품성과 자질을 향상시키기 위하여 노력하여야 한다. 3. 교원은 특정 정당 또는 정파를 지지하거나 반대하기 위하여 학생을 지도하거나 선동하여서는 아니 된다. 4. 교원은 법률이 정하는 바에 의하여 다른 공직에 취임할 수 있다. 5. 교원의 임용·복무·보수 및 연금 등에 관하여 필요한 사항은 따로 법률로 정한다.

구 분	근 거	내 용
교권의 존중과 신분보장	「교육공무원법」 제43조	1. 교권은 존중되어야 하며, 교원은 그 전문적 지위나 신분에 영향을 미치는 부당한 간섭을 받지 아니한다. 2. 교육공무원은 형의 선고·징계처분 또는 이 법에서 정하는 사유에 의하지 아니하고는 그 의사에 반하여 휴직·강임 또는 면직을 당하지 아니한다. 3. 교육공무원은 권고에 의하여 사직을 당하지 아니한다.
교원의 불체포특권	「국가공무원법」 제48조	교원은 현행범인인 경우를 제외하고는 소속 학교의 장의 동의 없이 학원 안에서 체포되지 아니한다.
교원에 대한 예우	「교원지위향상을 위한 특별법」 제2조	1. 국가·지방자치단체 기타 공공단체는 교원이 사회적으로 존경받고 높은 긍지와 사명감을 가지고 교육활동을 할 수 있는 여건이 조성되도록 노력하여야 한다. 2. 국가·지방자치단체 기타 공공단체는 교원이 학생에 대한 교육과 지도를 함에 있어서 그 권위가 존중되도록 특별히 배려하여야 한다. 3. 국가·지방자치단체 기타 공공단체는 그가 주관하는 행사 등에 있어서 교원을 우대하여야 한다.
교원보수의 우대	「교원지위향상을 위한 특별법」 제3조	1. 국가 및 지방자치단체는 교원의 보수를 특별히 우대하여야 한다. 2. 사립학교법 제2조의 규정에 의한 학교법인 및 사립학교 경영자는 그가 설치·경영하는 학교교원의 보수를 공무원인 교원의 보수수준으로 유지하여야 한다.

표 2-2 초중등교육법에 정해진 교원의 임무: 「초·중등교육법」

초·중등교육법 제20조(교직원의 임무)

① 교장은 교무를 총괄(總括)하고, 소속 교직원을 지도·감독하며, 학생을 교육한다. <개정 2021.3.23.>

② 교감은 교장을 보좌하여 교무를 관리하고 학생을 교육하며, 교장이 부득이한 사유로 직무를 수행할 수 없을 때에는 교장의 직무를 대행한다. 다만, 교감이 없는 학교에서는 교장이 미리 지명한 교사(수석교사를 포함한다)가 교장의 직무를 대행한다.

③ 수석교사는 교사의 교수·연구 활동을 지원하며, 학생을 교육한다.

④ 교사는 법령에서 정하는 바에 따라 학생을 교육한다.

⑤ 행정직원 등 직원은 법령에서 정하는 바에 따라 학교의 행정사무와 그 밖의 사무를 담당한다.

[전문개정 2012.3.21.]

2 교원의 권리

교원의 권리는 교원이 학생에 대하여 가지는 법률상 권리뿐만 아니라, 보다 광범위한 개념으로서의 권리를 의미한다고 하겠다. 이렇게 보면 교원의 권리는 두 가지 측면에서 설명할 수 있다. 하나는 교사가 교육이라는 전문적 활동을 수행하는 데 필요한 적극적 권리로서 교육자율권, 생활보호권, 근무조건의 개선, 복지후생제도 등을 포함하는 개념이며, 다른 하나는 교사의 전문적 활동을 수행하기 위한 소극적인 권리로서 신분보장, 쟁송제기권, 불체포특권, 교직단체활동권 등을 포함한다. 이러한 권리들은 교육기본법, 교육공무원법, 사립학교법, 소청절차규정 등에 명문화되어 있다.

1) 적극적 권리

(1) 교육자율권

모든 전문직은 그 전문직과 관련된 활동에 있어서 나름대로 권위와 자율성을 인정받고 있다. 우리나라 헌법 제31조 제4항에는 교육의 자주성과 전문성 및 정치적 중립성 보장이 언급되어 있다. 이는 교육전문가들이 교육활동을 수행함에 있어 전문성을 발휘할 수 있도록 하기 위함이다.

그러나 교원의 자율성은 여러 가지 측면에서 제약을 받고 있는 것이 현실이다. 교육행정기관으로부터 획일적인 지시나 통제에 의하여 학교나 교원 개인의 자율성이 침해받고 있는 경우가 많으며, 학부모의 학교교육에 대한 간섭이 지나친 경우도 있다. 최근 추세는 학생과 학부모의 주장과 교육적 참여는 활발해지고 있는 것과 대조적으로 교사의 자율성은 오히려 위축되고 있다고 보는 견해도 있다. 무엇보다 교직은 다른 전문직과 비교하여 자율성을 발휘할 수 있는 부분이 많아야 하고 이를 뒷받침할 제도적 여건도 개선되고 마련되어야 할 것이다. 이를 감안한다면 교사의 자율성이 교사가 갖고 있는 권리 중 가장 적극적인 권리라 할 수 있다.

교사가 가지는 자율성의 보장에는 교육과정의 결정 및 편성권, 교재의 선택·결정권, 교육내용 및 방법 결정권, 성적평가권 등이 있다.

교육과정의 결정 및 편성권

교육과정의 결정 및 편성권은 교육활동의 핵심인 교육내용을 결정하고 교과서를 작성하는 권한이다. 우리나라의 경우 교육부장관은 교육과정의 기준과 내용에 관한 기본적인 사항을 정하며, 교육감은 그 범위 안에서 지역의 실정에 적합한 기준과 내용을 정할 수 있다(초·중등교육법 제23조).

교재의 선택·결정권

교재의 선택·결정권은 출판된 교육용 도서를 선택하고 결정하는 권한이다. 초·중등교육법 제29조 제1항에 따라 각급 학교의 교과용 도서를 교육부가 저작권을 가졌거나 검정 또는 인정한 것으로 국한시키고 있다. 또 「교과용 도서에 관한 규정」(대통령령 제28471호) 제3조에서 학교의 장은 국정 도서가 있을 때에는 이를 사용해야 하고 국정 도서가 없을 때에는 검·인정 도서를 선정·사용해야 한다고 규정해서 교원의 교재 선택·결정권이 현실적으로 제약을 받고 있다. 따라서 초·중등학교에서는 국가가 저작권을 가지고 있거나 교육부 장관이 검정 또는 인정한 교과용 도서를 사용해야 하고 교과용 도서의 범위·저작·검정·인정·발행·공급·선정 및 가격산정에 관해 필요한 사항은 대통령령으로 정하도록 하고 있다(초·중등교육법 제29조). 또 학교교육과정의 운영방법에 관한 사항과 교과용 도서 및 교육 자료의 선정에 관한 사항을 학교운영위원회의 심의사항으로 정하고 있다(동법 제32조). 이와 같이 교육과정 결정·편성 및 교과서 작성에 대해 교원들은 법률적으로 제약을 받고 있다.

◆ 우리나라의 교과서는 국정교과서, 검정교과서, 인정교과서로 구분된다.

- **국정교과서**: 교육부가 저작권을 갖는 도서로 국가적 통일성이 필요한 교과목 위주로 개발된 것으로 1과목에 1종류 교과서로 학교에서 별도로 선정 절차가 필요 없는 도서이다. 현재 초등학교 1, 2학년의 통합교과목과 국어, 수학(1~2학년군), 도덕, 안전한 생활(1학년)이 국정교과서이며 초등학교 사회, 수학, 과학 교과목은 2022년부터 검정교과서로 변경되었다. 중・고등학교의 경우 자율화, 다양화를 지향하는 정부의 교과서 정책 기조로 인하여 국정교과서는 사실상 없어졌다.
- **검정교과서**: 교육부장관의 검정을 받은 민간출판사 개발 교과서를 말하며 한 과목에 여러 종류의 교과서가 존재하여 학교에서 선정절차가 필요한 도서이다. 초등학교의 영어, 예체능교과목, 실과, 수학, 사회, 과학 교과서와 중학교 대부분의 교과서, 그리고 고등학교 일부 교과서가 검정교과서에 해당된다.
- **인정교과서**: 국정교과서나 검정교과서가 없는 경우 또는 이를 사용하기 곤란하거나 보충할 필요가 있는 경우에 사용하기 위하여 시・도교육감의 인정을 받은 교과서이다. 중학교와 고등학교의 일부 교과서와 특성화고등학교 전문교과목의 대부분이 인정교과서를 사용하고 있다.

중・고등학교의 경우 교육부의 검정교과서 혹은 시・도교육청의 인정교과서를 선택할 수 있는 법적인 권한이 단위 학교에 주어져 있기 때문에 교재의 선택・결정권이 보장되고 있다고 볼 수 있다. 학교장은 국가나 시・도교육청의 사용 허가를 받은 교과서(검・인정교과서) 중에서 해당과목 담당교사의 검토 의견과 학교운영위원회의 심의결과를 반영하여 단위 학교의 실정에 가장 적합한 교과서를 최종적으로 선택할 수 있다.

초등학교의 경우에는 보편적인 교육내용을 가르쳐야 하는 초등교육의 성격과 의무교육의 기본 학제임을 감안하여 중・고등학교에 비해 국가의 책무성이 상대적으로 강하다. 그동안 학생들의 기초·기본 능력, 문화적 정체성과 바른 인성을 함양하기 위하여 초등학교 기본 교과의 교과용 도서는 국정체제를 유지하여 왔다. 이러한 이유로 초등학교에서는 일부 과목에서 국정교과서가 남아있으나 교과서의 다양화・자율화 정책에 따라 점차 검정교과서로 대체되고 있다. 최근 다양성·창의성을 높이는 수업을 위해 교과서 발행체제의 혁신이 필요하다는 의견을 반영하여 교사의 수업 재구성과 학생 활동중심 수업을 지원하는 다양한 교과서 개발을 위하여 초등학교 3~6학년 사회 · 수학 · 과학 교과목의 검정 전환이 추진되어서 2022년부터 검정교과서가 늘어났다. 다만 초등 1~2학년 통합교과 전 과목, 국어, 수학, 도덕, 안전한 생활 등 기초·기본교육 관련 교과는 현행 국정 발행 체제를 유지한다.

교육내용 및 방법 결정권

교육내용의 결정권은 교원이 교실에서 수업할 때 교과서 범위 내에서 구체적 내용을 선택 · 결정할 권리이다. 교육기본법 제12조는 교육내용 · 교육방법 · 교재 및 교육시설은 학습자의 인격을 존중하고 개성을 중시하며 학습자의 능력을 최대한으로 발휘될 수 있도록 강구되어야 한다고 규정하고 있다. 그리고 초 · 중등교육법 제20조 제4항에는 '교사는 법령에서 정하는 바에 따라 학생을 교육한다'라고 규정되어 있다.

문제는 교원에게 헌법상 학문의 자유에 근거해 교과에 대한 연구의 자유와 수업의 자유가 있는가, 즉 교과서 내용과 다르게 자신이 진리라고 믿는 내용을 수업할 수 있는가이다. 수업의 자유가 초 · 중등학교에서도 보장되느냐 하는 문제에 대해 우리나라의 학설은 일반적으로 소극적인 평가를 내리고 있다. 학생들이 완성된 인격자가 아니고 비판능력을 갖고 있지 못하기 때문에 교원의 절대적인 세계관을 주입시키거나 정치적 선동을 해서는 안 되며, 과학성이란 이름 아래 외설한 내용을 교육하지 않도록 하고 있다. 그리고 교사가 학생에게 강한 영향력을 가지고 있고 또한 교육의 기회균등을 도모할 필요에서도 전국적으로 일정한 수준을 확보해야 할 사회적 필요가 있으며, 학생이 학교와 교사를 선택할 수 없으므로 대학의 경우와는 달리 학문 연구의 자유가 수업현장에서는 제한받지 않을 수 없다는 것이다.

판례에 따르면 교원은 학문의 연구결과를 학술지에 기고하거나 스스로 책자를 발행하는 것과는 별도로 수업의 자유를 내세워 학생에게 여과 없이 전파할 수 없다. 나아가 헌법과 법률이 지향하는 자유민주주의적 기본질서를 파괴하는 내용을 전파할 수 없음은 물론 사회적 상규(常規)나 윤리도덕을 일탈할 수 없으며, 가치 편향적인 교육을 할 수 없다(헌법재판소 89헌마 88, 1992.11.12).

이러한 입장에서 볼 때 법적으로는 교사에게 완전한 수업의 자유를 인정하지 않고 있다.

성적 평가권

교원의 학생교육권(초·중등교육법 제20조)에는 학생에 대한 교과 성적 및 생활상태 평가권이 당연히 포함된다. 교육평가는 교육목표에 대한 학생들의 도달 수준을 평가함으로써 학생들의 학습을 계속적으로 강화하고 이를 위한 교사의 학습지도 방법을 개선하기 위해 실시하는 것이다. 따라서 성적 평가권의 독립성이 교육적 재량으로 인정되어야 한다는 점은 분명하지만 동시에 학생의 올바른 성장을 위해 평가의 타당도, 신뢰도, 객관도가 고려되어야 하며 객관적인 기준에 의해 공정하게 실시해야 한다.

◆ 관련 판례: 전 학년도 기출 문제와 동일·유사한 문제를 출제한 교사의 책임

전 학년도 출제 문제와 동일·유사한 문제를 출제한 교원의 행위에 대하여 교원소청심사위원회는 비록 교원의 주장처럼 정치·경제과목의 특성이나 출제범위의 제한 등으로 어려움이 있다 하더라도 교원이 중간고사 정치·경제과목 시험문제의 과반수 이상을 전 학년도에 출제한 바가 있는 문제와 동일·유사하게 출제해 학생들이 문제를 제기하여 재시험을 치르는 결과를 초래케 한 것은 학업성적관리의 객관성과 신뢰성 등을 해친 것이라고 보았다. 또한 그것이 고의가 아니라 하더라도 출제 교원으로서 직무를 태만히 한 것이므로 국가공무원법 제56조 성실의무와 동법 제57조 복종의무를 위반한 것으로 판단하여 견책처분 취소청구를 기각하였다(교원소청심사위원회결정, 94-190, 결정문집(1994), pp. 124).

(2) 생활보장권

생활보장은 교사가 안정된 생활기반 위에서 가르치는 일에 몰두할 수 있는 여건을 마련해 주어야 한다는 취지를 반영한 권리이다. 교사가 가르치는 일에 몰두할 수 있도록 하기 위해서는 교사에 대한 안정된 생활보장이 필수적이다. 교육의 수월성을 확보하는 데 있어서 교사가 핵심적 요인임을 인정하면서도 교사들이 확고한 교직관과 사명감을 가지고 오로지 교육활동에만 전념할 수 있도록 제반 여건을 마련해 주지 못하고 있는 것이 주지의 사실이다.

교사의 생활보장권은 일차적으로 보수 및 기타 물질적 급부에 달려 있다. 대체로 교사에게 주어지는 것은 금전적인 대가인 보수이다. 이러한 보수는 법정의 직무를 수행한 결과 국가 및 지방자치단체로부터 받게 되는 금전적 보상이다.

교원의 생활보장권은 보수청구권이 있다. 보수의 법적인 의미는 봉급과 기타 각종 수당을 합산한 금액을 말한다(공무원보수규정 제4조). 따라서 교원의 봉급은 보수의 기본적인 재산권이 되며, 교원의 경제적 지위의 기초가 된다. 교원의 봉급은 교원의 동일 자격・학력・경력에 의하여 단일호봉의 원칙에 준한다. 봉급 외의 보수청구권은 수당청구권(특수업무수당, 상여수당, 가계보전수당, 초과근무수당, 명예퇴직수당 등)과 연금청구권, 자녀 학비보조금 지원, 실비변상청구권(국가공무원법 제48조) 등이 있다.

교원은 다른 직업에 종사하는 사람들과 달리 그들의 권리가 제대로 보장되지 않는 상황이라 할지라도 적극적인 입장표명을 하기 어려운 입장에 놓여 있다. 만약 교사들이 단체행동을 하게 되면 그로 인하여 학생들은 직접적인 피해를 고스란히 입게 되는데, 학생의 성장과 발달을 돕기 위한 교육은 중단 없이 지속적으로 이루어져야 하기 때문에 교사들은 자신들의 생활보장을 요구하는 데 있어 타 직종에 비해 권한이 약하다고 할 수 있다.

그동안 교원의 처우개선을 위해서 정부의 노력이 계속 되어왔고 그 결과 교원의 보수 수준이 점차 향상된 것이 사실이지만, 아직도 다른 전문직에 비해 미흡한 실정이다. 교사의 초임 급여는 다른 직종의 공무원에 비해 약간 높은 것으로 나타나지만, 근속연한이 길어질수록 특히 최고 호봉에 도달할 경우 타 직종에 비해 급여 수준이 상대적으로 낮은 것이 사실이다. 이러한 생활보장 체제하에서는 교원들이 상대적으로 경제적 지위에 대한 빈곤감을 느끼고 직무 만족을 기대하기 어려운 실정이다. 따라서 국가와 사회는 이러한 교사의 입장을 잘 알고 교사들이 기본적 권리를 누릴 수 있도록 특별한 정책적 배려가 있어야 한다.

(3) 근무조건 개선

근무조건 개선은 교원이 그들 본연의 임무인 교육활동에 전념할 수 있도록 보장받아야 할 권리 중의 하나이다. 어느 직종에 있어서나 일의 성취와 능률의 극대화를 기하고 해당 직종에 만족스럽게 봉사할 수 있도록 하기 위해 무엇보다도 근무조건의 정비를 필수조건으로 한다.

교사들이 본연의 교육활동에 열중할 수 없도록 하는 근무 여건들을 살펴보면 다음과 같다.

첫째, 교사들이 담임을 맡고 있는 학급의 학생 수가 여전히 많다는 점이다. 최근 우리나라 출산율이 OECD 평균보다 낮고 정부의 교육여건 개선 노력이 실효를 거두면서 학급당 학생 수가 점차 줄어들고 있기는 하지만 여전히 미흡한 실정에 있다.

둘째, 수업부담이 과중한 것도 개선되어야 할 근무조건 중 하나이다. 교사의 주요 업무 중 하나는 학생들을 대상으로 하는 교과지도 활동인 수업이다. 우리나라의 초·중등학교 교사들이 맡고 있는 주당 수업시수는 여전히 과중하여 수업의 질 개선을 위한 자기 연찬과 교재연구의 시간이 상대적으로 부족하다.

셋째, 교사들의 잡무가 지나치게 많은 것도 시급히 개선되어야 할 근무여건 개선사항 중의 하나이다. 교사의 잡무가 어떤 것인가 하는 것은 보는 사람의 관점에 따라 달라질 수 있으므로 명확하게 개념 짓기는 어렵지만, 일반적으로 교사의 잡무란 교육과정 운영과 학급경영, 이외 직접 관련되는 교육활동 이외의 업무를 가리킨다. 다시 말해서 교사가 순수한 교육활동에 전념할 수 있도록 조건을 조성해 주는 업무 이외에 교육활동 수행에 지장을 초래하는 업무이다. 특히 교육행정기관을 비롯한 유관기관에서 발송하는 공문을 대폭 줄이거나 각종 정책 사업에 대한 실적 위주의 보고를 줄이는 일이 선행되어야 한다.

표 2-3 교사의 업무 분류

구 분	필수업무	보조업무	잡 무
교과 학습지도	• 학습지도 • 교재연구 및 학습 자료준비 • 과제처리 • 평가, 성적처리	• 교과협의회 및 동학년 협의회 • 학습부진아 지도 • 연구수업 • 보강지도 • 독서지도 • 각종검사(지능, 학력)	• 실험 · 실습 후 장부정리 • 일부 국책업무의 계량적 보고 업무 • 과외단속 • 교과서 공급
생활지도	• 교내생활지도 • 안전지도 • 요선도 학생지도 • 교도 · 상담 • 진로지도	• 여가선용지도 • 급식지도 • 가정방문 • 인성, 적성지도	• 교외 생활지도 • 타 기관 요구의 거리질서 행사 동원
창체활동 지도	• 학생회 지도 • 학급활동 지도 • 동아리활동 지도	• 교내 각종대회 운영 지도 • 글짓기, 웅변, 미술대회 등	• 각종 단체 주관의 문예 활동 참가 • 각종 청소년 단체 결성 및 동원
학급경영	• 학적부, 생활기록부, 건강기록부 정리 • 학급경영록, 교무수첩 작성 • 학급관리	• 출석부 정리 • 진학지도 • 아동신체검사	• 전시 위주의 환경정비 및 경시대회 • 납입금 독려 • 저축업무 처리
학교경영	• 학급경영 • 법정장부 정리 • 학교시설 및 재정 관리 • 직원연수	• 교원인사에 관한 업무 • 교직원 회의 • 교내 민방위 훈련 • 학생 전입학 처리	• 법정장부 이외의 보조장부 정리 • 시책에 의한 사회교육(어머니, 노인, 유아, 성인교실) • 각종 성금관리 • 불필요한 타 기관 또는 단체의 협조의뢰 사항 • 일 · 숙직업무
교육행사 및 기타 자원 관리 활동	• 졸업식, 입학식 거행 • 각종 교내행사 지도	• 교육과 직결되는 공문서 처리 • 자연보호 참가 • 교내 체육대회 • 테마식 현장 학습 • 공개연구학교 참관	• 각종 행사동원(교사, 학생) – 단합대회, 환영 · 환송대회, 지역단위행사, 각종 고시 감독 • 위문품 수거 • 수업 중 행사 및 회의 참석 • 일과 중 민방위, 소방훈련, 동원예비군 훈련, 교원연수 • 전시적인 자연보호행사 참가 • 전시적인 거리 청소 • 의무적인 교사 합창단 운영

2) 소극적 권리

(1) 신분 및 직위 보유권

공무원은 법령이 정하는 사유와 절차에 의하지 않고는 그 신분과 직위로부터 일방적으로 배제되거나, 그 직위에 속하는 직무의 집행을 방해당하지 않을 권리를 가진다. 즉 공무원은 형의 선고, 징계처분 또는 법률에 정한 사유에 의하지 않고는 그 의사에 반한 휴직 · 해임 또는 면직을 당하지 아니한다(국가공무원법 제68조, 지방공무원법 제60조). 국가공무원으로서 교육공무원은 국가공무원법에 의한 신분 보장은 물론이고 교육공무원법에 의하여 더욱 강력한 신분 보장의 권리를 보장받고 있다. 교육공무원법 제43조에서도 교육공무원의 의사에 반한 신분조치를 금지하고 직권휴직, 강임, 직권면직, 권고사직 등 교원에 대한 신분조치의 법적인 한계와 처분사유 설명서의 교부 및 절차를 규정하고 있다.

교원들의 신분 보장에 대해서는 교육기본법 제14조에 '학교교육에서 교사의 전문성을 존중되며, 교사의 사회적 · 경제적 지위는 우대되고 그 신분은 보장된다.'고 명시되어 있다. 그리고 교원지위향상을 위한 특별법 제4조에서 불체포특권을 규정하고 있고, 제6조에서는 '교원의 의사에 반하여 휴직, 강임 또는 면직을 당하지 아니한다.'라고 규정되어 있음에도 볼 수 있듯이 교육공무원은 일반공무원보다 더 강력한 신분 보장을 받고 있다. 이러한 법적인 규정은 교원의 직업적 안정성을 보장하여 공직자로서 사명을 다하기 위한 제도적 조치이다.

(2) 재심 청구권(쟁송제기권)

재심 청구권은 교원들이 위법 · 부당한 처분을 받았을 때 소청 기타 행정상 쟁송할 수 있는 권리로서 교원들의 신분과 권익을 최대한 보장하려는 데 그 목적이 있다. 징계처분 대상자인 교원이 징계위원회의 의결이 과중하다고 인정할 때 이에 불복하고 재심을 청구하는 경우를 말한다.

교원이 징계처분 기타 그 의사에 반하는 불리한 처분에 대해 불복할 때에는 그 처분이 있은 것을 안 날로부터 30일 이내에 교육부에 설치된 교원소청심사위원회에 소청심사를 청구할 수 있다. 심사위는 소청을 접수한 날부터 60일 이내에 이에 대한 결정을 하여야 한다. 다만 심사위가 불가피하다고 인정하는 경우에는 그 의결로 30일을 연장할 수 있다. 심사위의 결정은 처분권자를 기속(羈束)한다. 교원은 심사위의 결정에 대하여 그 결정서의 송달을 받은 날로부터 90일 이내에 행정소송법이 정하는 소송을 제기할 수 있다(교원 지위향상을 위한 특별법 제10조).

(3) 불체포특권

교원은 현행범인 경우를 제외하고는 소속 학교장의 동의 없이 학원 안에서 체포되지 않을 특권을 가진다(교원 지위향상을 위한 특별법 제4조, 사립학교법 제60조). 교원에게 이러한 특권을 인정하는 것은 학원의 자유를 보장하고 학교로 하여금 교육 및 연구 활동을 수행함에 있어 권력기관의 부당한 압력을 받지 않도록 하려는 데 그 목적이 있다. 또한 복무는 교육공무원과 동일한 법을 적용받고 있기 때문에 이러한 불체포특권은 사립학교 교원에게도 동일하게 적용된다. 한편 교원 불체포특권의 법익은 교원의 신분 보장뿐만 아니라 교원의 자율성과 학원의 불가침성을 보호하는 데 중요한 의미를 가진다. 그러나 이러한 교원의 특권은 학원 안에서 현행범을 보호하려는 목적에 이용될 수 없으며 학원 내에서도 학교장이 체포할 것을 허가할 경우에는 해당되지 아니한다. 그러므로 학교장이 이를 허가할 때에는 범죄혐의가 명백한 경우에만 행할 수 있다.

(4) 교직단체 활동권

교원은 교원의 권리를 확보하고 교원으로서의 직업을 효과적으로 수행하기 위한 단체 활동을 할 수 있다. 즉, 교사들이 단체를 조직하고 적극적 운영을 통하여 회원들 간의 상호 유대 강화, 회원들의 복지 향상, 그리고 회원들의 자질향상 등을 공동목표로 추구할 수 있다.

교사들의 신분 및 권한의 보장의 확대 측면에서 1990년대 말에 이루어진 획기적인 변화의 하나는 교원들의 노동조합이 인정되었다는 것이다. 전문직으로서의 교사의 위상을 강조하는 관행에서 탈피해서 노동직으로서의 교직의 성격이 법률적으로 규정된 것이다. 교원들도 이제는 단결권과 단체교섭권을 행사할 수 있게 되었다.

교원노동조합이 설립됨으로써 기존의 교직단체인 한국교원단체총연합회와 공존하게 되었다. 다만 교원의 교육회 조직권은 단체행동을 법으로 인정한 것이나 정치적 활동을 목적으로 하는 정치단체 또는 정당과는 구별되며, 파업과 같이 극단적인 쟁의수단이 허용되지 않는다는 점에서 노동조합과 구별된다. 즉, 교육은 단체행동권은 계속 배제된 상태이다. 중요한 것은 교직단체들은 정부의 교원정책 수립 및 추진에 있어서 교육의 발전과 교원의 사회·경제적 지위 향상을 위하여 상호 협력하고 노력하는 자세가 요청된다.

3 교원의 의무

교원의 의무는 적극적인 의무와 소극적인 의무로 분류할 수 있다. 여기서 적극적인 의무란 주어진 일을 수행하는 측면에서의 의무이며, 소극적인 의무는 주로 해서 안 되는 금지 사항에 관한 내용이다. 다시 말해서 교직의 적극적인 측면을 보면 교원은 어떤 권위를 부여받았다고 할 수 있으나, 소극적 측면에서 보면 오히려 책임과 임무를 부과받은 셈이다. 전자에는 교육 및 연구 활동의 의무, 선서·성실·복종의 의무, 전문직으로서의 품위유지의 의무, 비밀엄수의 의무가 후자에는 정치활동의 금지, 집단행위의 제한, 영리 및 겸직의 금지 의무 등이 포함된다. 결국 교사의 권위는 그의 사회적 책임과 의무에 의해서 정당화되고, 책임과 의무는 권위의 인식에 의해서 가능한 것이다.

1) 적극적 의무

(1) 교육 및 연구 활동의 의무

교육 및 연구 활동의 의무는 교원에게 주어진 가장 핵심적인 의무이며 여타 다른 직종의 공무원과 교육공무원으로서 교원을 구분 지울 수 있는 가장 두드러진 특징이라 할 수 있다.

교원은 학생 교육을 위해서 부단히 노력해야 한다. 여기에는 전공 지식뿐 아니라 지식 전달에 필요한 교육의 기초 영역에 대한 지식이 망라되어야 한다. 교육전문가로서 교원은 자기 수양과 도덕성 제고에 힘쓸 뿐 아니라 교육의 원리와 방법을 꾸준히 연구하여 교육 현장에서의 직무수행에 최고의 효과를 거둘 수 있도록 노력할 의무가 있다. 교육 및 연구 활동의 의무는 폭발적으로 쏟아지는 지식과 정보를 취사선택하여 학생들에게 잘 전달하기 위해서뿐만 아니라 교원 자신의 전문적 성장을 위해서도 필수적으로 요청되는 일이다. 교원의 전문적 자질 향상을 위한 부단한 노력은 교육전문가로서의 권위와 존경을 받게 할 요인이 될 것이며 효율적인 교육활동을 수행하는 데 기본이 될 것이다.

(2) 선서, 성실, 복종의 의무

교원의 복무에 관한 사항은 교육공무원법과 사립학교법에 따로 규정하지 않고 국가공무원법을 준용하도록 하고 있다(교육공무원법 제53조 및 사립학교법 제55조). 따라서 교원은 교육을 통하여 국민에게 봉사하는 공무원으로서 국가공무원과 동일한 의무를 지니며 국가공무원의 의무인 선서의 의무, 성실의 의무, 복종의 의무를 수행하여야 한다. 교원은 교사로서 공직에 취임할 때 소속기관장 앞에서 다음의 선서를 하여야 한다(국가공무원법 제55조).

선 서

본인은 공직자로서 긍지와 보람을 가지고 국가와 국민을 위하여 신명을 바칠 것을 다짐하면서 다음과 같이 선서합니다.

1. 본인은 법령을 준수하고 상사의 직무상 명령에 복종한다.
1. 본인은 국민의 편에 서서 정직과 성실로 직무에 전념한다.
1. 본인은 창의적인 노력과 능동적인 자세로 소임을 완수한다.
1. 본인은 재직 중은 물론 퇴직 후에라도 직무상 알게 된 기밀을 절대로 누설하지 아니한다.
1. 본인은 정의의 실천자로서 부정의 발본에 앞장선다.

또한 모든 공무원은 법령을 준수하며 성실히 직무를 수행하여야 할 성실의 의무를 지고 있다. 만일 교원이 직무상의 의무에 위반되는 행위를 하였거나 직무를 태만히 한 때는 성실의 의무를 이행하지 않은 이유로 징계의 대상이 된다(국가공무원법 제56조).

공무원은 직무를 수행함에 있어 소속 상관의 직무상의 명령에 복종해야 하는 복종의 의무(국가공무원법 제57조)를 지도록 되어 있다. 교원에게 있어서 소속 상관이란 교원의 직무에 관하여 감독하는 권한을 가진 직에 있는 자를 말하는데 통상 교감, 교장, 교육장, 교육감, 교육부장관을 말한다. 그러나 교원에 대한 상관의 명령은 교원의 직무에 관한 사항에 한하여야 하며 이는 곧 교원의 교육활동이나 또는 이에 수반되는 업무 혹은 합법적인 직무 내용이어야 한다.

(3) 품위유지의 의무

교원은 공・사립의 구분 없이 교육에 종사하는 공직자이며 동시에 국민에 대한 봉사자로서 직무의 내외를 불문하고 그 역할에 적합한 품위를 유지해야 할 의무가 있다(국가공무원법 제63조). 품위를 유지하는 일은 국민들에게 신뢰를 주거나 국가의 위신과 직결되는 문제이다. 여기서 품위 손상의 형태는 방탕, 주벽, 축첩, 낭비, 과도한 부채 등으로 공적 임무와 함께 사생활까지에 걸친 의무들이며, 교원들이 학교에서나 학교를 벗어난 사회에서나 교육자다운 인격적 품위를 지녀야 함을 명시한 것이라 하겠다.

또한 공무를 집행하는 자의 적극적인 봉사자로서 친절하고 공정하게 집행해야 할 의무가 있다고 명시되어 있다(국가공무원법 제59조). 이러한 공무원의 품위유지를 위한 의무 조항은 교원에게도 동일하게 적용되는 조항이며 오히려 법적 품위 유지는 물론이고 더 높은 도덕적 품위까지도 요구받고 있다. 그리고 공무원은 직무와 관련하여 직접 또는 간접을 불문하고 사례, 증여, 향응을 수수할 수 없으며(국가공무원법 제61조 1항), 공무원은 직무상의 관계 여하를 불문하고 그 소속 상관에게 증여하거나 소속공무원으로부터 증여를 받아서는 안 된다(국가공무원법 제61조 2항). 여기서 사례란 직무와 관련하여 일정한 사안이 종료된 후에 금품을 주고받는 행위이며, 증여란 직무수행에 영향을 주기 위하여 금품을 주고받는 행위이며, 향응이란 사회공익을 헤치면서 공무원에게 정신적 쾌감을 주는 행위이다. 이러한 사례, 증여, 향응 등의 뇌물 수수행위는 징계의 사유가 될 뿐만 아니라 형법상의 범죄를 구성하는 요건이 된다.

(4) 비밀엄수의 의무

공무원은 재직 중은 물론 재직 후에도 직무상 알게 된 비밀을 엄수하여야 한다(국가공무원법 제60조). 직무상의 비밀이란 법령 또는 처분에 의하여 결정되지만 사무의 성질상 국가적인 이해에 관련된 사항 등이 누설됨으로써 국가안전보장에 유해한 것이라 할 수 있다. 비밀엄수의 의무를 위반할 경우 징계의 사유가 될 뿐 아니라 형법상의 범죄의 요건이 된다. 교원의 경우 그 직무상의 국가적인 이해 사항과는 밀접히 관련되지 않기 때문에 비밀엄수에 대한 의무는 비교적 크지 않다고 할 수 있다. 교원에게 적용 가능한 공무상의 비밀의 내용은 학생 개인에 대한 정보나 그 가족에 관한 정보 정도라고 할 수 있다. 특히 학생과 관련된 개인적인 신상의 비밀과 교육적 측면에서 지켜야 할 비밀은 평생을 두고 지켜야 할 의무가 있다.

표 2-4 교사의 의무와 관련된 법령

구 분	근 거	내 용
성실의 의무	「국가공무원법」 제56조	법령을 준수하며 성실히 직무를 수행하여야 한다.
복종의 의무	「국가공무원법」 제57조	직무를 수행함에 있어서 소속 상관의 직무상 명령에 복종하여야 한다.
친절공정의 의무	「국가공무원법」 제59조	국민 전체의 봉사자로서 친절, 공정히 집무하여야 한다.
비밀엄수의 의무	「국가공무원법」 제60조	재직 중은 물론 퇴직 후에도 직무상 알게 된 비밀을 엄수하여야 한다.
청렴의 의무	「국가공무원법」 제61조	1. 직무와 관련해 직·간접적으로 사례·증여·향응수수 등을 하여서는 안 된다. 2. 직무상의 관계 여하를 불문하고 소속 상관에 증여하거나 소속공무원으로부터 증여를 받아서는 안 된다.
품위유지의 의무	「국가공무원법」 제63조	직무의 내외를 불문하고 그 품위를 손상하는 행위를 하여서는 안 된다.

2) 소극적 의무

(1) 영리업무 및 겸직의 금지

공무원은 공무 이외의 영리를 목적으로 하는 사업에 종사하지 못하며 소속 기관장의 허가 없이 다른 직무를 겸할 수 없다고 규정하고 있다(국가공무원법 제64조). 공무원의 영리업무를 금지하고 있는 것은 공무원이 상업, 공업, 금융업 기타 영리적인 업무를 스스로 경영하여 영리를 추구함이 현저한 업무 등을 행함으로 직무상의 능률 저해, 공무에의 부당한 영향, 국가이익 침해를 야기할 우려가 있기 때문이다.

영리업무 금지에 해당하는 사례로는 현직 교원의 학원 강의나 사기업 운영 참여는 물론 방문판매 등에 관한 법률에 의하여 다단계 판매 활동이 포함된다. 이것은 모든 국민의 자유와 권리는 국가의 안전보장, 질서유지 또는 공공복리를 위하여 필요한 경우는 법률로써 제한할 수 있다는 헌법 조항(헌법 제37조)에 근거를 두고 있다. 교원 역시 동일한 규제를 받지 않을 수 없다. 공무원이 영리업무에 종사할 경우 공직 수행에 지장을 초래할 가능성이 크기 때문에 이를 금하지만 교원의 경우 어느 정도 한계를 두고 허용해야 할 경우도 많다. 영리를 목적으로 하지 않는 비영리업무에 대하여는 소속기관장의 허가를 받도록 하고 있다. 여기서 비영리업무는 담당 직무 수행에 지장이 없는 경우의 업무이다.

겸직이 가능한 경우는 직위 및 직무 내용이 유사하고 담당 직무수행에 지장이 없다고 인정되는 경우(교육공무원법 제18조 제1항)나 관련 교과나 업무를 담당할 전문 인력의 확보를 위하여 필요한 경우(교육공무원임용령 제7조 제2항)에는 겸임이 가능하도록 규정하고 있다. 겸직을 하게 될 경우 소속기관장의 허가를 받아야 하는데, 소속기관장은 교원의 직급에 따라 교육부장관, 교육감, 교육장 또는 교장이 된다. 교원의 경우 겸직은 비영리법인의 임원이나 대학의 시간강사 혹은 겸임교수로서 강의를 담당하는 정도일 뿐 겸직의 사례는 매우 드물며, 교육부에서는 현직 교원이 교원양성대학에 출강할 경우 이를 허가해 주도록 권고하고 있다.

(2) 정치활동 금지

공무원의 신분과 정치적 중립성은 헌법에 보장되어 있고(헌법 제6조), 공무원은 정당, 기타 정치단체의 결성에 관여하거나 이에 가입할 수 없고, 선거에 있어서 특정 정당 또는 특정인에 대한 지지나 반대를 하기 위한 행위를 해서는 아니 된다(국가공무원법 제65조 1항, 2항)라고 되어 있어서 공무원의 정치활동 금지 및 정치적 행위의 범위를 규정하고 있다. 공무원의 정치적 중립성을 보장하는 것은 직업공무원제의 확립에 따라 행정기술의 향상과 능률을 기함과 아울러 국민 전체의 봉사자로서 공평성을 유지하며 정권 교체에 따른 행정의 혼란을 억제하고 지속성을 유지하는 데 그 목적이 있다. 교육공무원도 일반직공무원과 마찬가지로 정치활동에 관하여 중립을 지킬 것을 요구하고 있다. 결국 교원의 정치활동에 제한을 두는 것은 교원이 학생을 직접 지도하고 교육하는 위치에 있음을 기회로 특정 정당을 지지하거나 배격하기 위하여 학생을 잘못 지도할 우려를 사전에 차단하기 위함이라 할 수 있다.

(3) 집단행위의 제한

공무원은 '노동운동, 기타 공무 이외의 일을 위한 집단행위를 해서는 안 된다'고 규정하고 있다(국가공무원법 제66조). 이것은 공무원인 근로자는 법률이 정하는 자에 한하여 단결권, 단체교섭권, 단체행동권을 가진다고 규정한 헌법 제33조에 근거를 두고 있다. 그러나 교육공무원의 경우 부분적으로 노동운동을 인정받고 있다. 즉 교원들에게는 단체행동권을 제외한 단결권과 단체교섭권을 보장해 주고 있는데, 「교원의 노동조합 설립 및 운영 등에 관한 법률」에 의거하여 설립된 교원단체는 교원 지위 향상을 위한 특별법의 규정에 따라 교섭·협의의 권한을 부여받고 있다. 즉, 교원의 단결권과 단체교섭권은 인정되지만 단체행동권만 유보시켜 놓았다. 이처럼 교원노조의 활동에서 단체행동권을 유보시킨 것은 어떠한 경우일지라도 교원의 태업, 파업, 직장폐쇄 등으로 인하여 정상적인 교육 본연의 활동을 저해할 우려가 있기 때문이다. 그럼에도 불구하고 근무조건 개선이나 임금 등에 관한 교섭권의 행사가 실질적으로 가능해지려면 향후 단체행동권이 어느 정도 인정되어야 할 것이다.

표 2-5 **교원의 신분상 4대 금지사항: 「국가공무원법」**

구 분	근 거	내 용
직장이탈 금지	「국가공무원법」 제58조	소속 상관의 허가 또는 정당한 이유 없이 직장을 이탈하지 못한다.
영리업무 및 겸직 금지	「국가공무원법」 제64조	공무 이외의 영리를 목적으로 하는 업무에 종사하지 못하며 소속기관장의 허가 없이 다른 직무를 겸할 수 없다.
정치활동의 금지	「국가공무원법」 제65조	정당이나 그 밖의 정치단체의 결성에 관여하거나 가입할 수 없으며, 선거에서 특정 정당 또는 특정인을 지지 또는 반대하기 위한 행위를 할 수 없다.
집단행위의 제한	「국가공무원법」 제66조	노동운동 기타 공무 이외의 일을 위한 집단적 행위를 하여서는 아니 된다. 다만 사실상 노무에 종사하는 공무원은 예외로 한다.

PLUS TIP 정신적으로 성숙한 사람

▎사랑할 능력▎

정신적으로 성숙한 사람은 엄격한 자기 훈련을 통해 사랑할 능력을 갖춘 사람이며, 그 능력 때문에 세상은 그들의 도움을 절실히 요구하게 된다. 그러면 그들 또한 그 부름에 응하여 사랑을 실천할 수밖에 없다. 사랑이 있기 때문에 그렇다. 그들은 위대한 힘을 가진 사람들로서 세상은 그들을 보통 사람으로 보겠지만, 그들은 조용히, 혹은 심지어 보이지 않게 그 힘을 행사하고 있다.

M. 스캇 펙, <아직도 가야 할 길> 중에서

토의해 보기

01 교원의 기본적인 권리 중에서 적극적인 권리와 소극적인 권리의 차이를 설명하여라.

02 교권을 확립하기 위한 제도적 방안에는 어떤 것들이 있는지 구체적으로 설명하여라.

03 교원의 적극적인 의무가 가지는 의미를 설명하고 그 이유를 설명하여라.

04 교권 침해의 사례를 몇 가지 들고 그것이 가지는 의미가 무엇인지 논의해 보자.

05 교원의 권리 중에서 가장 강조되어야 할 권리는 무엇이라고 생각하는가?

CHAPTER 03

교원의 보수, 교원연수, 교직단체, 교원능력개발평가

이 장에서는 교사 입직 후에 현실적으로 당면하는 주제들인 교원의 보수, 교직단체, 교원능력개발평가에 대해서 알아보고자 한다. 보수는 교원이 교육활동을 수행한 결과로 받는 금전적인 보상이다. 교직단체는 가장 오래된 교원단체인 한국교총과 교원노동조합법에 의하여 설립된 전교조와 각 시도의 교사노동조합이 있다. 교원능력개발평가는 교원의 전문성 향상을 위하여 도입되었으나 시행과정에서 여러 가지 문제점이 도출되고 있다.

1 교원의 보수

1) 교원보수제도의 개요

보수는 조직 구성원이 조직의 목적 달성을 위해 제공하는 육체적·정신적 노력 또는 봉사에 대한 반대급부로서 취득하는 금전적인 보상을 의미한다. 교원보수는 교원의 직무수행에 대한 반대급부로서 취득하는 금전적인 보상으로 볼 수 있고, 특히 교원이 교육공무원인 점을 감안하면 교원의 보수는 교원이 국민을 위하여 봉사한 일에 대한 대가로서 국가나 지방자치단체로부터 정기적으로 취득하는 금전적인 보상이다. 교원의 보수는 교원이 수행하는 업무의 사회적 중요성을 반영해야 하고 유사 또는 이와 동등한 수준의 자격을 요구하는 타 직업 종사자의 보수에 손색이 없어야 한다. 교육공무원의 보수결정은 '교육공무원의 보수는 자격 및 경력과 직무의 곤란성 및 책임의 정도에 따라 보수가 지급된다'고 규정하고 있는 교육공무원법 제34조에 나타나 있다. 자격과 경력에 따라 보수가 결정된다 함은 동등한 학력과 동등한 임금의 직무급의 원칙을 뜻한다. 현행 교육공무원의 보수체계는 동등한 학력과 자격 및 경력을 가진 교원은 학교·급별, 성별 등의 조건에 관계없이 동일한 보수를 지급받는 단일호봉제를 지향하고 있다.

2) 현행 교원보수체계

(1) 보수체계의 종류와 형태

보수체계의 종류로는 연공급, 직무급, 절충급이 있다. 연공급은 학력, 자격, 연령 등을 기준으로 근속연수에 따라 보수수준을 결정하는 보수체계이다. 근속연수나 경력에 따라 보수액이 달라진다. 연공급은 개인별 임금결정의 기준으로 근속의 비중이 너무 높고, 그 결과 근속별 임금격차가 매우 크다는 점과 그 결과 임금이 노동의 결과에 대응하지 않고 직종이나 숙련과는 무관한 특징이 있다. 직무급은 직무의 양과 질에 따라 보수를 결정하는 것으로, 직무의 상대적 가치를 평가하기 위하여 직무분석이 시도된다. 절충급은 연공급과 직무급을 절충한 것으로 직능급과 자격급이 있다. 직능급은 직무의 내용과 직무수행 능력에 따라 보수가 정해지는 것이며, 자격급은 취득자격을 기준으로 보수지급에 차이를 두는 것이다.

현행 교원보수의 유형 요소는 연공급, 직무급, 실적급, 자격급, 생활급이 있다. 우선 연공급은 연령이나 근속연수 등 경력과 연공서열을 기준으로 보수를 산정하는 것으로, 안정적인 신분보장으로 조직에 대한 귀속의식을 증대시킬 수 있다는 장점이 있지만 능력이나 업적에 대한 고려가 부족한 단점을 가지고 있으며 그 예로는 정근수당, 정근수당가산금, 장기근속수당 등이 있다.

직무급은 직무의 중요성과 곤란도 등에 근거하여 보수액을 결정하는 것으로 보전수당, 담임업무수당, 보직수당, 교원연구비, 직급보조비, 관리업무수당 등을 들 수 있다.

실적급은 직무수행의 실적을 보수결정의 기준으로 활용하는 보수체계로서 실적에 따라 보수가 차등 지급되기 때문에 실적이 높은 구성원의 사기를 높이고 구성원의 동기유발이 가능하여 조직 전체의 생산성을 향상시키지만, 조직 내 과열경쟁을 일으키고 평가에 대한 불신 등 부작용이 있다. 그 예로는 성과상여금, 시간외 근무수당을 들 수 있다.

자격급은 조직 내 구성원의 자격취득 기준을 정해 놓고 그 자격취득에 근거하여 보수를 지급하는 것으로 기본급이 해당된다.

생활급은 연령·가족사항을 고려한 생계비가 보수결정의 근거가 되며, 생활을 보장하기 위한 것으로 가족수당비, 자녀학비보조수당, 정액급식비, 교통보조비, 가계지원비, 명절휴가비, 연가보상비, 봉급조정수당 등이 해당된다.

보수체계의 형태로는 고정급과 성과급이 있다. 고정급은 근무시간이나 단위로 보수를 지급하는 것으로서 정액급이라고도 한다. 성과급은 생산량 등의 성과에 따라서 보수가 달리 지급되는 것이다.

(2) 교원보수체계의 현황

보수란 봉급과 그 밖의 각종 수당을 포함한 개념이다. 봉급은 직무의 곤란성과 책임의 정도에 따라 직책별로 지급되는 기본급여 또는 직무의 곤란성과 책임의 정도 및 재직기간 등에 따라 계급별, 호봉별로 지급되는 급여를 말하며, 수당이란 직무여건 및 생활여건 등에 따라 지급되는 부가급여를 말한다.

봉급, 보수, 승급, 수당, 승격, 연봉 등 교원보수와 관련된 용어의 정의는 다음과 같다.

표 3-1 교원보수와 관련된 용어의 정의

구 분	용어의 정의
봉급	직무의 곤란성 및 책임의 정도에 따라 직책별로 지급되는 기본 급여 또는 직무의 곤란성 및 책임의 정도와 재직기간 등에 따라 계급(직무등급 또는 직위를 포함한)별 · 호봉별로 지급되는 부가급여
보수	봉급과 기타 각종 수당을 합산한 금액
보수의 일할계산	그달의 보수를 그달의 일수로 나누어 계산한 것
승급	일정한 재직기간의 경과, 기타 법령의 규정에 의하여 현재의 호봉보다 높은 호봉을 부여하는 것
수당	직무여건 및 생활여건 등에 따라 지급되는 부가급여
승격	외부공무원이 현재 임용된 직위의 직무등급보다 높은 직무등급의 직위에 임용되는 것
연봉	매년 1월 1일부터 12월 31일까지 1년간 지급되는 기본연봉과 성과연봉을 합산한 금액
기본연봉	개인의 경력 · 누적 성과와 계급 또는 직무의 곤란성 및 책임의 정도를 반영하여 지급되는 기본급여의 연액
성과연봉	전년도 업무실적의 평가 결과를 반영하여 지급되는 급여의 연액
연봉월액	연봉에서 매월 지급되는 금액으로 연봉을 12로 나눈 금액
연봉의 일할계산	연봉월액을 그달의 일수로 나누어 계산하는 것

교원의 봉급체계는 호봉제를 기본으로 한다. 호봉제는 호봉에 따라 봉급(기본급)이 지급되는 제도로서, 공무원의 경우 매년 정기승급을 통하여 호봉이 올라가도록 되어 있는 연공급적 성격의 보수체계로 되어있다.

교원의 호봉은 1호봉부터 40호봉까지 구분된다. 근속가호봉 10년을 합산하면 교원의 봉급은 50단계에 이른다. 1호봉 승급에 필요한 기간은 1년이다.

표 3-2 유치원 · 초 · 중등교원의 봉급표(2025년 현재)

(월지급액, 단위: 원)

호봉	봉급	호봉	봉급
1	1,915,100	21	3,478,900
2	1,973,100	22	3,607,300
3	2,031,900	23	3,734,600
4	2,090,500	24	3,862,300
5	2,149,600	25	3,989,800
6	2,208,600	26	4,117,800
7	2,267,000	27	4,251,300
8	2,325,100	28	4,384,500
9	2,365,500	29	4,523,800
10	2,387,800	30	4,663,600
11	2,408,300	31	4,803,000
12	2,455,700	32	4,942,200
13	2,567,600	33	5,083,700
14	2,679,900	34	5,224,600
15	2,792,000	35	5,365,800
16	2,904,500	36	5,506,400
17	3,015,500	37	5,628,700
18	3,131,900	38	5,751,200
19	3,247,500	39	5,873,900
20	3,363,300	40	5,995,800

교원의 수당은 공무원에게 지급되는 보수 중의 일부로서 직무여건 및 생활여건 등에 따라 지급되는 부가급여를 말한다. 교육공무원에게 지급되는 수당은 비례수당으로 기말수당, 성과상여금 등이 있고, 월정액 수당으로 가족수당, 자녀학비보조수당, 시간외 근무수당 등이 있다. 특수 업무 수당으로는 교직수당이나 보전수당이 있고 그밖에 가계지원비, 명절휴가비, 정액급식비, 교통보조비 등이 있다.

교육공무원 수당의 종류는 〈표 3-3〉과 같다.

표 3-3 교육공무원 수당의 종류

구분	수당 명칭	지급 대상 및 조건
공통 수당	정근수당	모든 교원(연 2회), 근무연수별 11등급
	관리업무수당	각급 학교 교장 등
	정근수당가산금	5년 이상 근속 교원, 근무연수별 4등급
	가족수당	부양가족이 있는 교원
	자녀학비보조수당	중・고등학생 자녀가 있는 교원(연 4회)
	육아휴직수당	최초 휴직일로부터 1년 이내
	특수근무지수당	도서벽지 근무수당
	시간외근무수당	정규시간 외 근무교원, 월정액 별도지급
	모범공무원수당	모범 교육공무원
특수 업무 수당	교직수당	교원
	원로교사가산금	교육경력 30년 이상, 55세 이상 교사
	보직교사가산금	고등학교 이하 각급 학교 보직교사
	교원특별가산금	특수・미감아 담당, 국악고 교원, 고등학교 부설 방송통신고등학교 겸직 교원, 통학버스 동승교원
	담임교사가산금	학급담당교사
	실과교원가산금	농・공・수산・해운계 고등학교 교원
	보건활동수당가산금	각급 학교 보건 교사
	보전수당	국・공립 초등학교 교원, 국・공립 도서・벽지 중・고교 교원, 국・공립 중・고교5년 미만 교원(도서・벽지 제외), 국・공립 초등 교원에게 추가로 가산금 지급
실비 변상	가계지원비	모든 교원(연 5회)
	명절휴가비	모든 교원(설, 추석)
	정액급식비	모든 교원
	교통보조비	모든 교원
	직급보조비	모든 교원

(3) 교원의 호봉 획정

신규채용 교육공무원의 초임호봉 획정과 호봉의 재획정 방법은 다음과 같다.

표 3-4 초임호봉 획정 · 재획정 기준

초임호봉 획정	• 환산 경력 연수+(학령−16)+가산연수=경력 • 기산호봉+(경력÷호봉승급기간)=호봉
호봉의 재획정	• 현재까지의 총경력+새로운 경력(초임호봉 획정방법에 의함) • 잔여기간은 다음 승급기간에 산입 • 특별승급 또는 승급 제한 등의 사유가 있을 때는 이를 가감

교육공무원의 기산호봉은 다음과 같다.

표 3-5 교육공무원의 기산호봉표

자격별	기산호봉	자격별	기산호봉	비고
1급 정교사	9	사 서 교 사	8	교장, 원장, 교감, 원감, 교육장, 장학관, 교육연구관, 장학사 및 교육연구사에 대하여는 1급 정교사의 호봉 적용
2급 정교사	8	실 기 교 사	5	
순 교 사	5	1급 보긴교사	9	
전문상담교사	9	2급 보건교사	8	

가산연수는 ① 수학연한 2년 이상인 사범계 학교 졸업자: +1년 ② 특수교사 자격증 소지자가 특수학교에 근무하거나, 일반학교의 특수학급을 담당할 경우에 사범계 졸업자: +2년(사범계: +1년, 특수: +1년), 비사범계졸업자: +1년으로 한다.

'승급'이라 함은 일정한 재직기간의 경과 기타 법령의 규정에 의하여 현재의 호봉보다 높은 호봉을 부여받는 것을 말하는데, 직전 호봉 승급일부터 근무연수가 1년이 경과한 달이 속하는 매달 1일에 호봉 승급을 한다.

더 알아보기

- **초임호봉 획정**: 공무원을 신규채용할 때는 초임호봉을 획정해야 한다. 신규임용되는 교원에 대한 초임호봉 획정은 학력, 임용 전 경력, 기산호봉을 합산하여 이루어진다.
- **호봉의 재획정**: 공무원이 재직 중 새로운 경력을 합산해야 할 경우나 교육공무원의 경우 자격이나 학력의 변동이 있을 때에는 호봉을 재획정한다.
- **승급**: 일정한 재직기간의 경과나 그 밖에 법령의 규정에 따라 현재 호봉보다 높은 호봉을 부여하는 것을 말한다. 공무원의 1호봉 승급에 필요한 기간은 1년이다.

2 교원연수

1) 교원연수의 의미와 필요성

교원연수는 교직에 근무하고 있는 교원을 대상으로 하여 이루어지는 재교육과정을 말한다. 교사교육을 교직에 입문하기 전에 대학에서 받는 직전교육(職前敎育: preservice education)과 교직에 입문한 후 받는 현직교육(現職敎育: in-service education)으로 구분할 때 교원연수는 현직교육에 해당한다.

교원이 갖추어야 할 전문적인 자질은 교직에 입문하기 전에 받는 직전교육만으로는 충분히 연마할 수 없다. 더구나 대부분의 교원들은 이르면 20대 중반에 교직에 입문한 후 정년퇴임을 할 때까지 길게는 30년 이상 교직생활을 하게 되는데, 이 기간 동안 교육이론과 교육환경은 물론 교육에 대한 사회의 요구도 많이 변한다. 그러므로 교원이 직전교육의 부족한 점을 보완하고, 새로운 지식이나 기술을 습득하여 전문성을 강화하려면 체계적인 교원연수를 받아야 한다. 교원연수가 필요한 이유를 다음과 같다.

- 직전교육 자체가 불완전하여 이를 보완하고 결손을 해소할 필요가 있다.
- 교직이나 사무 관리직을 막론하고 보다 전문적 능력과 자질이 요구되고 있으며 새로운 시대와 사회의 요구에 부응해야 한다.
- 급격한 사회변화로 지식과 기술이 폭발적으로 증대되고 있으며, 낡은 것은 새로운 것으로 계속 대처되어야 한다.
- 평생교육의 사조와 더불어 특히 교직원은 스스로 부단한 자기 향상의 모범을 보임으로써 사회의 기대에 부응함은 물론 사회에 대한 선도적·시범적 역할을 수행해야 한다.
- 교직은 전문직으로 계속 성장·발전해야 한다. 적어도 인간성장의 과정인 교육은 고도의 이론적 배경이 필요한 전문직이므로 지식만 있으면 할 수 있다는 사고방식을 불식하고 사회의 인정을 받기 위해 계속 연구해야 한다.
- 변화하는 사회에 적응한다. 현대사회의 특징은 급격히 변화하는 것으로, 그에 준하여 교육 관련 학문도 많은 진보를 이루었으나 이것만으로는 불충분하기 때문에 계속 연수해야 한다.
- 교직원의 직전교육의 미비점을 보충한다. 직전교육은 실제 교육현장이 아니므로 다분히 기초적 이론적 교육이 되며, 실제 교육현장에서 일어나는 문제는 직전교육에서 예상치 못한 것이 많다.
- 교직원의 단합 및 단체 활동을 조성한다. 현직연수를 통해 교직원을 한 단위로 결합시키며 개인성장 발달에 필요한 단체 활동을 조성한다.

교원연수의 중요성은 교육 관련 법령에서도 강조하고 있다. 교육기본법 제14조 2항에서는 「교원은 교육자로서 갖추어야 할 품성과 자질을 향상시키기 위해 노력하여야 한다」고 명시하고 있으며, 교육공무원법 제38조 1항에서는 「교육공무원은 그 직책을 수행하기 위하여 부단히 연구와 수양에 노력해야 한다」고 명시하여 교원의 생애를 통한 계속교육으로서 교원연수의 중요성을 강조하고 있다.

2) 교원연수의 종류

넓은 의미의 교육연수는 (1) 교원연수기관에서 실시하는 기관중심연수, (2) 단위 학교에서 수행하는 학교중심연수, (3) 교원이 개인적으로 수행하는 개인중심연수를 포함한다. 하지만 좁은 의미의 교원연수는 교원연수기관에서 실시하는 연수를 의미한다.

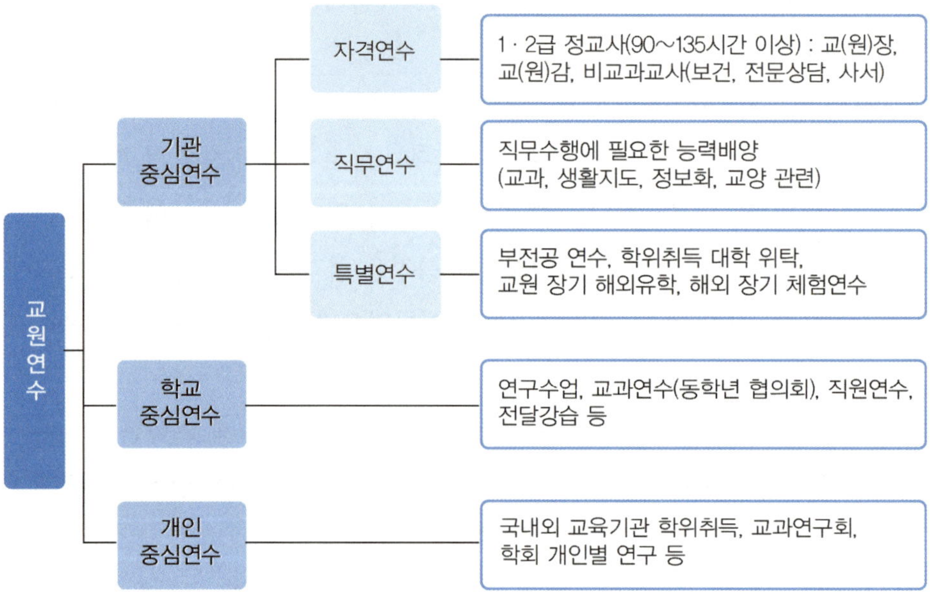

그림 3-1 교원연수의 종류 및 내용

교원연수기관에서 이루어지는 교원연수는 크게 직무연수와 자격연수로 구분된다.

첫째, 직무연수는 교육의 이론·방법 및 직무수행에 필요한 능력 배양을 목적으로 시행되는 연수이다. 직무연수의 내용은 새로운 교수방법연수, 실기연수, 상담 및 진로교육연수, 컴퓨터 활용능력 연수 등과 같이 매우 다양하다. 직무연수는 연수시간 또는 학점에 따라서 구분되는데, 15시간 1학점을 기준으로 60시간(4학점),

45시간(3학점), 30시간(2학점), 15시간(1학점) 등과 같이 네 가지 유형으로 세분화된다. 직무연수의 이수학점은 승진, 전보, 해외연수, 표창 추천, 교육전문직 임용, 성과급 지급 등과 연계되어 운영되고 있다. 현재 모든 교원들은 2008년부터 시행된 직무연수 이수학점제에 따라 교직 입문 후 4년 차부터 3년 주기로 최소 6학점(90시간) 이상 연수를 받아야 한다. 교육청 직속의 연수기관에서 이루어지는 직무연수는 학교나 교육청에서 연수경비가 지원되지만 일반 연수기관에서 개인적 희망에 의해 이루어지는 자율적 직무연수(원격연수 포함)는 교사가 연수경비를 지불한다.

둘째, 자격연수는 교원의 자격을 취득하기 위한 연수다. 자격연수는 취득하고자 하는 자격증의 유형에 따라 1급 정교사 자격연수, 2급 정교사 자격연수, 전문상담교사(1급) 자격연수, 사서교사(1급) 자격연수, 보건교사(1급) 자격연수, 영양교사(1급) 자격연수, 원감 자격연수, 원장 자격연수, 교감 자격연수, 교장 자격연수 등으로 구분된다. 각각의 자격연수에 참여할 수 있는 연수대상자의 선발에 관한 사항 및 연수의 내용은 「교육부령」으로 정하도록 되어 있다.

셋째, 특별연수는 직무연수나 자격연수와 달리 일정 기간 현직에서 벗어나 국내외 교육기관이나 연수기관에서 연수를 실시한다. 특별연수자로 선발되는 기준은 ① 교직관과 국가관 ② 근무성적 ③ 학력 및 경력 ④ 연수 후 상당 기간 근무 가능성 ⑤ 외국어 능력(국외연수의 경우) 등이 있다.

특별연수자는 연수 이후에 직무에 복귀하여야 한다. 6개월 이상 특별 연수를 받은 교원의 경우 6년의 범위 내에서 연수기간과 동일한 기간을 연수 분야와 관련된 직무분야에 복무해야 하는 의무를 진다. 복무를 다하지 않을 경우 지원된 경비의 전부 혹은 일부를 본인 또는 연대보증인이 반납해야 한다.

3) 교원연수의 방법

교원연수는 수업방식에 따라서 집합연수(출석연수)와 원격연수로 구분된다. 집합연수는 방과후 시간이나 방학기간 동안 연수기관에 출석하여 강사와 면대면으로 진행되는 연수를 말한다. 집합연수는 연수생들이 연수 장소에 직접 출석하여 연수가 이루어지기 때문에 출석연수라 불리기도 한다. 많은 직무연수가 여전히 출석연수로 진행되고 있으며, 자격연수는 출석연수를 원칙으로 한다. 출석연수의 경우 강의내용이 주는 공식적인 연수 효과 이외에 연수생 간 비공식적 모임의 활성화, 교수자와 학습자의 직접 대면에 따른 다양한 상호작용 증진 등의 효과가 있다. 반면에 일정 기간 특정 장소에 출석해야 한다는 점에서 강의 참여의 제약을 받는다.

원격연수는 원격화상회의 방식의 연수와 사이버연수, 온라인연수, 웹기반연수, K-MOOC 등과 같은 인터넷 통신망을 활용한 연수가 있다. 원격연수의 경우 원격교육연수원을 통하여 전적으로 온라인상에서 연수가 진행되기도 한다. 그러나 출석연수의 경우에도 연수시간의 일부를 원격연수의 방식 즉 온라인상의 연수로 진행하기도 한다.

또 연수의 일부를 다른 연수기관이나 교육기관 또는 교육행정기관에 위탁하여 실시하는 위탁연수와 연수원이 실시할 수 없는 특수한 분야에 관한 연수를 위하여 필요하다고 인정할 때에는 특정 기관을 지정하여 그 연수를 실시하는 지정연수가 있다.

4) 교원연수기관의 종류

교원연수기관의 종류로는 각 시도교육청 직속 기관으로 18개의 시도교육연수원이 있다. 중앙단위 연수기관으로는 중앙교육연수원, 한국교원대학교 종합교육연수원, 서울대학교 교육행정연수원의 세 곳에서 각종 직무연수와 자격연수를 운영하고 있다. 대학 부설 연수기관도 운영되고 있는데 전국 종합대학의 사범대학 부설 교육연수원 68개, 교육대학 부설 초등교육연수원 12개가 있어서 특수 분야 위탁연수를 운영하거나 각종 직무연수를 운영하고 있다. 원격교육연수원은 대학, 산업대학, 교육대학, 원격대학, 시・도교육청, 교육부장관이 지정하는 기관 및 법인 등에 설치되며 주로 직무연수를 운영한다.

3 교직단체

교직단체란 교원 상호 간의 단결과 자주적 운영을 통하여 회원들의 상호 유대를 강화하고, 회원들의 복지를 향상시키며, 회원들의 자질향상 등 공동목표를 추구하는 교원들의 이익단체를 말한다.

1) 교직단체의 종류

우리나라 교직단체는 교육기본법에 의거해서 설립된 교원단체와 「교원의 노동조합 설립 및 운영 등에 관한 법률」에 의거해 설립된 교원노조로 나누어진다. 교육기본법 제15조(교원단체)에서는 '교원은 상호 협동하여 교육의 진흥과 문화의 창달에 노력하며, 교원의 경제적 · 사회적 지위를 향상시키기 위하여 각 지방자치단체와 중앙에 교원단체를 조직할 수 있다.'고 규정하고 있다. 또 「교원의 노동조합 설립 및 운영 등에 관한 법률」 제4조에서는 '교원은 특별시 · 광역시 · 도 · 특별자치도 단위 또는 전국 단위로만 노동조합을 설립할 수 있다.'로 규정하고 있다.

우리나라에서는 2023년 4월 현재 교원단체인 한국교원단체총연합회와 교원노조인 전국교직원노동조합, 각 지역의 교사노동조합이 연맹한 교사노동조합연맹 등 3대 교직단체가 설치 · 운영되고 있다. 교원단체는 교직을 전문직으로 보고 있고, 교원노조는 교직을 노동직으로 보는 관점을 반영하고 있다고 할 수 있다.

(1) 한국교원단체총연합회(한국교총)

한국교총은 1947년 결성된 조선교육연합회를 모태로 설립된 교원단체이며, 1989년 한국교원단체총연합회(한국교총)로 이름을 바꾸어 오늘에 이르고 있다. 한국교총은 전교조가 합법화되기 이전의 유일한 교원단체이며 우리나라에서 가장 오래된 역사를 가지고 있다.

한국교총은 회원 상호 간의 단결을 통한 사회적·경제적 지위 향상과 교직의 전문성 확립을 설립목적으로 하고 있으며, 회원은 유·초등·중등·대학교원이다. 한국교총의 법적 근거는 교육기본법 제15조(교원단체), 민법 제32조(비영리법인의 설립과 허가), 교원지위향상을 위한 특별법 제11조(교원지위향상을 위한 교섭·협의)이다.

한국교총의 주요 사업으로는 회원의 상호 협동·단결·교원의 처우 및 복지증진과 근무조건의 개선에 관한 일, 교원의 옹호확대에 관한 일, 교직의 전문성 확립과 민주적 발전에 관한 일 등을 들 수 있다. 교원의 전문성 신장, 즉 교원들의 자질향상을 통해 교육발전을 구현하고자 전국 단위의 현장교육연구대회를 개최하는 한편, 우수한 교육자료의 개발과 보급을 위하여 전국교육자료전도 주최하고 있다.

(2) 전국교직원노동조합(전교조)

전국교직원노동조합(전교조)은 「교원의 노동조합 설립 및 운영 등에 관한 법률」에 근거하여 1999년 교육노동자의 기본 권익을 옹호하고 민주교육 발전에 기여하기 위한 목적으로 설립되었다. 1960~1961년 전국적으로 확산되었던 한국교원노동조합총연합회의 맥을 이은 민주노총 산하 교원노동조합이다. 6·10 민주 항쟁과 6·29 선언으로 촉발된 1987년 노동자 대투쟁의 영향으로 1989년 법외노조로 출범하였으나 이후 정부와의 지속적인 투쟁 끝에 1999년 「교원의 노동조합 설립 및 운영 등에 관한 법률」 제정으로 합법적인 교원노동조합의 지위를 획득하였다.

전교조는 교육노동자의 기본 권익을 옹호하고 민주교육 발전에 기여하기 위한 목적으로 설립되었다. 전교조의 가입대상은 유·초등·중등 교사이며, 근로조건 개선 및 교직원의 사회·경제적 지위향상, 교육환경 및 교육제도 개선을 위한 사업, 조합원 교육 및 교권옹호, 후생복지, 문화의 선전홍보사업 등을 주요 사업으로 하고 있다.

2013년 정부로부터 해직교원이 교원노동조합에 있다는 이유로 노동법 테두리 밖의 법외노조가 되었으며, 2016년 1월 서울고등법원이 2심에서 법외노조 처분은 적법하다는 결론을 내렸지만 2020년 9월에 대법원은 법외노조 통보 처분 취소 소송 상고심에서 원심을 파기하고 서울고등법원으로 돌려보냄으로써 전교조는 법적인 노동조합의 자격을 다시 얻게 되었다.

법외노조 통보 이후 전교조가 이념투쟁에 몰입하면서 퇴행적으로 행동하고, 중앙집권적인 운영과 진보적인 정치투쟁에 앞선다는 비판으로 일부 교사들이 전교조를 이탈해 새 교원노조 결성을 추진하였으며, 실제로 2017년 12월 16일 교사노동조합연맹이 출범하였다. 그러나 2020년 9월 3일, 전교조의 법외노조 통보가 위법하다는 판결이 나오자 교육부가 전교조를 노조로 다시 인정하며 해직교원 전원 복직과 단체교섭 재개 등을 실시하며 다시 교총과 함께 양대 교원단체의 위치를 형성하게 되었다.

(3) 교사노동조합연맹(교사노조)

교사노동조합연맹은 전교조가 정치투쟁에 치우치면서 교사의 현실문제 해결에 뚜렷한 한계를 보이는 점을 비판하는 교사들의 문제의식으로 만들어진 후발 교원노동조합이다.

교원노조운동을 지속 가능하게 발전시키기 위해서는 전국단위 교원노조를 지방자치 시대의 흐름에 맞게 시도별, 급별 노동조합의 연합체로 재편해야 한다고 주창하는 '교사노동운동재편모임'이 2016년 12월 8일 서울교사노동조합, 2017년 11월 18일 전국중등교사노조를 창립하고 두 노동조합의 연합체로 2017년 12월 16일 교사노동조합연맹을 창립하여 탄생되었다.

교사노동조합연맹은 창립 이후 시도단위 교사노조, 전국단위 급별 교과별 교사노조 창립하여, 2022년 말 현재, 17개 시도단위 교사노조, 4개 전국단위 급별 교사노조(유치원, 초등, 중등, 특수), 6개 전국단위 교과 교사노조(보건, 사서, 영양, 전문상담,

민주시민교육, 평생), 1개 시도단위 교과별 노조(전남전문상담) 등 28개 교사노조를 가맹노조로 하여 5만여 명의 조합원을 가진 교원의 노동조합으로 성장하였다. 2022년 말 현재 조합원 5만여 명을 넘어서며 한국교총과 전교조에 이어 3대 교원단체로 인정되고 있다. 20~40대 젊은 교사들이 전체 조합원의 90% 이상을 차지하는 것이 특징이다.

교사노동조합연맹은 새로운 교사노동조합 설립을 추진해왔으며. 교사의 권익을 대변하는 노동조합을 기치로 사업을 전개하고 있다. 특히 각 시도별, 부분별 전국단위 노동조합을 설립하여 시도교육청과 시도별 노조가 독자적인 단체교섭과 정책협의를 진행하는 것을 특징으로 하고 있다.

표 3-6 교사노조와 전교조의 비교

구 분		교사노조연맹	전교조
조직형태	전국	• 교사노동조합들의 연합노조 (회원이 노조인 노동조합)	• 전국단위노조
	시도	• 시도단위 교사노조(독립된 단위)	• 지부(자치조직)
	급별영역별	• 급별 노조, 영역별 전국단위노조(독립된 노조)	• 위원회(집행기구)
조합원 가입		• 시도단위 복수노조에 직접 가입 • 급별 · 영역별 전국단위노조에 직접 가입 • 교사노조연맹에 직접 가입 불가	• 전국단위노조에 직접 가입
복수노조 가입		• 복수노조 가입 전면 허용 및 권장	• 규약으로 다른 노조 가입 금지
조합비 액수		• 각 노조에서 정함	• 전국적으로 동일 기준 적용
조합비 사용		• 조합원이 각 노조에 조합비 납부 • 각 노조가 독자적 예산편성 및 집행 • 조합비 일부를 연맹에 맹비(盟費)로 납부 • 연맹은 맹비 범위 내에서 예산 사용	• 조합원이 전교조에 직접 조합비 납부 • 내부에서 본부, 지부 예산분배 비율 결정 • 지역단위(지부)는 분배된 예산 사용 • 급별 · 영역별 단위는 분배비율 없음
		• 각 노조가 예산 범위 내에서 인건비 사용	• 전국단위에서 인건비 일괄 지급
단체교섭권		• 시도노조는 교육감과 단체교섭권 가짐 • 연맹은 교육부에 단체교급별 · 영역별 전국단위노조는 교육부, 교육감과 단체교섭권 가짐	• 위원장이 교육부, 교육감과 단체교섭권 행사(시도지부장은 위원장 위임으로 교육감과 교섭 가능. 급별 · 영역별 위원회는 교섭권 없음)
상급단체		• 한국노동조합총연맹(한국노총)	• 전국민주노동조합총연맹(민주노총)

교사노조연맹은 2019년 7월 10일에는 교육부장관과 단체협약을 체결하였고, 교사노조연맹 가맹 시도단위 교사노조들도 교육감과 단체협약을 체결하였거나 단체교섭을 진행하고 있다.

전교조가 전국단위의 노조인 데 반해 시도단위의 교사노조는 시도별로 독립된 단위의 노조 조직이란 점에서 차이를 보인다. 따라서 전국 교사노조의 느슨한 연합체가 교사노동조합연맹이다.

2) 교직단체의 주요 활동

(1) 전문적인 활동

교직단체는 교육전문가인 교원들의 단체로서 전문적인 활동을 수행한다. 구체적으로 ① 교원의 전문적인 성장 촉진, ② 교육연구·개발 및 교육관계 도서의 출판·보급, ③ 교직윤리 기준의 설정 및 유지, ④ 교원의 국제교육 및 문화교류의 활성화 등을 수행한다.

(2) 이익추구활동

교직단체는 구성원들의 이익을 옹호하기 위해 다양한 활동을 전개한다. 교직단체의 구체적인 활동으로는 ① 교권 확립, ② 근무조건 개선과 사회·경제적 지위 향상, ③ 단체교섭 활동, ④ 회원 간의 우의 및 동료애 증진 등을 들 수 있다.

(3) 봉사활동

교직단체는 사회발전에 도움이 될 수 있는 봉사활동을 수행한다. 이러한 활동으로는 ① 지역사회문화 창달, ② 교육을 통한 사회발전 도모, ③ 사회의 제반 비교육적 요소 척결 등을 들 수 있다.

(4) 자율성 확보 활동

교직단체는 자율성을 확보하기 위해 ① 특별법에 의해 보장을 받는 특수법인화 추진, ② 외부로부터의 압력을 배제할 수 있는 자체역량 확립 등의 활동을 수행한다.

(5) 지지 확보 활동

교직단체가 활성화되려면 회원들의 적극적인 참여와 지지가 필수적인 요건이다. 회원들의 지지와 참여를 확보하기 위한 교직단체의 활동으로는 ① 자유로운 가입 및 탈퇴 보장, ② 조직 강화와 운영의 민주화, ③ 교원의 지지를 획득하기 위한 홍보활동 등을 들 수 있다.

4 교원능력개발평가

1) 교원능력개발평가의 개요

교원능력개발평가는 교원의 교육역량을 종합적으로 평가하는 제도로 교육행정정보시스템(NEIS)에서 할 수 있다. 학교 현장 교원들의 반발 속에서 2010년 3월 신학기부터 전국의 초·중·고등학교에서 시행되고 있다. 교원능력개발평가의 구체적인 방법과 기준은 교육부장관이 정하는 기준과 절차에 따라 교육감이 정하는데 교원 등의 연수에 관한 관련 규정과 교원능력개발평가에 관한 훈령을 기준으로 한다.

그러나 동료평가는 동료교원 간 수업을 보고 평가하는 방식이었지만 비대면수업 운영이 확산되어 교원 상호 간 수업 참관 기회가 적으므로 한시적으로 별도의 동료평가를 실시하지 않고 있다. 더구나 대부분의 교원단체들은 학생과 학부모의 만족도 평가가 익명으로 이루어지지 때문에 인격모독과 성희롱의 수단으로 악용되어서 교권 실추의 원인이 되고 있을 뿐 아니라 당초 기대한 평가취지를 전혀 달성하지 못하고 있기 때문에 폐지해야 한다고 주장하고 있다.

표 3-7 교원능력개발평가의 개요

<table>
<tr><th colspan="2">구분</th><th colspan="3">주요 내용</th></tr>
<tr><td colspan="2">목적</td><td colspan="3">• 교원 전문성 신장을 통한 공교육 신뢰 제고</td></tr>
<tr><td colspan="2">평가대상</td><td colspan="3">• 국・공・사립, 초・중・고 및 특수학교 재직 교원(계약제 교원 포함)</td></tr>
<tr><td colspan="2" rowspan="2">평가 종류/
평가참여자</td><td>초등학생
의견조사/
중・고생
만족도 조사</td><td colspan="2">• 지도받는 학생 → 개별교원 대상(단, 학생만족도 조사 평가개시일 역산하여 2개월 미만 재학한 학생은 참여에서 제외)
❋ 중1~고3학년까지의 학생을 대상으로 학생만족도 조사 실시
❋ 초4~6학년까지의 학생은 자기성찰적 의견조사에 참여하되 결과값은 해당 교사에게만 공개하여 참고자료로만 활용</td></tr>
<tr><td>학부모
만족도 조사</td><td colspan="2">• 지도받는 학생의 학부모 → 개별교원 대상
❋ 교장・담임교사 외 1인 포함 3인 이상, 교감, 교과(전담)교사, 비교과 교사는 자율 선택</td></tr>
<tr><td colspan="2">평가 시기</td><td colspan="3">• 매년 실시, 매년 11월 말까지 평가 종료</td></tr>
<tr><td colspan="2">평가시행
주체(주관)</td><td colspan="3">• 교육감(위임한 경우 교육장, 학교장), 교육장: 관할 교장・교감에 대한 평가
학교장: 소속 학교의 교사에 대한 평가</td></tr>
<tr><td rowspan="7">평가
영역
・요소
・지표</td><td>개요</td><td colspan="3">• 교원의 교육활동 전반(학습지도, 생활지도, 교수・연구 활동 지원, 학교경영, 상호협력 등)
[학교 자율] 전국공통기준 및 시도자율 평가영역, 요소, 지표 이외의 별도지표 추가 가능</td></tr>
<tr><th>구분</th><th>평가영역</th><th>평가요소</th><th>평가지표</th></tr>
<tr><td rowspan="2">교사</td><td>학습지도</td><td>수업준비, 수업실행, 평가 및 활용</td><td>교과내용 분석 등 8개 지표</td></tr>
<tr><td>생활지도</td><td>상담 및 정보제공, 문제행동 예방 및 지도, 생활습관 및 인성지도</td><td>개별학생 특성 파악 등 7개 지표</td></tr>
<tr><td>수석
교사</td><td>교수・연구
활동 지원</td><td>수업 지원, 연수・연구 지원
※ 학습지도 및 생활지도 영역은 일반교사의 요소와 지표 동일</td><td>상시수업공개 등 23개 지표</td></tr>
<tr><td>교장・
교감</td><td>학교경영</td><td>학교교육계획, 교내장학, 교원인사, 시설관리 및 예산운용(교감은 시설관리 및 예산운용 제외)</td><td>학교경영목표관리 등 10개 지표(교감 8개 지표)</td></tr>
<tr><td>공통</td><td>상호협력</td><td>공동 목표 달성</td><td>교육목표 달성 노력 및 업무 협력</td></tr>
</table>

구분	주요 내용
평가문항	(개요) 교장·교감 평가문항은 시·도교육청에서 정하며, 단위 학교장은 소속 수석교사·교사(일반, 비교과 모두 포함)의 평가문항을 정하며, 개별교원 특색교육활동 문항을 추가 (동료교원평가) 평가지표 중심으로 체크리스트 15문항 이상 (학생·학부모만족도 조사) 평가요소 내 주요 지표 중심 및 동료교원평가 지표에서 5문항 이상으로 구성(초등학생 4~6학년은 체크리스트가 아닌, 서술형 3문항 이상으로 구성, 학생만족도 조사는 자기성찰 문항 추가) ❋ 학부모만족도 조사 평가문항은 평소 자녀와의 대화나 관찰 등을 통해 알게 된 각종 정보를 바탕으로 응답할 수 있도록 구성 [학교 자율] 개별교원 희망에 따라 특색교육활동 관련 학생만족도 조사 실시 가능(학습지도와 생활지도 중 2개 문항 이내) • 자유서술식 응답 양식을 2가지 이상으로 제시 ※ 평가문항은 단위 학교의 평가관리위원회에서 심의 필수 ※ 결과는 개별교원에게만 피드백하고, 문항 수 및 평가결과에 미반영 • 담임교사와 교과(전담)교사의 평가문항 구성 차별화 권장
평가방법	• 5단척도 체크리스트와 자유서술식 응답 병행 ❋ 평가대상 교원은 평가참여자에게 교육활동 및 교육지원활동에 대한 교육활동 정보 제공 • 학부모 총회시 학부모 대상 참여 절차, 방법 등에 대한 안내 • 학생 대상 연수(평가관리자)
결과 통보	• 교육감·학교장은 개별교원에게 평가종류별 결과표, 개인별 합산표 통보, 열람 신청 시 원자료(평가종류별 척도단위 결과 및 자유서술식 내용 포함) 열람
결과 활용	• 평가결과에 대한 객관적인 분석틀을 활용한 맞춤형 연수 선정 및 교육활동 계획 수립 • 평가결과에 따른 능력개발계획서를 평가대상자가 작성·제출 • 학교장은 동료교원평가지, 학생 및 학부모만족도 조사지, 교사에 대한 교원능력개발평가 등의 결과(학교 평균값)를 다음 해 4월 말까지 학교정보공시사이트에 공개 • 평가관리자는 운영결과보고서를 작성하여 교육감 및 학교장에게 제출 [학교 자율] 평가결과 활용 연수 지원, 개별교원의 능력개발계획 지원, 학교평가결과 활용 단위 학교 맞춤형 연수(평가지표별 맞춤형 자율연수) 운영

학부모의 입장에서도 평가하는 교원의 정보가 부족한 상황에서 평가하는 부담이 있어서 불만이 제기되고 있기도 하다.

표 3-8 교원능력개발평가 시행 절차

단계	세부 추진 내용	시기(월)
교원능력 개발평가 관리위원회 구성	• 학교운영위원회 심의를 거쳐 평가위원회 구성 • 학교장은 교원능력개발평가 관리위원회 위원에 대해 임명하고, 교원능력개발평가 평가관리위원회 위원은 서약서를 작성 제출하고 관련 업무를 수행	3월
평가 운영계획 수립	• 동학년 협의회 및 교과협의회 - 수업참관 범위, 절차, 방법, 공개수업 계획 마련 - 수업 녹화, 평소 관찰, 수업참관 등(1회성 수업 관찰에 의한 평가 지양) - 학부모 공개수업 계획 마련(※ 시행 1주일 전 학부모 홍보) • 평가계획에는 평가의 기본 방향, 평가 절차 및 일정, 평가대상, 평가방법, 평가지표, 평가 추진을 위한 업무분담 등 포함 • 교원평가관리위원회 심의 후 학교장 최종 결정 후 실시 • 온라인평가 담당자 시스템 작업 완료(8월 이후)	3월 말
연수 및 홍보 실시	• 학부모에 의한 만족도 조사에 대한 사전 안내 및 홍보 실시 • 연수 및 홍보 계획 수립: 학교교육 계획 일정 및 교원평가 일정을 고려하여 연수대상, 시기, 내용, 강사, 매체 등을 포함한 연수 및 홍보계획 수립 • 교원 연수용, 학생 교육용, 학부모 홍보용 자료 제작 • 학생 교육 실시 – 학생에 의한 만족도 조사의 의의와 목적 등 안내	4월 이후
동료교원 평가	• 학년(교과)협의회: 동료교원 평가 실시에 앞서 동료교원 평가의 방법과 절차, 평가 시 유의사항, 수업 참관 시기 및 방법, 평가지표 관련 협의회 실시 • 수업평가 활동: 수업평가 활동은 평소 관찰 및 공개 수업 참관, 비디오 수업 녹화 분석, 동료장학 등 다양한 방법 등을 활용하여 연중 실시 • 수업평가표 작성 및 제출	9월 이후
만족도 조사	• 학생만족도 조사방법에 대한 교육 실시(자유서술식 기술방법 지도) • 학생의 올바른 수업만족도 조사방법과 참여 태도에 대한 교육 실시, 학부모의 경우 가정통신문, 홈페이지 공지 등을 통한 홍보 및 연수 실시 • 조사 실시: 온라인 평가시스템 활용	10월 이후
평가결과 정리 및 통지	• 자료 취합 • 분류: 평가관리자는 동료 교원, 학생, 학부모의 온라인 평가결과를 평가대상자별로 분류하여 통계 처리 • 정리 및 통지: 평가결과는 교사 개인별로 통지, 교장에게도 통지	11월 이후
평가결과 활용	• 교원 자기 평가 및 자기능력개발 계획서 작성 • 지원 요청 및 개선 계획 수립 • 평가결과보고서 작성 • 동계방학 이후 각종 연수계획 수립 및 실행	12월

2) 교원능력개발평가의 세부 내용

(1) 평가목적

교원능력개발평가의 목적은 다음과 같다. 첫째, 교육활동에 대한 교원의 전문성을 진단하고 평가결과에 근거하여 교원의 능력개발을 지원하여 학교교육의 질을 향상시킨다. 둘째, 교원과 학생·학부모 간에 의사소통을 증진하여 교육에 대한 구성원들의 만족도를 향상시켜 공교육에 대한 신뢰를 높인다.

(2) 평가대상

교원능력개발평가는 국·공·사립의 초·중·고 및 특수학교에 재직하는 모든 교원을 대상으로 실시한다. 그러므로 일반학교 특수학급 담당 특수교사, 보건교사, 영양교사, 사서교사, 전문상담교사, 2개월 이상 계약제 교원도 모두 평가대상에 포함된다. 단, 교육청 소속 순회교사, 교육행정기관 또는 연수기관 파견교사, 전일제 아닌 계약제 교원의 포함 여부는 시·도교육청에서 자율적으로 결정할 수 있다.

(3) 평가의 시행 주체

교원능력개발평가의 시행 주체는 교육부장관 및 시·도교육감이고, 교육규칙의 위임에 따라 초등학교 및 중학교 교원에 대한 평가는 교육지원청 교육장과 학교장이 주체가 된다. 다만, 교장·교감과 교육(지원)청 소속 순회교사, 교육행정기관 또는 연수기관 파견교사에 대한 평가는 교육감(위임에 따라 교육장)이 주관하고 교사에 대한 평가는 학교장이 주관한다.

(4) 평가유형

교원능력개발평가는 평가주체에 따라 동료교원 평가, 학생만족도 조사, 학부모 만족도 조사로 나뉜다.

첫째, 동료교원 평가에서는 교장·교감 중 1인 이상, 수석교사(수석교사 미배치교는 부장교사) 1인 이상, 동료교사 등 포함 총 5인 이상의 교원이 참여하되, 소규모학교는 전체 교원을 하나의 평가참여자 집단으로 구성할 수 있다. 또 평가대상자인 모든 교원은 1회 이상 다른 동료교원의 평가에 참여해야 한다.

둘째, 학생만족도 조사에서는 교사의 직접 지도를 받는 학생 전체(초등학교 1학년~3학년은 제외)가 해당 교사를 평가한다. 초등학교 4학년부터 6학년까지의 학생은 교사의 전문성 신장을 위한 자기성찰적 의견조사에 참여하게 하고, 중학교 1학년부터 고등학교 3학년까지의 학생은 교사대상 만족도 조사에 참여하도록 한다. 다만, 2개월 미만 재학 학생은 참여에서 제외한다. 또 학생은 교장 및 교감을 평가하지 않는다.

셋째, 학부모만족도 조사에서는 학부모들이 교장, 교감, 자녀를 직접 지도하는 모든 교사(비교과교사 포함)에 대해 각각 평가한다. 학부모는 교장(원장을 포함한다. 이하 같다), 담임교사 외 1인 이상 총 3인 이상의 교원에 대한 만족도 조사에 참여하도록 한다. 다만, 2개월 미만 재학 학생의 학부모는 참여에서 제외한다.

(5) 평가영역 및 요소

교사와 교감 및 교장에 대한 평가영역 및 요소는 다음과 같다.

표 3-9 교사에 대한 평가영역/요소/지표

평가영역	평가요소	평가(조사) 지표	
학습지도 (3요소, 8개지표)	수업 준비	• 교과내용 분석	• 수업계획 수립
	수업 실행	• 학습환경 조성 • 교사·학생 상호작용	• 교사 발문 • 학습 자료 및 매체 활용
	평가 및 활용	• 평가내용 및 방법	• 평가결과의 활용
생활지도 (3요소, 7개지표)	상담 및 정보 제공	• 개별학생 특성 파악 • 진로·진학 지도	• 심리상담
	문제행동 예방 및 지도	• 학교생활적응 지도	• 건강·안전지도
	생활습관 및 인성지도	• 기본생활습관지도	• 인성지도
상호협력 (1요소, 2개지표)	공동목표 달성	• 학교 교육목표 달성 노력	• 업무협력

표 3-10 교장·교감에 대한 평가영역/요소/지표

평가영역	평가요소	평가(조사)지표	
		교장	교감
학교경영	학교교육계획	• 학교경영목표관리	• 학교경영목표관리 지원
		• 교육과정 편성·운영	• 교육과정 편성·운영 지원
		• 창의·인성 학생 관리	• 학사업무 관리
	교내 장학	• 교실수업개선	• 교실수업개선 지원
		• 자율장학 운영	• 자율장학 지원
	교원 인사	• 교원인사관리	• 인사업무 수행
	시설관리 및 예산 운용	• 시설관리	해당 사항 없음
		• 예산 편성·집행	
상호협력	공동목표 달성	• 교육목표 달성 및 업무지도	• 교육목표 달성 및 업무지도

(6) 평가방식

교원능력개발평가는 온라인평가로 실시함을 원칙으로 하되, 평가문항별로 5단계평가 혹은 자유기술식 평가로 실시한다.

5단계 평가에서는 평가문항별로 다음에 제시된 기준에 따라 5단계로 평정한다. 단, 학부모만족도 조사에서는 '잘 모르겠다'는 항목을 추가하여 교육활동에 대한 정보가 부족하여 판단이 어려운 경우 이 항목에 반응하도록 하였다. 이 항목에 대한 응답은 통계에 반영하지 않으나, 응답률을 산출하여 학교운영 정보로 활용하도록 하였다.

표 3-11 5단계 평가의 기준

척도	평어	판단 기준
5	'매우 그렇다' (매우 우수)	해당 평가지표에 대해 탁월한 능력 및 지식이 있으며, 수행 수준이 매우 높고 전문적이어서 타의 모범이 된다.
4	'그렇다' (우수)	해당 평가지표에 대해 자신감이 있으며, 수행 수준이 높다.
3	'보통이다' (보통)	해당 평가지표의 능력, 지식, 수행 수준 등이 보통이다.
2	'그렇지 않다' (미흡)	해당 평가지표에 대해 자신감이 부족하거나 수행 수준이 미흡하다.
1	'매우 그렇지 않다' (매우 미흡)	해당 평가지표에 대해 자신감과 수행 수준이 모두 미흡하다.

자유서술식 평가는 평가영역, 대상에 대한 구체적인 장·단점을 서술하거나, 종합적인 평가내용을 설문지에 자유롭게 서술하도록 한다.

표 3-12 담임교사에 대한 학생만족도 조사 설문지 예시(○○중학교)

연번	평가지표	지 표 문 항	만족도				
			매우 그렇다	그렇다	보통이다	그렇지 않다	매우 그렇지 않다
자기 성찰		나는 담임선생님의 말씀을 잘 듣고 수업에 적극적으로 참여합니다.					
자기 성찰		나는 담임선생님의 학교생활 규칙에 대한 말씀을 잘 듣고 성실히 지킵니다.					
1	교사 · 학생 상호작용	선생님은 활발하게 발표할 수 있는 분위기를 만들어 주십니다.					
2	평가결과의 활용	선생님은 우리가 학습한 내용을 제대로 이해하고 있는지 확인하십니다.					
3	개별학생 특성 파악	선생님은 개인의 특성을 파악하여 지도하십니다.					
4	학교생활적응 지도	선생님은 학교폭력 및 따돌림이 없도록 관심을 갖고 지도하십니다.					
5	인성지도	선생님은 우리가 바른 인성을 가질 수 있도록 지도하십니다.					
6	수업 및 교실혁신의지	선생님은 토의, 협의활동 및 다양한 체험활동들을 통해 우리가 스스로 문제를 해결할 수 있도록 노력하십니다.					

▪ 선생님의 좋은 점

▪ 선생님께 바라는 점

표 3-13 담임교사에 대한 학부모만족도 조사 설문지 예시(○○중학교)

연번	평가지표	지 표 문 항	만 족 도					
			매우 그렇다	그렇다	보통이다	그렇지 않다	매우 그렇지 않다	잘 모르겠다
1	개별학생 특성 파악	선생님은 자녀의 학교생활에 대한 정보를 제공해 줍니다.						
2	진로・진학 지도	선생님은 자녀의 진로나 진학에 대해 관심을 갖고 지도합니다.						
3	학교생활적응 지도	선생님은 학교폭력이나 따돌림이 없도록 지도합니다.						
4	건강・안전 지도	선생님은 자녀가 건강하고 안전한 학교 생활을 할 수 있도록 지도합니다.						
5	인성지도	선생님은 자녀가 바른 인성을 가질 수 있도록 지도합니다.						
6	교사의 소명의식	선생님은 열정을 가지고 학급을 운영합니다.						

■ 선생님의 좋은 점

■ 선생님께 바라는 점

(7) 평가 주기 및 시기

교원능력개발평가는 매년 실시하되, 교육청 및 학교의 시행계획에 따라 연 2회 이상 실시할 수도 있지만 대부분의 학교에서 연 1회 실시하고 있다. 평가시기는 학교시행 계획에서 정하되, 평가결과 통보, 맞춤형 연수시간 확보, 학교 업무 등을 고려하여 11월 말까지 평가를 완료해야 한다.

(8) 평가결과 활용

평가관리자는 평가대상자별, 과목별, 학년별, 응답반응별 및 환산점 · 평어로 정리된 개인별 평가결과(합산표 포함)를 학교장에게 보고하고, 학교장은 해당자에게 통보한다. 사립학교 교원에 대한 평가결과는 그 임용권자에게도 통보한다. 통보방식은 온라인 시스템에서 직접 결과를 확인하는 등 학교실정에 맞는 방식을 강구하되, 타인이 알 수 없도록 보안을 유지한다. 개인별 최종 평가결과는 외부로 공개되지 않도록 「공공기관의 개인정보 보호에 관한 법률」을 준용한다. 학년도 중간에 타학교로 전출한 교사의 평가결과는 평가대상자 본인, 원소속 학교장 및 전출한 학교의 장에게 통보한다.

교사는 각 평가영역별로 자신의 평가 견해를 동료 교원, 학생, 학부모의 평가 견해와 비교하여 종합 의견을 기술하고, 향후 개선 계획 및 수업 개선을 위해 필요한 지원 요청 사항을 포함한 「결과 분석 및 능력개발계획서」를 작성하여 제출하고 적극 실천한다. 평가대상자는 자신의 평소 교육활동 노력에 비해 평가결과가 현저한 차이가 있다고 판단될 경우에는 평가결과를 통보받은 후 1주일 이내에 '원자료의 열람'을 요구할 수 있으며, 교육감과 교장은 이를 열람할 수 있도록 하여야 한다.

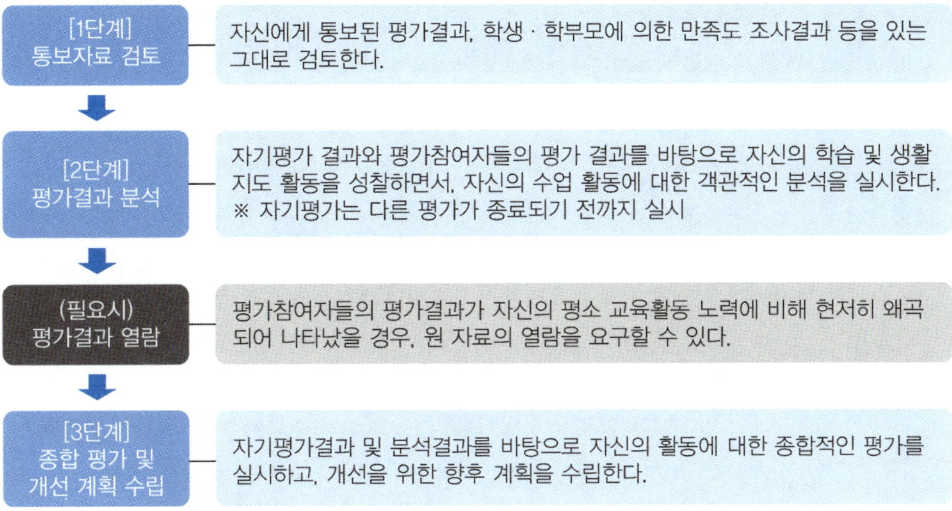

그림 3-2 교원능력개발평가 결과 분석 및 평가결과 활용 과정

교사는 평가결과에 따라 자신에게 부족한 부분에 대하여 직무연수를 신청·이수한다. 학교장은 제출된 교원능력개발평가 결과보고서를 토대로 교내 자율장학을 지원하고 연수 희망교사에 대한 행·재정적인 지원을 제공한다.

학교장은 단위 학교 교원능력개발평가 종합보고서를 첨부하여 학교에서 실시한 교사 평가결과를 교육청에 보고하고 교육청에 필요한 사항의 지원을 요청한다.

개인별 평가결과는 공개하지 않지만, 해당 학교의 종합적인 평가결과를 소속 교원에게 공개하여 정보를 공유하도록 하고, 미흡한 부분에 대한 개선 자료 및 학교 단위 연수계획 수립에 참고하도록 한다.

PLUS TIP | 새로운 윤리의식

❙ 덕(德)의 윤리 ❙

우리는 도덕적인 의무만이 아니라, 의무 이상의 행위도 합니다. 때로 살신성인(殺身成仁)하는 행동도 하고, 때로 영웅적인 희생을 할 수도 있지요. 선의로 사회에 많은 재산을 쾌척하는 것이 의무는 아니거든요. 그러니까, 도덕적으로 '의무 이상의 것'이 매우 중요합니다. 그래서 이런 내용을 담은 새로운 윤리관이 필요하다는 생각을 하게 됐습니다. 의무윤리도 중요하지만, 전통적인 덕(德)의 윤리가 되살아나야 할 이유가 있습니다. 우선, 방금 제가 말씀드린 대로 의무만 가지고 윤리적인 실천을 다 설명하기는 어렵기에 윤리의 영역을 조금 더 확장할 필요가 있습니다. 그리고 행위, 즉 두잉(doing)만 중요한 것이 아니라, 우리의 인품과 성품, 존재 자체가 달라져야 합니다. 다시 말해 비잉(being)도 중요하다는 겁니다. 이처럼, 최근에 덕의 윤리라는 주제가 윤리학에서 새롭게 부상했습니다.

이숲 출판사, <인문학 콘서트> 중 '새로운 시대의 윤리' 황경식 편에서.

토의해 보기

01 교원이 매월 지급 받는 보수의 의미를 설명해 보자.

02 교원연수의 종류를 나열하고 각각의 특징을 설명해 보자.

03 교원 중심의 연수로 원격연수가 각광을 받고 있는데 원격연수의 특징은 무엇인가?

04 교직단체의 종류와 각 단체의 설립 목표를 비교하여 설명해 보자.

05 현행 교원능력개발평가의 문제점을 도출하고 구체적인 해결방안을 논의해 보자.

02

PART

학업지도와 생활지도

CHAPTER 04

학교교육과정의 편성 및 운영

학교경영의 전체 영역에서 교육과정은 대단히 중요한 부분을 차지하고 있다. 학교에서는 국가와 교육청 수준의 교육과정 계획을 참조하여 단위 학교의 교육과정을 편성·운영한다. 학교에서 편성된 교육과정 계획이 학급에서 이루어지는 매 차시 수업에서 구체화된다.

이 장에서는 교육과정의 의미와 정의를 알아보고 우리나라 교육과정의 변천 과정을 살펴본 뒤 현행 국가 수준 교육과정의 전반적인 내용을 검토해 보고 각 학교에서 실제 이루어지고 있는 학교교육과정을 살펴보고자 한다.

1 교육과정의 의미와 정의

1) 교육과정의 의미

(1) 교육과정의 개념과 성격

교육과정(教育課程, curriculum)의 어원은 라틴어 '쿠레레(currere, 달린다, 뛴다)'에서 유래 되었으며, 이 말은 영어의 '경마장의 경주로(a race course)'와 '경주 그 자체(the race itself)'에 해당하는 것으로서 달려가야 할 활동의 장소나 활동의 연속을 의미한다. 교육과정(curriculum)이 학교에 등장한 것은 1856년 미국의 노아 웹스터(Noah Webster) 사 영어사전에 등장했으며, 이것은 경주로(a race course)로 해석되어, 일정한 코스를 달리도록 배열된 교과・경험의 과정을 의미하게 되었다. 그 후 1928년 개정판에 교수요목(course of study)이란 의미로 해석되었다.

교육과정은 보는 관점에 따라 매우 다양하게 정의된다. 교육과정을 넓게 생각하느냐, 좁게 생각하느냐에 따라 그 의미가 달라질 수 있고, 전제와 중점을 어떻게 설정하는가에 따라서도 달라질 수 있다. 누가, 어느 수준에서, 어떠한 준거와 방법으로 교육내용을 결정하느냐에 따라서도 그 의미가 달라진다.

교육과정에 대한 일반적인 성격은 다음과 같다.

① 교육과정은 넓고 포괄적이어야 한다.

② 교육과정은 교육목적을 달성하기 위한 수단이어야 한다. 이는 교육목적과 교육이념이 교육과정에 반영되어야 한다. 교육목적이나 교육이념의 변화에 따라 교육과정도 적절히 변화되어야 한다.

③ 교육과정은 사회적 요구와 필요를 충족시키는 것이어야 한다. 교육과정은 사회실태를 민감하게 파악해야 하며 이들 실태를 기초로 하여, 유능한 사회인을 기르기 위한 구체적인 교육과정이 구성되어야 한다.

④ 교육과정에는 개인차가 고려되어야 한다. 교육은 공민으로서의 일반적 수준을 고려하는 동시에 그 응용에 있어서 각 개인의 능력과 흥미에 따른 개인차를 인정해야 한다.

⑤ 교육과정은 아동・학생의 창의성을 기르는 것이 되어야 한다. 학생들의 내적인 흥미와 잠재력을 유발하는 것에 주력하고, 기초적이며, 본질적인 지식을 제외하고는 기억 위주의 학습은 지양되어야 한다.

⑥ 교육과정은 생활중심적이어야 한다. 이것은 현재 생활을 위주로 하며, 과거의 생활과 미래에 전개될 생활까지도 고려하여야 한다.

⑦ 교육과정은 학습자 그 자체에 대한 과학적 이해가 있어야 한다. 교육과정의 구성은 학습자의 요구, 흥미, 능력, 개성, 환경, 준비도, 지능, 학습양식, 발달 상황 등에 대한 과학적 이해 위에 이루어져야 한다.

⑧ 교육과정은 부단히 재검토되고 개정되는 것을 필요로 한다. 정적인 사회에서는 교육과정의 개정이 필요하지 않지만, 동적인 사회에서는 혁신이 필요하나 그러한 개정은 급격히 혁명적인 것이어서는 안 된다. 왜냐하면, 교육에 심각한 혼란을 초래하기 때문이다.

⑨ 이론적으로 교육과정이란 모든 학교에서 같을 수 없다. 각 지역사회는 독자적인 환경, 습관, 특성, 요구를 하기 때문에 그 지역의 생활을 배경으로 하는 아동들의 요구도 다르다. 그러므로 교육과정은 학교마다 다를 수밖에 없다.

따라서 교육과정은 학습자의 바람직한 성장·발달을 도모하기 위하여 그들의 요구, 흥미, 능력, 개성, 환경, 학습양식 등에 대한 과학적이며 체계적인 토대 위에 사회적 변동의 요구나 관심을 수용하여 학습자에게 제공되는 일련의 의도적인 교수·학습활동의 계획 및 결과의 총체로 볼 수 있다(신재흡, 2022).

2) 교육과정의 유형

교육과정의 유형은 기준에 따라 다양하게 분류할 수 있지만 이 책에서는 교육과정의 유형을 (1) 개념적인 차원에 따른 유형, (2) 교육과정 개발 수준에 따른 유형으로 나누어 살펴보도록 한다.

(1) 개념적인 차원에 따른 교육과정의 유형

① 공식적 교육과정

공식적 교육과정(official curriculum)은 의도적으로 계획한 교육과정으로, 표면적 교육과정(manifest curriculum)이라고 부르기도 한다. 즉, 공식적 교육과정은 일정한 원칙에 따라 문서화해 놓은 교육과정으로, 공적인 문서에 담긴 교육계획이다. 구체적으로 공식적 교육과정은 국가에서 작성하여 고시한 국가교육과정, 시·도교육청에서 작성한 교육과정 편성·운영 지침이나 교육지원청에서 개발한 실천중심 장학자료, 학생용 교과서, 교사지침서, 각종 교수·학습 자료, 학교운영계획, 평가기준, 수업계획 등으로 나타날 수 있다.

② 실제적 교육과정

실제적 교육과정(operational curriculum)은 교사들이 수업시간에 실제 가르치는 내용과 시험문제와 같이 학습에 직접적인 영향을 미치는 실천적인 내용을 말한다. 실제적 교육과정은 가르친 교육과정(taught curriculum), 학습된 교육과정(learned curriculum), 평가된 교육과정(tested curriculum) 등으로 나눌 수 있다. 가르친 교육과정은 교사가 수업시간에 실제 가르친 내용이고, 학습된 교육과정은 학생들이 실제로 학습한 내용이며, 평가된 교육과정은 시험이나 평가에서 다루는 내용이다.

③ 영 교육과정

영 교육과정(零 敎育課程: null curriculum)이란 가르칠 만한 가치가 있는데도 공적인 문서에 포함되지 않아 의도적으로 가르치지 않는 교육과정을 의미한다. 그래서 이를 '배제(排除)된 교육과정'이라고도 한다. 즉, 영 교육과정은 반드시 필요한 내용인데도 가르치지 않아 학생이 배우지 못한 내용이다.

④ 잠재적 교육과정

잠재적 교육과정(latent curriculum) 혹은 숨은 교육과정(hidden curriculum)은 겉으로 확인하기 어려운 형태로 존재하는 비공식적인 교육과정을 말한다. 그러므로 잠재적 교육과정은 의도적으로 계획하거나 명시하지 않았지만 학생에게 영향을 미치는 여러 요인들을 포괄하는 개념이다. 학교풍토나 문화적 압력이 잠재적 교육과정에 해당된다.

(2) 교육과정 개발 수준에 따른 교육과정의 유형

교육과정을 개발하는 수준에 따라 교육과정은 국가에서 개발하는 국가 수준 교육과정, 각 지역에서 개발하는 지역 수준 교육과정, 특정 학교에 개발하는 학교 수준 교육과정으로 구분된다.

① 국가 수준 교육과정

국가 수준 교육과정은 교육에 대한 국가의 의도를 담아 작성한 문서를 말한다. 즉, 국가 수준 교육과정은 초·중등학교의 교육목적과 교육목표를 달성하기 위하여 초·중등교육법에 의거하여 교육부장관이 결정·고시한 교육 내용에 관한 전국 공통의 일반적인 기준을 말한다. 초·중등교육법 제23조 제2항에서는 '교육부장관은 교육과정의 기준과 내용에 관한 기본적인 사항을 정한다.'라고 규정되어 있다. 국가 수준 교육과정은 국가의 교육목적, 내용기준, 학생의 성취기준, 교육기관 및 교육행정기관의 교육과정 운영기준을 포함한다. 이 교육과정에는 초·중등학교에서 편성·운영해야 할 교육과정의 목표, 내용, 방법, 평가, 운영 등에 관한 기준 및 기본지침이 제시되어 있다.

② 지역 수준 교육과정

지역 수준 교육과정은 교육에 대한 지역의 의도를 담은 교육과정을 말한다. 지역 수준 교육과정은 국가 수준의 교육과정과 학교 수준의 교육과정을 연결하는 교량 역할을 한다. 지역 수준 교육과정은 각 시도와 지역의 특성, 필요, 요구, 교육기반, 여건 등의 제 요인들을 조사·분석하여 국가 수준 교육과정을 조정하고 보완하며, 그 결과를 학교교육과정에 반영하는 데 있다. 초·중등교육법 제23조에서는 '교육감은 교육부장관이 정한 교육과정의 범위 안에서 지역의 실정에 적합한 기준과 내용을 정할 수 있다.'라고 규정하여 지역 수준 교육과정의 법적 근거를 제시하고 있다. 이에 따라 시·도교육청에서는 교육과정의 편성·운영 지침을 작성하고 교육지원청에서는 실천중심 장학자료를 개발하여 학교교육과정을 안내하고 통제한다.

③ 학교 수준 교육과정

학교 수준 교육과정은 학교의 여건과 실태를 반영하고 학부모와 학생의 특성과 요구를 고려하여 교육에 대한 학교의 의도를 담아 작성한 문서를 말한다. 그러므로 학교교육과정을 개발하는 것은 학교에서 1년 동안 학생들을 가르치기 위한 교육계획을 수립하는 작업이다. 학교교육과정은 국가교육과정과 지역교육과정에 의거하여 지역의 특수성과 학교의 실정, 학생의 특성에 맞게 편성한 단위 학교의 교육과정이다. 그래서 학교교육과정을 개발하는 작업을 학교중심 교육과정 개발(school-based curriculum development: SBCD)이라고 한다. 학교 수준의 교육과정은 교육목표, 내용, 방법, 평가, 운영방식 등을 중심으로 구성한다.

3) 교육과정 활동

교육과정 활동은 크게 교육과정 개발, 교육과정 운영, 교육과정 평가로 나뉜다.

(1) 교육과정 개발

교육과정 개발(curriculum development)은 교육목적, 교육내용, 교육방법, 교육평가, 교육운영 등에 대한 종합적인 계획서(문서)를 만드는 활동이다. 그렇지만 교육과정을 어떻게 보는가에 따라 교육과정 개발은 교과목록에 대한 문서를 만드는 활동을 뜻하기도 하고, 학습계획에 관한 문서를 작성하는 활동을 지칭하기도 하며, 의도하는 학습성과 목록을 적은 문서를 만드는 활동을 의미하기도 한다.

교육과정 개발은 모든 학교에 적용되는 교육과정 문서를 작성하는 수준에서부터 특정 학교에 적용될 수 있는 문서를 작성하는 수준, 특정 학년이나 특정 교과에 적용되는 문서를 작성하는 수준, 특정 단원에 적용되는 문서를 작성하는 수준에 이르기까지 다양한 수준에서 이루어질 수 있다.

(2) 교육과정 운영

교육과정 운영은 개발된 교육과정을 학교에서 채택하여 실행하는 과정을 의미한다. 교육과정은 궁극적으로 학교에서 운영된다. 학교에서는 국가 수준에서 개발한 교육과정을 그대로 운영하기도 하고, 학교에서 자체적으로 개발한 교육과정을 운영하기도 한다. 교육과정을 운영하는 데는 다양한 인적 및 물적 자원이 영향을 미친다.

(3) 교육과정 평가

교육과정 평가는 교육과정의 가치를 판단하는 활동이다. 교육과정 평가의 구체적인 의미는 교육과정을 어떻게 정의하는가에 따라 달라진다. 교육과정을 교육목적·교육내용·교육방법·교육평가·교육운영에 대한 종합적인 계획이라고 정의하면 교육과정 평가는 교육목적·교육내용·교육방법·교육평가·교육운영 등에 대한 계획을 평가하는 활동이 된다.

넓은 의미에서 교육과정 평가는 교육과정 계획을 대상으로 하는 교육과정 개발평가, 교육과정의 실행을 대상으로 하는 교육과정 운영평가, 교육과정 운영의 결과를 대상으로 하는 교육과정 성과평가로 구분된다.

교육과정을 평가하는 목적은 교육과정 개발 및 운영이 효과적으로 이루어지고 있는가에 대한 정보를 수집하고, 교육과정의 성과를 판단하여 교육과정을 존속시킬 것인지, 수정할 것인지 아니면 폐기할 것인지를 결정하려는 것이다.

4) 국가 수준 교육과정의 변천 과정

우리나라 초·중등학교 교육과정은 광복 후부터 지금까지 모두 10여 차례 이상 개정되어 왔다. 미군정기의 교육에 대한 긴급조치 이후 최근의 개정 교육과정에 이르기까지의 교육과정에 대한 주요 내용은 다음과 같다.

표 4-1 교육과정 변천 과정

교육과정명	시 기	교육과정의 주요 특징
교육에 대한 긴급조치	1945~1946	• 새 조선의 조선인을 위한 교육표방 • 우리글과 우리 역사 복원
교수 요목기	1946~1954	• 미군정청 주도하에 제시된 교육과정 • 중등학교 6년제 개편 대비 각 교과의 교수요목 제정 • 초·중등학교 교과 과정 공포
제1차 교육과정	1954~1963	• 1949년 교육법 제정 공포 후 우리나라 스스로 만든 최초의 교육과정
제2차 교육과정	1963~1973	• 경험중심의 초·중등학교 교육과정
제3차 교육과정	1973~1981	• 국민교육헌장의 이념이 내재된 학문중심의 교육과정 • 이수과목수가 13개로 대폭 확대됨(중등학교)
제4차 교육과정	1981~1987	• 제5공화국과 7.30 교육개혁 조치를 배경으로 하는 교육과정 • 초등학교 1, 2학년 과정에서의 통합교육 시행 (바른 생활, 슬기로운 생활, 즐거운 생활)
제5차 교육과정	1987~1992	• 교육과정의 적정화·내실화·지역화를 목적으로 개정된 교육과정 • 기초교육, 정보와 사회 대비, 특별활동 강화
제6차 교육과정	1992~1997	• 21세기에 대비하여 교육과정의 분권화, 다양화, 자율화 도입 • 국가 수준에서 전국 공통의 일반적 기준만 제시 • 세부 지침은 시·도교육청과 학교의 협력을 통해 결정하도록 함
제7차 교육과정	1997~2007	• 21세기의 세계화, 정보화 시대를 주도할 창의적인 한국인 육성을 목적으로 함 ① 국민공통기본교육과정 ② 교과군 개념 도입 ③ 수준별 교육과정 도입 ④ 재량활동 신설·확대 ⑤ 고등학교 2, 3학년의 선택중심 교육과정 도입
2006 개정 교육과정	2006.8.29 고시	• 수준별 교육과정을 수준별 수업으로 전환 ① 단계형(수학, 영어), 심화보충형(국어, 사회, 과학) 교육과정 폐지 ② 국어, 사회, 수학, 과학, 영어의 5개 교과에 대한 수준별 수업 권장 ③ 교과서와 연계한 수준별 보조 교과서 체제의 도입(수학, 영어) • 특별 보충 교육과정을 특별 보충 수업으로 전환 • 주5일 수업제 시행으로 교과 재량활동, 특별활동 시수 중에서 시간수 감축(연간 34시간 범위 내) • 실 수업시수에 대한 사항 삭제

교육과정명	시 기	교육과정의 주요 특징
2007 개정 교육과정	2007.2.28 고시	• 단위 학교 교육과정 편성 운영의 자율권 확대 ① 재량활동 운영의 학교 자율권 부여 ② 고등학교 선택과목 신설·개설 허용 • 교과 집중 이수제 도입 • 역사교육 강화 ① 사회 교과 내 역사과목 분리 ② 2, 3학년에 역사과목 별도 편성 • 창의적 재량활동의 범교과 학습 주제 확대 • 체육, 음악, 미술 평가방법 개선 반영 • 보건 교육과정 신설
2009 개정 교육과정	2009.12.23 고시	• 공통교육과정/선택교육과정 ① 국민공통기본교육과정(10년) → 공통교육과정(9년) ② 선택중심교육과정(고2, 3학년) → 선택교육과정(고등학교 전학년) • 교과별 수업시수 20% 증감 허용 (최소 수업 시수 개념 → 기준 수업 시수) • 학년군, 교과군 도입을 통한 집중이수로 학기당 이수 교과목수 축소(학기당 교과목 8개 이내로 편성) • 창의적 체험활동 도입
2015 개정 교육과정	2015.9.23 고시	• 문이과 통합교육과정(통합사회, 통합과학) • 중학교 자유학기제 실시 기초영역에 한국사 추가 • SW(software) 수업 강화 • 범교과영역 10개로 축소 및 간소화 • 국제학업성취도평가(PISA)에서 규정하는 난이도보다 어렵게 수학 또는 과학 지필고사를 출제하는 것을 법이나 조례로 금지함

2 2022 개정 교육과정

2022 개정 교육과정은 교육부가 고시한 7차 교육과정의 개정 교육과정으로 2022년 12월 22일에 총론 및 각론이 확정, 고시되었다. 이 교육과정의 학교·급, 학년별 시행시기는 다음과 같다.

표 4-2 2022 개정 교육과정 학교·급별 시행시기

시행시기	적용 학교·급
2024년 3월 1일	초등학교 1, 2학년
2025년 3월 1일	초등학교 3, 4학년, 중학교 1학년, 고등학교 1학년
2026년 3월 1일	초등학교 5, 6학년, 중학교 2학년, 고등학교 2학년
2027년 3월 1일	중학교 3학년, 고등학교 3학년

1) 교육과정 구성의 방향

(1) 추구하는 인간상

2022 개정 교육과정이 추구하는 인간상은 우리 교육이 지향해온 홍익인간의 이념을 바탕으로, '자기주도적인 사람', '창의적인 사람', '교양있는 사람', '더불어 사는 사람'이다. 개정 교육과정에서 지향하는 '자기주도성, 포용성과 시민성' 등 핵심 가치를 중심으로 개선하였다.

더 알아보기

- **자기주도적인 사람**: 전인적 성장을 바탕으로 자아정체성을 확립하고 자신의 진로와 삶을 스스로 개척하는 사람
  ※ (개선) 학습자 주도성을 강조하여 현행 '자주적인 사람'을 '자기주도적인 사람'으로 개선
- **창의적인 사람**: 폭넓은 기초 능력을 바탕으로 진취적 발상과 도전을 통해 새로운 가치를 창출하는 사람
- **교양있는 사람**: 문화적 소양과 다원적 가치에 대한 이해를 바탕으로 인류 문화를 향유하고 발전시키는 사람
- **더불어 사는 사람**: 공동체 의식을 바탕으로 다양성을 이해하고 서로 존중하며 세계와 소통하는 민주시민으로서 배려와 나눔, 협력을 실천하는 사람

이 교육과정이 추구하는 인간상을 구현하기 위해 교과 교육을 포함한 학교 교육 전 과정을 통해 중점적으로 기르고자 하는 핵심역량은 다음과 같다.

가. 자아정체성과 자신감을 가지고 자신의 삶과 진로에 필요한 기초 능력과 자질을 갖추어 자기주도적으로 살아갈 수 있는 자기관리 역량

나. 문제를 합리적으로 해결하기 위하여 다양한 영역의 지식과 정보를 처리하고 활용할 수 있는 지식정보처리 역량

다. 폭넓은 기초 지식을 바탕으로 다양한 전문 분야의 지식, 기술, 경험을 융합적으로 활용하여 새로운 것을 창출하는 창의적 사고 역량

라. 인간에 대한 공감적 이해와 문화적 감수성을 바탕으로 삶의 의미와 가치를 발견하고 향유하는 심미적 감성 역량

마. 다양한 상황에서 자신의 생각과 감정을 효과적으로 표현하고 다른 사람의 의견을 경청하며 존중하는 협력적 소통 역량

바. 지역・국가・세계 공동체의 구성원에게 요구되는 가치와 태도를 가지고 공동체 발전에 적극적으로 참여하는 공동체 역량

2) 교육과정 구성의 중점

이 교육과정은 우리나라 교육과정이 추구해 온 교육 이념과 인간상을 바탕으로, 미래 사회가 요구하는 핵심역량을 함양하여 바른 인성을 갖춘 창의융합형 인재를 양성하는 데에 중점을 둔다. 이를 위한 교육과정 구성의 중점은 다음과 같다.

가. 미래 변화를 능동적으로 준비할 수 있도록 역량 및 기초소양 함양 교육을 강화한다.

- 모든 교과 학습과 평생학습의 기반이 되는 언어・수리・디지털 기초소양을 강화한다.

나. 학생의 자기주도성, 창의력과 인성을 키워주는 개별 맞춤형 교육을 강화한다.

- 학생 맞춤형 과목 선택권을 확대하고, 학습에 대한 성찰과 책임을 강화한다.

다. 학교 현장의 자율적인 혁신 지원 및 유연한 교육과정으로 개선한다.

- 학교자율시간 운영으로 지역 연계 교육 및 학교와 학생의 필요에 따른 다양한 선택과목 개설을 활성화한다.

라. 학생의 삶과 연계한 깊이 있는 학습을 위하여 교과 교육과정을 개발한다.

- 디지털·인공지능을 기반으로 학생 참여형·주도형 수업 및 학습의 과정을 중시하는 평가로 개선한다.

3) 학교·급별 교육목표

(1) 초등학교 교육목표

초등학교 교육은 학생의 일상생활과 학습에 필요한 기본 습관 및 기초 능력을 기르고 바른 인성을 함양하는 데에 중점을 둔다.

가. 자신의 소중함을 알고 건강한 생활 습관을 기르며, 풍부한 학습 경험을 통해 자신의 꿈을 키운다.

나. 학습과 생활에서 문제를 발견하고 해결하는 기초 능력을 기르고, 이를 새롭게 경험할 수 있는 상상력을 키운다.

다. 다양한 문화 활동을 즐기고 자연과 생활 속에서 아름다움과 행복을 느낄 수 있는 심성을 기른다.

라. 규칙과 질서를 지키고 협동정신을 바탕으로 서로 돕고 배려하는 태도를 기른다.

(2) 중학교 교육목표

중학교 교육은 초등학교 교육의 성과를 바탕으로, 학생의 일상생활과 학습에 필요한 기본 능력을 기르고 바른 인성 및 민주 시민의 자질을 함양하는 데에 중점을 둔다.

가. 심신의 조화로운 발달을 바탕으로 자아존중감을 기르고, 다양한 지식과 경험을 통해 적극적으로 삶의 방향과 진로를 탐색한다.

나. 학습과 생활에 필요한 기본 능력 및 문제 해결력을 바탕으로, 도전정신과 창의적 사고력을 기른다.

다. 자신을 둘러싼 세계에서 경험한 내용을 토대로 우리나라와 세계의 다양한 문화를 이해하고 공감하는 태도를 기른다.

라. 공동체 의식을 바탕으로 타인을 존중하고 서로 소통하는 민주 시민의 자질과 태도를 기른다.

(3) 고등학교 교육목표

고등학교 교육은 중학교 교육의 성과를 바탕으로, 학생의 적성과 소질에 맞게 진로를 개척하며 세계와 소통하는 민주 시민으로서의 자질을 함양하는 데에 중점을 둔다.

가. 성숙한 자아의식과 바른 품성을 갖추고, 자신의 진로에 맞는 지식과 기능을 익히며 평생학습의 기본 능력을 기른다.

나. 다양한 분야의 지식과 경험을 융합하여 창의적으로 문제를 해결하고, 새로운 상황에 능동적으로 대처하는 능력을 기른다.

다. 인문・사회・과학기술 소양과 다양한 문화에 대한 이해를 바탕으로 새로운 문화 창출에 기여할 수 있는 자질과 태도를 기른다.

라. 국가 공동체에 대한 책임감을 바탕으로 배려와 나눔을 실천하며 세계와 소통하는 민주 시민으로서의 자질과 태도를 기른다.

4) 학교 · 급별 교육과정 편성 · 운영

(1) 기본 사항

가. 초등학교 1학년부터 중학교 3학년까지의 공통교육과정과 고등학교 1학년부터 3학년까지의 선택 중심 교육과정으로 편성 · 운영한다.

나. 학년 간 상호 연계와 협력을 통해 학교교육과정을 유연하게 편성 · 운영할 수 있도록 학년 군을 설정한다.

다. 공통교육과정의 교과는 교육 목적상의 근접성, 학문 탐구 대상 또는 방법상의 인접성, 생활양식에서의 연관성 등을 고려하여 교과 군으로 재분류한다.

라. 고등학교 교과는 보통교과와 전문교과로 구분하며, 학생들의 기초 소양 함양과 기본 학력을 보장하기 위하여 보통교과에 공통과목을 개설하여 모든 학생이 이수하도록 한다.

마. 학습 부담을 적정화하고 의미 있는 학습 활동이 이루어질 수 있도록 학기당 이수 교과목 수를 조정하여 집중이수를 실시할 수 있다.

바. 창의적 체험활동은 학생의 소질과 잠재력을 계발하고 공동체 의식을 기르는 데에 중점을 둔다.

사. 범교과 학습 주제는 교과와 창의적 체험활동 등 교육 활동 전반에 걸쳐 통합적으로 다루도록 하고, 지역사회 및 가정과 연계하여 지도한다.

> 안전 · 건강 교육, 인성 교육, 진로 교육, 민주 시민 교육, 인권 교육, 다문화 교육, 통일 교육, 독도 교육, 경제 · 금융 교육, 환경 · 지속가능발전 교육

아. 학교는 필요에 따라 계기 교육을 실시할 수 있으며, 이 경우 계기 교육 지침에 따른다.

(2) 초등학교

① 편제와 시간 배당 기준

가) 편제

(가) 초등학교 교육과정은 교과(군)와 창의적 체험활동으로 편성한다.

(나) 교과(군)는 국어, 사회/도덕, 수학, 과학/실과, 체육, 예술(음악/미술), 영어로 한다. 다만, 1, 2학년의 교과는 국어, 수학, 바른 생활, 슬기로운 생활, 즐거운 생활로 한다.

(다) 창의적 체험활동은 자율활동, 동아리 활동, 봉사활동, 진로활동으로 한다. 다만, 1, 2학년은 체험활동 중심의 '안전한 생활'을 포함하여 편성・운영한다.

나) 시간 배당 기준

<table>
<tr><th colspan="2">구 분</th><th>1~2학년</th><th>3~4학년</th><th>5~6학년</th></tr>
<tr><td rowspan="8">교
과
(군)</td><td>국어</td><td rowspan="7">국어 482
수학 256
바른 생활 144
슬기로운 생활 224
즐거운 생활 400</td><td>408</td><td>408</td></tr>
<tr><td>사회/도덕</td><td>272</td><td>272</td></tr>
<tr><td>수학</td><td>272</td><td>272</td></tr>
<tr><td>과학/실과</td><td>204</td><td>340</td></tr>
<tr><td>체육</td><td>204</td><td>204</td></tr>
<tr><td>예술(음악/미술)</td><td>272</td><td>272</td></tr>
<tr><td>영어</td><td>136</td><td>204</td></tr>
<tr><td>소계</td><td>1,506</td><td>1,768</td><td>1,972</td></tr>
<tr><td colspan="2">창의적 체험활동</td><td>238</td><td>204</td><td>204</td></tr>
<tr><td colspan="2">학년 군별 총 수업 시간 수</td><td>1,744</td><td>1,972</td><td>2,176</td></tr>
</table>

① 이 표에서 1시간 수업은 40분을 원칙으로 하되, 기후 및 계절, 학생의 발달 정도, 학습내용의 성격, 학교 실정 등을 고려하여 탄력적으로 편성・운영할 수 있다.
② 학년 군 및 교과(군)별 시간 배당은 연간 34주를 기준으로 한 2년간의 기준 수업 시수를 나타낸 것이다.
③ 학년 군별 총 수업 시간 수는 최소 수업 시수를 나타낸 것이다.
④ 실과의 수업 시간은 5~6학년 과학/실과의 수업 시수에만 포함된 것이다.

② 교육과정 편성 · 운영 기준

가) 초등학교 1~2학년(군)에 입학 초기 적응활동을 개선하고, 한글 해득 교육과 실외 놀이 및 신체활동 내용을 강화하였다.

나) 초등학교 1학년 입학 초기 적응활동을 통합교과(바른 생활, 슬기로운 생활, 즐거운 생활)와 창의적 체험활동 시간으로 내용을 체계화하고, 기초 문해력 강화 및 한글 해득 교육을 위한 국어 34시간을 증배하였다.

다) 초등학교 1~2학년의 안전교육은 64시간을 유지하되, 통합교과와 연계하여 재구조화하고, 교과와 창의적 체험활동을 통해 학생 발달 수준에 맞는 체험 · 실습형 안전교육이 이루어지도록 개선하였다.

- 초3 이후에는 안전 관련 교과에 다중 밀집 환경의 안전 수칙 내용 포함 및 위기 상황 대처 능력 함양 사항을 포함하여 체험 위주의 안전교육이 활성화되도록 개선하였다.

라) 초등학생들의 발달 특성에 적합한 실질적 움직임 기회 제공을 위해 '즐거운 생활' 교과에 실내외 놀이 및 신체활동을 강화하였다.

- 표현, 놀이 및 활동 중심으로 즐거운 생활 교과를 재구조화하되, 충분한 신체활동을 제공할 수 있도록 성취기준 및 성취기준 해설에 반영하였다.

(3) 중학교

① 편제와 시간 배당 기준

가) 편제

(가) 중학교 교육과정은 교과(군)와 창의적 체험활동으로 편성한다.

(나) 교과(군)는 국어, 사회(역사 포함)/도덕, 수학, 과학/기술 · 가정/정보, 체육, 예술(음악/미술), 영어, 선택으로 한다.

(다) 선택 교과는 한문, 환경, 생활 외국어(독일어, 프랑스어, 스페인어, 중국

어, 일본어, 러시아어, 아랍어, 베트남어), 보건, 진로와 직업 등의 과목으로 한다.

(라) 창의적 체험활동은 자율활동, 동아리 활동, 봉사활동, 진로활동으로 한다.

나) 시간 배당 기준

구 분		1~3학년
교과(군)	국어	442
	사회(역사 포함)/도덕	510
	수학	374
	과학/기술・가정/정보	680
	체육	272
	예술(음악/미술)	272
	영어	340
	선택	170
	소계	3,060
창의적 체험활동		306
총 수업 시간 수		3,366

① 이 표에서 1시간 수업은 45분을 원칙으로 하되, 기후 및 계절, 학생의 발달 정도, 학습내용의 성격, 학교 실정 등을 고려하여 탄력적으로 편성・운영할 수 있다.
② 학년 군 및 교과(군)별 시간 배당은 연간 34주를 기준으로 한 3년간의 기준 수업 시수를 나타낸 것이다.
③ 총 수업 시간 수는 3년간의 최소 수업 시수를 나타낸 것이다.
④ 정보 과목은 34시간을 기준으로 편성・운영한다.

② 교육과정 편성・운영 기준

가) 학교는 3년간 이수해야 할 교과목을 학년별, 학기별로 편성하여 학생과 학부모에게 안내한다.

나) 교과(군)의 이수 시기와 그에 따른 수업 시수는 학교가 자율적으로 결정할 수 있다.

다) 학교는 학교의 특성, 학생・교사・학부모의 요구 및 필요에 따라 자율적으로 교과(군)별 20% 범위 내에서 시수를 증감하여 편성・운영할 수 있다. 단, 체육, 예술(음악/미술) 교과는 기준 수업 시수를 감축하여 편성・운영할 수 없다.

라) 중학교는 자유학기(1학년) 편성 영역 및 운영 시간을 기존 4개 영역(주제 선택, 진로 탐색, 예술・체육, 동아리 활동)의 170시간을 2개 영역으로 통합(주제 선택, 진로 탐색)하여 102시간으로 줄이고, 학교스포츠클럽 활동의 의무 편성 시간을 기존 3년간 총 136시간(연간 34~68시간)에서 3년간 총 102시간(연간 34시간)으로 적정화하여 학교 교육과정 편성・운영의 어려움을 해소하였다.

- 자유학기에는 해당 학기의 교과 및 창의적 체험활동을 자유학기의 취지에 부합하도록 편성・운영한다.
- 자유학기에는 지역사회와 연계하여 진로 탐색 활동, 주제 선택 활동, 동아리 활동, 예술・체육 활동 등 다양한 체험 중심의 자유학기 활동을 운영한다.
- 자유학기에는 협동 학습, 토의・토론 학습, 프로젝트 학습 등 학생 참여형 수업을 강화한다.
- 자유학기에는 중간・기말고사 등 일제식 지필평가는 실시하지 않으며, 학생의 학습과 성장을 지원하는 과정 중심의 평가를 실시한다.
- 자유학기에는 학교 내외의 다양한 자원을 활용하여 진로 탐색 및 설계를 지원한다.
- 학교는 자유학기의 운영 취지가 타 학기・학년에도 연계될 수 있도록 노력한다.

마) 고등학교로 진학하기 전 중학교 3학년 2학기를 중심으로, 고등학교에서 교과별로 배울 학습 내용과 진로 및 이수 경로 등을 학습할 수 있도록 진로연계교육을 도입하고 자유학기와 연계하여 운영한다.

(4) 고등학교

① 편제와 단위 배당 기준

가) 편제

(가) 고등학교 교육과정은 교과(군)와 창의적 체험활동으로 편성한다.

(나) 교과(군)는 국어, 수학, 영어, 사회(역사/도덕 포함), 과학, 체육, 예술, 기술・가정/정보/제2외국어/한문/교양으로 한다.

(다) 창의적 체험활동은 자율활동, 동아리 활동, 봉사활동, 진로활동으로 한다.

나) 단위 배당 기준

교과(군)	공통과목	필수이수 학점	자율이수 학점
국어	공통국어1, 공통국어2	8	학생의 적성과 진로를 고려하여 편성
수학	공통수학1, 공통수학2	8	
영어	공통영어1, 공통영어2	8	
사회 (역사/도덕 포함)	한국사1, 한국사2	6	
	통합사회1, 통합사회2	8	
과학	통합과학1, 통합과학2 과학탐구실험1, 과학탐구실험2	10	
체육		10	
예술		10	
기술・가정/정보/제2외국어/한문/교양		16	
소계		84	90
창의적 체험활동		18(288시간)	
총 이수 학점		192	

① 1학점은 50분을 기준으로 하여 16회를 이수하는 수업량이다.
② 1시간의 수업은 50분을 원칙으로 하되, 기후 및 계절, 학생의 발달 정도, 학습 내용의 성격, 학교 실정 등을 고려하여 탄력적으로 편성・운영할 수 있다.
③ 공통과목의 기본 학점은 4학점이며, 1학점 범위 내에서 감하여 편성・운영할 수 있다. 단, 한국사1, 2의 기본 학점은 3학점이며 감하여 편성・운영할 수 없다.
④ 과학탐구실험1, 2의 기본 학점은 1학점이며 증감 없이 편성・운영한다. 단, 과학, 체육, 예술계고교의 경우 학교실정에 따라 탄력적으로 운영할 수 있다.
⑤ 필수 이수 학점 수는 해당 교과(군)의 최소 이수 학점이다. 특수목적고등학교의 경우 예술 교과(군)는 5학점 이상, 기술・가정/정보/제2외국어/한문/교양 교과(군)는 12학점 이상 이수하도록 한다.
⑥ 국어, 수학, 영어의 이수 학점 총합은 81학점을 초과하지 않도록 하며, 교과 이수 학점이 174학점을 초과하는 경우에는 초과 이수 학점의 50%를 넘지 않도록 한다.
⑦ 창의적 체험활동의 학점 수는 최소 이수 학점이며 ( ) 안의 숫자는 이수 학점을 시간 수로 환산한 것이다.
⑧ 총 이수 학점 수는 고등학교 졸업을 위해 3년간 이수해야 할 최소 이수 학점이다.

(가) 일반고등학교(자율고 포함)와 특수목적고등학교에 적용된다.

(나) 2015 개정 교육과정에서는 수업시간 50분을 기준으로 하는 이수 단위를 3년간 총 204단위 이수해야 했지만, 2022 개정 교육과정에서는 3년 동안 192학점을 이수하면 된다.

- 종전 교육과정에서 1단위는 50분에 17회를 기준으로 했지만, 새 교육과정에서 1학점은 50분을 기준으로 16회 이수하는 수업량을 말한다.

② 교육과정 편성 · 운영 기준

가) 공통 사항

(가) 고등학교 교육과정의 총 이수 학점은 192학점이며, 교과(군)에서 필수이수 학점이 84학점, 자율이수 학점이 90학점이며 교과(군)의 총 이수 학점은 총 174학점이다. 여기에 창의적 체험활동의 18학점을 합산하여 3년간 총 192학점을 이수하도록 한다.

(나) 국어, 수학, 영어의 합이 전체 42.2%인 81학점을 넘지 않게 했다.

(다) 한 과목의 기본 학점은 4학점을 기준으로 1학점을 빼거나 더할 수 있다.

- 체육 · 예술 · 교양은 3학점이 기준인데 수업 당 2~5학점 운영이 가능한 것이다.

(라) 교과 구조는 현재의 공통과목-일반선택-진로선택에서, 새 교육과정에서는 공통-일반선택-진로선택-융합선택으로 바뀐다.

- 공통에서 기초소양을 배우고, 주요 학습 내용을 일반선택에서 배운다. 진로선택은 심화, 융합선택은 교과 간 응용과 실생활 체험, 응용을 위한 과목들이 배치되었다.

공통과목	일반 선택과목	진로 선택과목	융합 선택과목
기초소양 및 기본학력 함양, 학문의 기본이해 내용 과목	교과별 학문 영역 내의 주요 학습 내용 이해 및 탐구를 위한 과목	교과별 심화 학습 및 진로 관련 과목	교과 내 · 교과 간 주제 융합 과목, 실생활 체험 및 응용을 위한 과목

(마) 특성화고 교육과정은 미래 직업세계 변화에 요구되는 기초소양 및 핵심역량을 갖출 수 있도록 전문 공통과목을 확대하고 전공일반, 전공실무 과목으로 재구조화하였다.

- (현행) 성공적인 직업 생활 → (개선) 성공적인 직업 생활, 노동인권과 산업안전보건, 디지털과 직업 생활

③ 고등학교 교과목 구성

■ 보통 교과

교과(군)	공통 과목	선택 과목		
		일반 선택	진로 선택	융합 선택
국어	공통국어1 공통국어2	화법과 언어, 독서와 작문, 문학	주제 탐구 독서, 문학과 영상, 직무 의사소통	독서 토론과 글쓰기, 매체 의사소통, 언어생활 탐구
수학	공통수학1 공통수학2 기본수학1 기본수학2	대수, 미적분Ⅰ, 확률과 통계	기하, 미적분Ⅱ, 경제 수학, 인공지능 수학, 직무 수학	수학과 문화, 실용 통계, 수학과제 탐구
영어	공통영어1 공통영어2 기본영어1 기본영어2	영어Ⅰ, 영어Ⅱ, 영어 독해와 작문	영미 문학 읽기, 영어 발표와 토론, 심화 영어, 심화 영어 독해와 작문, 직무 영어	실생활 영어 회화, 미디어 영어, 세계 문화와 영어
사회 (역사/ 도덕 포함)	한국사1 한국사2 통합사회1 통합사회2	세계시민과 지리, 세계사, 사회와 문화, 현대사회와 윤리	한국지리 탐구, 도시의 미래 탐구, 동아시아 역사 기행, 정치, 법과 사회, 경제, 윤리와 사상, 인문학과 윤리, 국제 관계의 이해	여행지리, 역사로 탐구하는 현대 세계, 사회문제 탐구, 금융과 경제생활, 윤리문제 탐구, 기후변화와 지속가능한 세계

교과(군)	공통 과목	선택 과목		
		일반 선택	진로 선택	융합 선택
과학	통합과학1 통합과학2	물리학, 화학, 생명과학, 지구과학	역학과 에너지, 전자기와 양자, 물질과 에너지, 화학 반응의 세계,	과학의 역사와 문화, 기후변화와 환경생태, 융합과학 탐구
	과학탐구실험1 과학탐구실험2		세포와 물질대사, 생물의 유전, 지구시스템과학, 행성우주과학	
체육		체육1, 체육2	운동과 건강, 스포츠 문화*, 스포츠 과학*	스포츠 생활1, 스포츠 생활2
예술		음악, 미술, 연극	음악 연주와 창작, 음악 감상과 비평, 미술 창작, 미술 감상과 비평	음악과 미디어, 미술과 매체
기술·가정/ 정보		기술·가정	로봇과 공학세계, 생활과학 탐구	창의 공학 설계, 지식 재산 일반, 생애 설계와 자립*, 아동발달과 부모
		정보	인공지능 기초, 데이터 과학	소프트웨어와 생활
제2외국어/ 한문		독일어, 프랑스어, 스페인어, 중국어, 일본어, 러시아어, 아랍어, 베트남어	독일어 회화, 프랑스어 회화, 스페인어 회화, 중국어 회화, 일본어 회화, 러시아어 회화, 아랍어 회화, 베트남어 회화,	독일어권 문화, 프랑스어권 문화, 스페인어권 문화, 중국 문화, 일본 문화, 러시아 문화, 아랍 문화, 베트남 문화
			심화 독일어, 심화 프랑스어, 심화 스페인어, 심화 중국어, 심화 일본어, 심화 러시아어, 심화 아랍어, 심화 베트남어	
		한문	한문 고전 읽기	언어생활과 한자
교양		진로와 직업, 생태와 환경	인간과 철학, 논리와 사고, 인간과 심리, 교육의 이해, 삶과 종교, 보건	인간과 경제활동, 논술

① 선택 과목의 기본 학점은 4학점이다. 단, 체육, 예술, 교양 교과(군)의 기본 학점은 3학점이다.

② 선택 과목은 1학점 범위 내에서 증감하여 편성·운영할 수 있다.

③ * 표시한 과목의 기본 학점은 2학점이며, 1학점 범위 내에서 감하여 편성·운영할 수 있다.

④ 체육 교과는 매 학기 이수하도록 한다. 단, 특성화고등학교와 산업수요 맞춤형 고등학교의 경우, 현장 실습이 있는 학년에는 탄력적으로 운영할 수 있다.

계열	교과(군)	선택 과목				
		진로 선택				융합 선택
과학 계열	수학	전문 수학	이산 수학	고급 기하	고급 대수	
		고급 미적분				
	과학	고급 물리학	고급 화학	고급 생명과학	고급 지구과학	물리학 실험 화학 실험
		과학과제 연구				생명과학 실험 지구과학 실험
	정보	정보과학				
체육 계열	체육	스포츠 개론	육상	체조	수상 스포츠	스포츠 교육
		기초 체육 전공 실기	심화 체육 전공 실기	고급 체육 전공 실기	스포츠 경기 체력	스포츠 생리의학
		스포츠 경기 기술	스포츠 경기 분석			스포츠 행정 및 경영
예술 계열	예술	음악 이론	음악사	시창·청음	음악 전공 실기	음악과 문화
		합창·합주	음악 공연 실습			
		미술 이론	드로잉	미술사	미술 전공 실기	미술 매체 탐구
		조형 탐구				미술과 사회
		무용의 이해	무용과 몸	무용 기초 실기	무용 전공 실기	무용과 매체
		안무	무용 제작 실습	무용 감상과 비평		
		문예 창작의 이해	문장론	문학 감상과 비평	시 창작	문학과 매체
		소설 창작	극 창작			
		연극과 몸	연극과 말	연기	무대 미술과 기술	연극과 삶
		연극 제작 실습	연극 감상과 비평	영화의 이해	촬영·조명	영화와 삶
		편집·사운드	영화 제작 실습	영화 감상과 비평		
		사진의 이해	사진 촬영	사진 표현 기법	영상 제작의 이해	사진과 삶
		사진 감상과 비평				

① 특수 목적 고등학교 선택 과목은 과학, 체육, 예술 계열에 관한 과목으로 한다.
② 특수 목적 고등학교 선택 과목의 기본 학점 및 증감 범위는 시·도 교육감이 정한다.

■ 전문교과

교과(군)	선택 과목				기준 학과
	전문 공통	전공 일반	전공 실무		
경영 · 금융	성공적인 직업 생활 노동 인권과 산업 안전 보건 디지털과 직업 생활	상업 경제 기업과 경영 사무 관리 회계 원리 회계 정보 처리 시스템 기업 자원 통합 관리 세무 일반 유통 일반 무역 일반 무역 영어 금융 일반 보험 일반 마케팅과 광고 창업 일반 비즈니스 커뮤니케이션 전자 상거래 일반	총무 노무 관리 사무 행정 회계 실무 유통 관리 자재 관리 공급망 관리 물류 관리 원산지 관리 무역 금융 업무 전자 상거래 실무	인사 비서 예산 · 자금 세무 실무 구매 조달 공정 관리 품질 관리 수출입 관리 창구 사무 고객 관리 매장 판매	경영사무과 세무회계과 유통과 금융정보과 마케팅과
보건 · 복지		인간 발달 보육 원리와 보육 교사 보육 과정 아동 생활 지도 아동 복지 보육 실습 영유아 교수 방법 생활 서비스 산업의 이해 복지 서비스의 기초 사회 복지 시설의 이해 공중 보건 인체 구조와 기능 간호의 기초 기초 간호 임상 실무 보건 간호 보건 의료 법규 치과 간호 임상 실무	영유아 건강 · 안전 · 영양 지도 사회 복지 시설 실무 요양 지원	영유아 놀이 지도 대인 복지 서비스	보육과 복지과 간호과
문화 · 예술 · 디자인 · 방송		문화 콘텐츠 산업 일반 미디어 콘텐츠 일반 영상 제작 기초	영화 콘텐츠 제작 광고 콘텐츠 제작 게임 디자인	음악 콘텐츠 제작 게임 기획 게임 프로그래밍	문화콘텐츠과 디자인과 공예과

교과(군)	선택 과목				기준 학과
	전문 공통	전공 일반	전공 실무		
		애니메이션 기초 음악 콘텐츠 제작 기초 디자인 제도 디자인 일반 조형 색채 일반 컴퓨터 그래픽 공예 일반 공예 재료와 도구 방송 일반	애니메이션 콘텐츠 제작 캐릭터 제작 VR·AR 콘텐츠 제작 제품 디자인 실내 디자인 편집 디자인 목공예 방송 콘텐츠 제작	만화 콘텐츠 제작 스마트 문화 앱 콘텐츠 제작 시각 디자인 디지털 디자인 색채 디자인 도자기 공예 금속 공예 방송 제작 시스템 운용	방송과
미용		미용의 기초 미용 안전·보건	헤어 미용 메이크업	피부 미용 네일 미용	미용과
관광·레저		관광 일반 관광 서비스 관광 영어 관광 일본어 관광 중국어 관광 문화와 자원 관광 콘텐츠 개발 전시·컨벤션·이벤트 일반 레저 서비스 일반	호텔 식음료 서비스 실무 국내 여행 서비스 실무 전시·컨벤션·이벤트 실무	호텔 객실 서비스 실무 국외 여행 서비스 실무 카지노 서비스 실무	관광과 레저산업과
식품·조리		식품과 영양 기초 조리 디저트 조리 식음료 기초 식품 과학 식품 위생 식품 가공 기술 식품 분석	한식 조리 중식 조리 바리스타 식공간 연출 축산 식품 가공 건강 기능 식품 가공 음료·주류 가공 떡 제조 제빵	양식 조리 일식 조리 바텐더 수산 식품 가공 유제품 가공 김치·반찬 가공 식품 품질 관리 제과	조리과 식음료과 식품가공과 제과제빵과
건축·토목		공업 일반 기초 제도 건축 일반 건축 기초 실습 건축 도면 해석과 제도 토목 일반 토목 도면 해석과 제도	철근 콘크리트 시공 건축 마감 시공 건축 설계 토목 시공 측량 공간 정보 융합 서비스 국토 도시 계획	건축 목공 시공 건축 도장 시공 토목 설계 지적 공간 정보 구축 소형 무인기 운용·조종 교통 계획·설계	건축과 건축인테리어과 토목과 공간정보과 스마트시티과

<table>
<tr><th rowspan="2">교과(군)</th><th colspan="4">선택 과목</th><th rowspan="2">기준 학과</th></tr>
<tr><th>전문 공통</th><th>전공 일반</th><th colspan="2">전공 실무</th></tr>
<tr><td></td><td></td><td>건설 재료
역학 기초
토질·수리
측량 기초
드론 기초
스마트 시티 기초
건물 정보 관리 기초</td><td>주거 서비스</td><td></td><td></td></tr>
<tr><td>기계</td><td></td><td>기계 제도
기계 기초 공작
전자 기계 이론
기계 일반
자동차 일반
기계 기초 역학
냉동 공조 일반
유체 기계
산업 설비
자동차 기관
자동차 섀시
자동차 전기·전자 제어
선박 이론
선박 구조
선박 건조
선체 도면 독도와 제도
항공기 일반
항공기 실무 기초</td><td>기계요소 설계
선반 가공
연삭 가공
측정
특수 가공
기계 소프트웨어 개발
건설 광산 기계 설치·정비
승강기 설치·정비
자전거 정비
사출 금형 제작
사출 금형 조립
프레스 금형 제작
프레스 금형 조립
냉동 공조 설계
보일러 설치·정비
피복 아크 용접
가스 텅스텐 아크 용접
보일러 장치 설치
자동차 전기·전자 장치 정비
자동차 섀시 정비
자동차 도장
자동차 튜닝
전장 생산
항공기 기체 제작
항공기 기체 정비
항공기 왕복 엔진 정비
항공기 전기·전자 장비 정비
항공기 정비 관리</td><td>기계 제어 설계
밀링 가공
컴퓨터 활용 생산
성형 가공
기계 수동 조립
운반 하역 기계 설치·정비
공작 기계 설치·정비
오토바이 정비
사출 금형 설계
사출 금형 품질 관리
프레스 금형 설계
프레스 금형 품질 관리
배관 시공
냉동 공조 유지 보수 관리
판금·제관
이산화탄소·가스 메탈 아크 용접
로봇 용접
냉동 공조 장치 설치
자동차 엔진 정비
자동차 차체 정비
자동차 정비 검사
선체 조립
선체 생산 설계
항공기 전기·전자 장비 제작
항공기 가스 터빈 엔진 정비
항공기 계통 정비
소형 무인기 정비</td><td>기계과
공조산업
설비과
자동차과
조선과
항공과</td></tr>
</table>

교과(군)	선택 과목				기준 학과
	전문 공통	전공 일반	전공 실무		
재료		재료 일반 재료 시험 세라믹 재료 세라믹 원리·공정	제선 압연 금속 재료 가공 도금 도자기 용융 세라믹 제조	제강 주조 금속 열처리 금속 재료 신뢰성 시험 탄소 재료	금속재료과 세라믹과
화학 공업		공업 화학 제조 화학 스마트 공정 제어 화공 플랜트 기계 화공 플랜트 전기 바이오 기초 화학 에너지 공업 기초 에너지 화공 소재 생산	화학 분석 화학 공정 유지 운영 고분자 제품 제조 바이오 화학 제품 제조 에너지 설비 유틸리티	화학 물질 관리 기능성 정밀 화학 제품 제조 바이오 의약품 제조 화장품 제조 신재생 에너지 실무	화학공업과 바이오화학공업과 에너지화학공업과
섬유·의류		섬유 재료 섬유 공정 염색·가공 기초 패션 소재 패션 디자인의 기초 의복 구성의 기초 편물 패션 마케팅	텍스타일 디자인 제포 패션 디자인의 실제 서양 의복 구성과 생산 한국 의복 구성과 생산 패션 상품 유통 관리	방적·방사 염색·가공 패턴 메이킹 니트 의류 생산 패션 소품 디자인과 생산 비주얼 머천다이징	섬유과 의류과
전기·전자		전기 회로 전기 기기 전기 설비 자동화 설비 전기·전자 일반 전자 회로 전기·전자 측정 디지털 논리 회로 전자 제어	발전 설비 운영 전기 기기 설계 전기 기기 유지 보수 내선 공사 자동 제어 기기 제작 자동 제어 시스템 운영 전기 철도 시설물 유지 보수 전자 제품 생산 전자 제품 설치 정비 가전 기기 하드웨어 개발 산업용 전자 기기 하드웨어 개발 산업용 전자 기기 소프트웨어 개발 정보 통신 기기 소프트웨어 개발	송·변전 배전 설비 운영 전기 기기 제작 전기 설비 운영 외선 공사 자동 제어 시스템 유지 정비 전기 철도 시공 철도 신호 제어 시공 전자 부품 생산 가전 기기 시스템 소프트웨어 개발 가전 기기·기구 개발 산업용 전자 기기·기구 개발 정보 통신 기기 하드웨어 개발	전기과 전자과

<table>
<tr><th rowspan="2">교과(군)</th><th colspan="4">선택 과목</th><th rowspan="2">기준 학과</th></tr>
<tr><th>전문 공통</th><th>전공 일반</th><th colspan="2">전공 실무</th></tr>
<tr><td></td><td></td><td></td><td>전자 응용 기기 기구 개발
전자 부품 기구 개발
반도체 제조
반도체 재료
로봇 하드웨어 설계
로봇 소프트웨어 개발
로봇 유지 보수
의료 기기 인허가
LED 기술 개발
3D 프린터용 제품 제작</td><td>전자 응용 기기 하드웨어 개발
전자 응용 기기 소프트웨어 개발
반도체 개발
반도체 장비
디스플레이 생산
로봇 기구 개발
로봇 지능 개발
의료 기기 연구 개발
의료 기기 생산
3D 프린터 개발</td><td></td></tr>
<tr><td>정보 · 통신</td><td></td><td>통신 일반
통신 시스템
정보 통신
정보 처리와 관리
컴퓨터 구조
프로그래밍
자료 구조
알고리즘 설계
컴퓨터 시스템 일반
컴퓨터 네트워크
인공지능 일반
사물 인터넷과 센서 제어</td><td>네트워크 구축
무선 통신 구축 · 운용
응용 프로그래밍 개발
시스템 프로그래밍
네트워크 프로그래밍
빅 데이터 분석
정보 보호 관리
사물 인터넷 서비스 기획</td><td>유선 통신 구축 · 운용
초고속망 서비스 관리 운용
응용 프로그래밍 화면 구현
데이터베이스 프로그래밍
시스템 관리 및 지원
인공지능 모델링
컴퓨터 보안</td><td>통신과
정보컴퓨터과
소프트웨어과</td></tr>
<tr><td>환경 · 안전 · 소방</td><td></td><td>인간과 환경
환경 화학 기초
환경 기술
환경과 생태
산업 안전 보건 기초
소방 기초
소방 법규
소방 건축
소방 기계
소방 전기</td><td>대기 관리
폐기물 관리
토양 · 지하수 관리
환경 생태 복원 관리
전기 안전 관리
화공 안전 관리
소방 시설 설계
소방 안전 관리</td><td>수질 관리
소음 진동 관리
환경 유해 관리
기계 안전 관리
건설 안전 관리
가스 안전 관리
소방 시설 공사</td><td>환경과
산업안전과
소방과</td></tr>
<tr><td>농림 · 축산</td><td></td><td>농업 이해
농업 기초 기술
농업 경영
재배</td><td>수도작 재배
육종
농촌 체험 상품 개발
스마트 팜 운영</td><td>전특작 재배
종자 생산
농촌 체험 시설 운영
채소 재배</td><td>농업과
원예과
산림자원과
조경과</td></tr>
</table>

교과(군)	선택 과목				기준 학과
	전문 공통	전공 일반	전공 실무		
		농산물 유통	과수 재배	화훼 재배	동물자원과
		농산물 거래	화훼 장식	버섯 재배	농업기계과
		관광 농업	임업 종묘	산림 조성	농업토목과
		친환경 농업	산림 보호	임산물 생산	
		생명 공학 기술	목재 가공	펄프·종이 제조	
		농업 정보 관리	조경 설계	조경 시공	
		농업 창업 일반	조경 관리	종축	
		원예	수의 보조	애완동물 미용	
		생산 자재	젖소 사육	돼지 사육	
		조경 식물 관리	가금 사육	한우 사육	
		화훼 장식 기초	말 사육	곤충 사육	
		산림 휴양	농업용 기계 설치·정비	농업 생산 환경 조성	
		산림 자원			
		임산 가공			
		조림			
		조경			
		동물 자원			
		반려동물 관리			
		곤충 산업 일반			
		농업 기계			
		농업 기계 공작			
		농업 기계 운전 작업			
		농업용 전기·전자			
		농업 토목 제도·설계			
		농업 토목 시공·측량			
		농업 생산 환경 일반			
수산·해운		해양의 이해	근해 어업	원양 어업	해양생산과
		수산·해운 산업 기초	해면 양식	수산 종묘 생산	수산양식과
		해양 생산 일반	내수면 양식	수산 질병 관리	해양레저과
		해양 오염·방제	수상 레저 기구 조종	일반 잠수	항해과
		전자 통신 운용	산업 잠수	어촌 체험 상품 개발	기관과
		어선 전문	어촌 체험 시설 운영	선박 통신	
		수산 일반	선박 갑판 관리	선박 운항 관리	
		수산 생물	선박 안전 관리	선박 기기 운용	
		수산 양식 일반	기관사 직무	선박 기관 정비	
		수산 경영	선박 보조 기계 정비		
		수산물 유통			
		양식 생물 질병			

교과(군)	선택 과목				기준 학과
	전문 공통	전공 일반	전공 실무		
		관상 생물 기초 수산 해양 창업 활어 취급 일반 해양 레저 관광 요트 조종 잠수 기술 항해 기초 해사 일반 해사 법규 선박 운용 선화 운송 항만 물류 일반 해사 영어 항해사 직무 열기관 선박 보조 기계 선박 전기·전자 기관 실무 기초 기관 직무 일반			
융복합· 지식 재산		스마트 공장 일반 스마트 공장 운용 스마트 공장 설계와 구축 발명·특허 기초 발명과 기업가 정신 발명과 디자인 발명과 메이커	스마트 설비 실무 특허 출원의 실제	특허 정보 조사·분석 지식 재산 관리	스마트공장과 발명특허과

• 전문 교과의 과목 기본 학점 및 증감 범위는 시·도 교육감이 정한다.

5) 2022 개정 교육과정의 주요 내용

(1) 깊이 있는 학습, 교과 간 연계와 통합, 삶과 연계한 학습, 학습 과정에 대한 성찰을 중심으로 역량 함양 교과 교육과정을 개발하였다.

① 핵심 아이디어를 중심으로 학습 내용을 적정화하고 교과 내 영역 간 내용 연계성을 강화하며, 학생의 삶과 연계한 실생활 맥락 속에서 깊이 있는 학습을 지원한다.

② 또한, 다양한 문제해결 상황에 대해 스스로 문제를 인식하고 해결 방법을 탐구하여 자신만의 방식으로 과정을 실천하는 학습자 주도성을 강조하였다.

③ 비판적 질문, 토의·토론수업, 협업 수업 등 자기 능력과 속도에 맞춘 학습 역량을 기를 수 있도록 다양한 학생 주도형 수업으로 개선하였다.

④ 학습 내용뿐 아니라 준비와 태도, 학생 간의 상호작용, 사고 및 행동의 변화 등을 지속해서 평가하는 등 학습 과정을 중시하는 평가와 개별 맞춤형 피드백 등을 강화한다.

(2) 주요 교과별 개정 사항은 다음과 같다.

① 국어의 경우, 초등 저학년(1~2학년)의 국어 34시간 증배를 통해 한글 해득 및 기초 문해력 교육을 강화하고, 누적적 학습 경험이 요구되는 국어과 특성을 고려하여 기본적인 지식과 기능을 심화, 확장하는 방식으로 내용 체계를 구성하였다.

가) 초·중학교에서 '매체' 영역을, 고등학교 선택 교육과정에서 '문학과 영상', '매체 의사소통' 등의 선택 과목을 신설하여, 매체 관련 교육내용을 초등학교 단계부터 체계적으로 구성하였다.

나) 또한 고등학교에서는 비판적 사고 역량과 서술·논술 능력을 갖출 수 있도록 '주제 탐구 독서', '독서 토론과 글쓰기' 등 독서·작문 연계 활동을 강화하는 과목을 신설하였다.

② 수학 교과는 디지털 대전환 시대에 대응한 수학적 역량 함양을 위해 학교급(학년별) 학습량 적정성을 고려하여 관련한 필수 내용 요소와 과목체계를 재구조화하였다.

가) 초·중학교에서는 교과 영역을 통합하여 학교급 간 연계를 강화하고, 고등학교는 학생의 적성과 진로 등에 따른 '실용 통계', '수학과 문화', '직무 수학' 등 다양한 선택 과목을 신설하였다.

- '수와 연산', '변화와 관계', '도형과 측정', '자료와 가능성' 4개 영역으로 통합·제시

나) 아울러, 수학에 대한 흥미와 자신감을 높일 수 있도록 수학적 모델링, 놀이 및 게임학습 등에 대한 교수·학습과 평가 모형을 구체화하고, 디지털 기반 학습을 통한 공학도구의 활용을 강조하였다.

③ 영어의 경우, 현행의 '듣기', '말하기', '읽기', '쓰기' 언어 기능별 영역 분류 방식을 탈피하고, 영어 지식정보의 '이해', '표현' 2개 영역으로 개선하였다.

가) 학생 발달 수준과 학교급 간 연계 등을 고려하여 성취기준을 설계하고, 학생의 삶과 연계된 실생활 중심의 영어 의사소통 역량 교육을 강화하였다.

나) 고등학교의 경우 '공통 영어'를 통해 영어의 기초적인 소양을 함양한 후, 학생의 진로를 고려한 '직무 영어', '영어 발표와 토론' 등 진로 선택 과목과 실생활에서 영어를 응용할 수 있는 '실생활 영어 회화', '미디어 영어', '세계문화와 영어'의 융합 선택 과목을 신설하였다.

④ 사회의 경우, 역량 함양 탐구형 수업이 가능하도록 초·중·고의 계열성을 고려하여 핵심 아이디어 중심으로 학습량을 적정화하였다.

가) 현행 '이해한다, 탐구한다' 등으로 편중된 성취기준 술어를 다양한 탐구 기능·실천 중심의 수행 동사로 개선하여 하나의 정답을 찾기보다는 '다양한 답을 찾아가는 수업'을 할 수 있도록 구성하였다.

나) 특히, 고등학교에서는 학생의 진로와 적성에 따른 교육이 가능하도록 '정치와 법'을 '정치', '법과 사회'로 분리하고, '세계시민과 지리', '도시

의 미래 탐구', '금융과 경제생활', '기후변화와 지속가능한 세계' 등의 선택 과목을 다양하게 배울 수 있도록 신설하였다.

⑤ 과학 교과는 미래 융복합적 문제에 유연하게 대응할 수 있는 과학적 소양과 창의성 함양을 위해 일상의 자연현상과 삶의 경험을 토대로 탐구 및 추론, 통합적 사고, 문제해결력 등 과학적 역량을 강조하였다.

가) 초·중학교에서는 물리학/화학/생명과학/지구과학 분야별 분절적 학습을 지양하며, 학생의 발달 단계에 따라 핵심 아이디어를 중심으로 학교급별 내용 요소를 기후변화, 감염병, 진로 등과 연계하여 재구성하고, 학년군별 통합단원을 확대(1→2개)하였다.

- 예 (3·4학년 군) 감염병과 건강한 생활, 기후변화와 우리 생활
  (5·6학년 군) 자원과 에너지, 과학과 나의 진로

나) 특히, 고등학교에서는 '통합과학'에서 과학적 기초역량과 통합적 이해를 강조하고, 과학 분야 및 진로·융합영역에서의 다양한 과목 개설을 통해 과학적 역량 함양을 강화하였다.

- 일반선택(4종), 진로선택(8종), 융합선택(3종), 과학계열 선택 과목(9종)

⑥ 정보교육은 현행의 소프트웨어 교육을 바탕으로 인공지능·빅데이터 등 첨단 디지털 혁신 기술을 이해하고 활용할 수 있도록 초중학교 정보수업 시수를 확대하는 등 정보 교과 교육과정을 재구조화하였다.

- (초등학교) 실과: 17시간→34시간 이상,
  (중학교) 정보: 34시간→68시간 이상

가) 놀이·체험 활동(초) 및 실생활 문제해결 과정(중)을 간단한 컴퓨터 프로그램으로 구현하면서, 학습 부담 없이 쉽고 재미있게 정보 기초소양을 학습할 수 있도록 학습 내용을 재구성하였다.

- (초등학교) 카드놀이 등 언플러그드 활동으로 문제해결 절차를 이해하고 블록 코딩 등으로 구현

- (중학교) 일련의 컴퓨팅 사고 과정 이해와 실생활 중심의 인공지능 윤리 등 가치·태도 인식

나) 아울러 학생의 진로·적성에 따른 맞춤형 정보 역량을 함양할 수 있도록 다양한 선택 과목 개설을 통해 진로 연계를 강화하였다.

다) 특성화고등학교 전문교과는 미래 산업의 변화 및 기술의 융·복합화에 따른 기준학과를 신설하고, 현장성을 고려하여 교과(군) 재구조화하였다.

- 소프트웨어, 화학(바이오), 에너지, 소방, 지능형도시(스마트시티), 지능형 공장(스마트 공장) 등 기준학과 신설

6) 학교교육과정의 편성·운영

(1) 기본 사항

① 학교는 이 교육과정을 바탕으로 학교 실정에 알맞은 학교교육과정을 편성·운영한다.

② 학교는 학교교육과정 편성·운영 계획을 바탕으로 학년(군)별 교육과정 및 교과(목)별 교육과정을 편성할 수 있다.

③ 학교교육과정은 모든 교원이 전문성을 발휘하여 참여하는 민주적인 절차와 과정을 거쳐 편성한다.

④ 교육과정의 합리적 편성과 효율적 운영을 위해 교원, 교육과정 전문가, 학부모 등이 참여하는 학교교육과정 위원회를 구성하여 운영하며, 이 위원회는 학교장의 교육과정 운영 및 의사 결정에 관한 자문의 역할을 담당한다. 단, 특성화고등학교와 산업수요 맞춤형 고등학교의 경우에는 산업계 인사가 참여할 수 있고, 통합교육이 이루어지는 학교의 경우에는 특수교사가 참여할 것을 권장한다.

⑤ 학교교육과정을 편성·운영할 때에는 교원의 조직, 학생의 실태, 학부모의 요구, 지역사회의 실정 및 교육 시설·설비 등 교육 여건과 환경을 충분히 반영하도록 노력한다.

⑥ 교과와 창의적 체험활동의 내용 배열은 반드시 학습의 순서를 의미하는 것은 아니므로, 지역의 특수성, 계절 및 학교의 실정과 학생의 요구, 교사의 필요에 따라 각 교과목의 학년군별 목표 달성을 위한 지도 내용의 순서와 비중, 방법 등을 조정하여 운영할 수 있다.

⑦ 학교는 교과와 창의적 체험활동의 효율적인 운영을 위하여 지역사회의 인적, 물적 자원을 계획적으로 활용한다.

⑧ 학교는 학생의 요구, 학교의 실정 및 특색 등을 종합적으로 고려하여 창의적 체험활동의 영역, 활동, 시간 등을 자율적으로 편성·운영할 수 있다.

⑨ 학교는 창의적 체험활동이 실질적 체험학습이 되도록 지역사회의 유관 기관과 연계·협력하여 프로그램을 운영할 수 있다.

⑩ 학교는 학생과 학부모의 요구를 바탕으로 방과후학교 또는 방학 중 프로그램을 개설할 수 있으며, 학생들의 자발적인 참여를 원칙으로 한다.

⑪ 학교는 가정 및 지역과 연계하여 학생이 건전한 생활 태도와 행동 양식을 가지고 학습에 임할 수 있도록 지도한다.

⑫ 학교는 동학년 모임, 교과별 모임, 현장 연구, 자체 연수 등을 통해서 교사들의 교육 활동 개선이 이루어지도록 한다.

⑬ 학교는 학교교육과정 편성·운영의 적절성과 효과성 등을 자체 평가하여 문제점과 개선점을 추출하고, 다음 학년도의 교육과정 편성·운영에 그 결과를 반영한다.

(2) 교수·학습

① 학교는 교과목별 성취 기준에 따라 다음과 같은 사항에 중점을 두고 교수·학습이 이루어지도록 한다.

가) 교과의 학습은 단편적 지식의 암기를 지양하고 핵심 개념과 일반화된 지식의 심층적 이해에 중점을 둔다.

나) 각 교과의 핵심 개념과 일반화된 지식 및 기능이 학생의 발달 단계에 따라 그 폭과 깊이를 심화할 수 있도록 수업을 체계적으로 설계한다.

다) 학생의 융합적 사고를 기를 수 있도록 교과 내, 교과 간 내용 연계성을 고려하여 지도한다.

라) 실험, 관찰, 조사, 실측, 수집, 노작, 견학 등의 직접 체험활동이 충분히 이루어지도록 한다.

마) 개별 학습 활동과 함께 소집단 공동 학습 활동을 통하여 협력적으로 문제를 해결하는 협동학습 경험을 충분히 제공한다.

바) 학생이 능동적으로 수업에 참여하고 자신의 생각을 표현하는 기회를 가질 수 있도록 토의·토론 학습을 활성화한다.

사) 학생에게 학습내용을 실제적 맥락 속에서 적용하고 활용할 수 있는 기회를 충분히 제공한다.

아) 학생이 스스로 자신의 학습 과정과 학습 전략을 점검하고 개선하며 자기주도적으로 학습할 수 있도록 지도한다.

② 학교는 효과적 교수·학습 환경 설계를 위해 다음과 같은 사항에 중점을 둔다.

가) 교사와 학생 간, 학생과 학생 간 상호 신뢰와 협력이 가능한 교수·학습 환경을 제공한다.

나) 학생의 능력, 적성, 진로를 고려하여 교육 내용과 방법을 다양화하고, 학교의 여건과 학생의 특성에 따라 다양한 학습 집단을 구성하여 학생 맞춤형 수업을 하도록 한다.

다) 학교는 학습 결손을 보충할 수 있도록 특별 보충 수업을 운영할 수 있으며, 이에 대한 제반 운영 사항은 학교가 자율적으로 결정한다.

라) 각 교과의 특성에 맞는 다양한 학습이 이루어질 수 있도록 교과 교실제 운영을 활성화한다.

마) 학교는 교과용 도서 이외에 교육청이나 학교에서 개발한 다양한 교수・학습 자료를 활용할 수 있다.

바) 실험 실습 및 실기 지도 과정에서 학생의 안전사고를 예방하기 위해 시설 및 기계 기구, 약품, 용구 사용의 안전에 만전을 기한다.

(3) 평가

① 평가는 학생의 교육목표 도달도를 확인하고 교수・학습의 질을 개선하는 데 주안점을 둔다.

가) 학교는 학생에게 평가결과에 대한 적절한 정보 제공과 추수 지도를 통해 학생이 자신의 학습을 지속적으로 성찰하고 개선할 수 있도록 지도한다.

나) 학생평가결과를 활용하여 수업의 질을 지속적으로 개선한다.

② 학교와 교사는 성취기준에 근거하여 학교에서 중요하게 지도한 내용과 기능을 평가하며 교수・학습과 평가 활동이 일관성 있게 이루어지도록 한다.

가) 학생에게 배울 기회를 주지 않은 내용과 기능은 평가하지 않도록 한다.

나) 학습의 결과뿐만 아니라 학습의 과정을 평가하여 모든 학생이 교육목표에 성공적으로 도달할 수 있도록 한다.

다) 학교는 학생의 인지적 능력과 정의적 능력에 대한 평가가 균형 있게 이루어질 수 있도록 한다.

③ 학교는 교과의 성격과 특성에 적합한 평가방법을 활용한다.

가) 서술형과 논술형 평가 및 수행평가의 비중을 확대한다.

나) 정의적, 기능적, 창의적인 면이 특히 중시되는 교과는 타당한 평정기준과 척도에 따라 평가를 실시한다.

다) 실험・실습의 평가는 교과목의 성격을 고려하여 합리적인 세부 평가기준을 마련하여 실시한다.

라) 창의적 체험활동은 내용과 특성을 고려하여 평가의 주안점을 학교에서 결정하여 평가한다.

마) 전문교과의 실무 과목은 성취 평가제와 연계하여 내용 요소를 구성하는 '능력단위' 기준으로 평가할 수 있다.

(4) 모든 학생을 위한 교육기회의 제공

① 교육 활동 전반을 통하여 남녀의 역할, 학력과 직업, 종교, 이전 거주지, 인종, 민족 등에 관한 편견을 가지지 않도록 지도한다.

② 학습 부진 학생, 장애를 가진 학생, 특정 분야에서 탁월한 재능을 보이는 학생, 귀국 학생, 다문화 가정 학생 등이 학교에서 충실한 학습 경험을 누릴 수 있도록 필요한 지원을 한다.

③ 특수 교육 대상 학생을 위해 특수 학급을 설치·운영하는 경우, 학생의 장애 특성 및 정도를 고려하여 이 교육과정을 조정하여 운영하거나 특수 교육 교육과정 및 교수·학습 자료를 활용할 수 있다.

④ 다문화 가정 학생을 위한 특별 학급을 설치·운영하는 경우, 다문화 가정 학생의 한국어 능력을 고려하여 이 교육과정을 조정하여 운영하거나, 한국어 교육과정 및 교수·학습 자료를 활용할 수 있다. 한국어 교육과정은 학교의 특성, 학생·교사·학부모의 요구 및 필요에 따라 주당 10시간 내외에서 운영할 수 있다.

⑤ 학교가 종교 과목을 개설할 때에는 종교 이외의 과목을 포함, 복수로 과목을 편성하여 학생에게 선택의 기회를 주어야 한다. 다만, 학생의 학교 선택권이 허용되는 종립 학교의 경우 학생·학부모의 동의를 얻어 단수로 개설할 수 있다.

3 학교교육과정의 편성 절차 및 체제

1) 학교교육과정 편성 절차 및 체제

표 4-3 학교교육과정 편성 절차

일반적 운영 절차	내용
준비 단계	1. 학교교육과정위원회 조직·운영: 관련 규정 및 지침서 검토, 역할 구체화, 조직하기, 운영하기 2. 기초 조사: 관련 규정 검토 분석, 계획 수립, 조사 실시, 결과 분석, 시사점 반영
편성 단계	3. 편성 계획 • 구성 체제 결정: 학교교육과정의 편성·운영 방향, 교과, 창의적 체험활동의 지도, 학교교육과정의 평가 등 • 편성 절차: 기본 원칙 설정, 편성 시 결정할 사항, 편성 절차 4. 기본 방향 설정: 학교장 경영 의지, 학교 교육목표 5. 학교교육과정 시안 작성: 편제와 시간 배당, 교과(군)활동 편성계획, 창의적 체험활동 편성 계획 6. 시안 검토, 심의 확정: 심의 검토, 시안 심의 및 확정
운영 단계	7. 교과 운영: 교과 시수 증감 운영, 집중이수제, 블록타임제(Block Time) 운영, 교과교실제, 교과목 신설, 수준별 수업, 창의·인성 교육 강화 교육 8. 창의적 체험활동 운영: 창의적 체험활동의 내용 및 운영 방법, 창의적 체험활동 운영의 사례 파악 활용 9. 기타: 범교과 학습 운영, 전입학생지도, 현장체험학습, 인적·물적자원 활용, 교육과정 변경 운영
평가단계	10. 학교교육과정 평가와 개선 • 학업성취도 평가: 교과평가, 창의적 체험활동 평가 • 학교교육과정 평가: 학교교육과정 연구와 개발, 학교교육과정 기본 계획, 교과교육과정 및 학습지도, 창의적 체험활동 계획 및 운영, 학교교육과정 지원체제 • 학년(군) 학급 교육과정 평가 • 교육과정 지원 평가 • 개선점 추출, 다음 해의 편성·운영에 반영

2) 학교교육과정위원회의 구성 · 운영

(1) 학교교육과정위원회의 성격

임의조직이 아닌 국가 수준 교육과정에 명시된 조직으로 특색 있는 학교교육과정을 편성 · 운영하기 위해 교직원, 학부모 등 학교구성원이 능동적으로 참여하는 자문기관이다.

(2) 학교교육과정위원회의 조직과 역할

초 · 중등교육법 제23조 제2항에 의거한 교육부 고시 내용을 원칙으로 하여, 지방교육 자치에 관한 법률에 의거한 각 시 · 도교육청 고시내용을 지침으로 하여 단위 학교 실정에 맞게 조직한다.

① 학교교육과정위원회의 조직

㉠ 학교교육과정위원회는 교원, 교육행정가, 교육과정전문가, 학부모, 지역 인사 등으로 조직한다.

㉡ 이 조직은 학교 규모에 따라 기획 조정 분과, 편성 · 운영 분과, 교과 분과, 동아리활동분과, 창의적 체험활동 분과, 학교 일반 업무추진 분과, 교육과정 평가 분석 분과 등으로 조직할 수 있다.

㉢ 학교장은 학교의 규모, 교사의 수와 능력 등을 감안하여 실정에 알맞게 위원회를 조직 · 운영한다.

㉣ 소규모 학교에서는 지역의 특수성을 고려하여 지역 실정이 비슷한 소규모 학교끼리 교육과정위원회를 공동으로 조직 · 운영할 수 있다.

㉤ 대규모 학교에서는 교원, 교육전문가, 학부모 등이 공동으로 참여하는 연구진, 심의진, 협의진을 구성하고 기능과 역할을 부여하여 효율적으로 운영한다.

② 학교교육과정위원회의 역할

㉠ 학교교육과정위원회는 학교장이 교육과정 운영에 관한 의사 결정을 하는 데 도움을 주는 자문 역할을 담당해야 한다.

㉡ 학교교육과정위원회는 교육과정 편성·운영에 관한 주요 사항과 운영 과정에서 일어나는 제반 문제에 대하여 협의를 통해서 결정하고 지원한다.

㉢ 학교교육과정위원회는 구체적인 활동 계획을 수립하여 운영한다.

㉣ 학교교육과정위원회의 각 분과는 상호 유기적이고 보완적인 입장에서 역할을 수행한다.

㉤ 학교교육과정위원회는 지역의 유관 기관이나 단체, 교육전문가 및 교육 자문 위원 등과 협조 체제를 구축하여 운영한다.

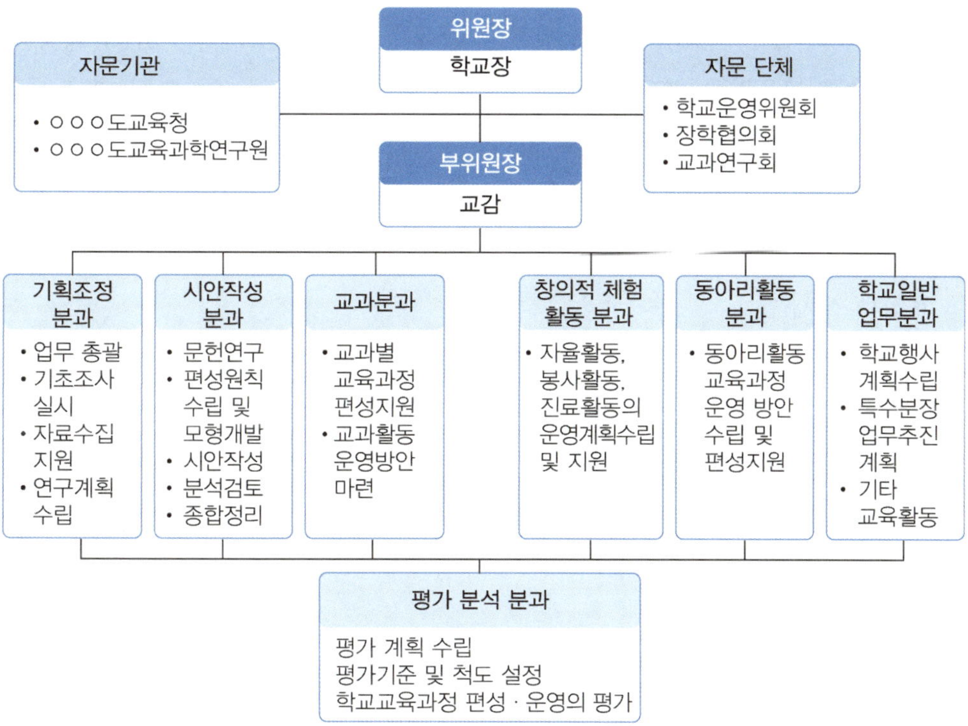

그림 4-1 학교교육과정위원회 조직 편제 예시

3) 학교교육과정 편성을 위한 기초 조사(각종 실태 조사 · 분석 등)

(1) 관련 규정 검토

국가 수준 교육과정과 각 시 · 도교육청 지침 등과 어긋나는 사항이 없는지 검토한 뒤 계획을 수립한다.

> 학교교육과정을 편성 · 운영함에 있어서는 교원의 조직, 학생의 실태, 학부모의 요구, 지역사회의 실정 및 교육 시설 · 설비 등 교육 여건과 환경이 충분히 반영되도록 노력한다.

(2) 계획 수립

- **조사요소 선정**: 학생, 학부모, 지역사회, 교원, 학교, 시 · 도교육청, 국가 및 지역 수준 교육과정, 영역(교과)별 교육과정 등을 대상으로 조사하되 매년 동일한 대상과 내용을 맹목적으로 조사하지 않도록 한다.
- **조사방법**: 설문지 · 관찰 · 면접 · 문서자료 등을 검토 · 분석하되 조사 주제와 방법을 정한 다음 구체적 사항은 면밀한 검토를 거쳐 결정한다.
- **조사 실시**
- **결과 분석**: 설문지, 관찰 · 면접결과, 각종 문헌 · 현황파악 자료, 학교교육과정 평가 자료 등
- **시사점 반영**: 각 영역별로 학교교육과정에 반영할 사항을 종합하여 학교교육과정위원회의 검토를 거쳐 각 사안별로 구체화한다.

표 4-4 기초조사 분석 결과와 학교교육과정 반영 관계

기초조사 및 실태 분석		학교교육과정 반영
① 학생 실태 분석(흥미, 관심, 요구, 필요, 학력)		① 목표 조정(상향, 하향)
② 지역 실태 분석(자연, 사회, 산업, 문화)		② 내용 조정(추가, 보완, 축소 등)
③ 학부모 실태 분석(요구, 희망, 의견)		③ 수준 조정(상향, 하향)
④ 교원 실태 분석(지도 능력, 특기, 요구, 의견)		④ 순서 조정(계절, 행사, 시설, 자료)
⑤ 학교 시설 설비 실태 분석(기본 시설, 학습 자료)		⑤ 시간 조정(증배, 감축)
⑥ 교육과정 기준 분석(교육부 고시 교육과정)	➡	⑥ 강조점 조정(지도 중점, 강약)
⑦ 교육과정 편성 지침 분석 (당해 시·도교육청 지침)		⑦ 자료 조정(교재, 교구, 설비, 자료)
⑧ 각 교과 운영 실태 분석 (전 교과, 통합 교과, 문제점 분석)		⑧ 유의점 조정(편성, 방법)
⑨ 창의적 체험활동 운영 실태 분석 (각 영역별 운영 실태)		⑨ 평가 조정(목표, 기준, 방법, 활용)
⑩ 학교교육과제, 장기계획 분석 (학교 발전 계획)		⑩ 연수 조정(교원연수, 교재 연구)
시사점 추출		융통성 있는 운영

표 4-5 실태 분석 및 조사 내용

구분 (조사 및 분석)	조사내용(분석내용)	조사방법 및 참고 자료
지역의 특수성 조사	• 자연환경(위치, 지형, 기후, 면적, 개발 계획 등) • 인문환경(교통, 통신, 문화, 보건, 생활 모습, 전통문화 등) • 사회환경(취락, 인구 이동, 행정, 재정, 산업 발달 등)	면담, 설문지, 문헌연구
학생, 교원, 주민의 교육적 운영에 관한 요구와 필요 조사	• 교육적 요구와 교육과정 운영에 관한 내용 • 노력 중점에 관한 내용 • 교과 지도와 평가에 관한 내용 • 창의적 체험활동에 관한 내용 • 지역 실정과 학교 특수성을 살릴 수 있는 전통 교육에 관한 내용	면담, 설문지
학교의 실태 분석	• 교원의 실태: 학력, 전공 교과, 연령, 성별, 특기 지도영역, 각종 연수 실적, 질병 또는 출산 예정, 교과연구회나 동아리 활동 • 시설·교구의 실태: 시설 설비 현황, 교구 설비 현황	교원인사기록카드, 설문지, 면담
학생의 실태 분석	• 학업성취도 • 학습·생활 태도 상황 • 기본 생활 습관 실태 • 흥미·관심의 경향 • 신체적 발달 상황 • 체력, 운동 기능의 정도	학생평가 결과, 건강검사 결과, 보건일지, 각종 표준화검사결과, 관찰, 면담
전년도 교육과정 운영 평가결과 분석	• 평가 참여자: 교사, 학부모, 지역사회 인사, 학생, 교육행정가	

4) 학교교육과정의 구성 체제

(1) 구성 체제 결정

당해 학교에 자율·재량권이 부여되어 있으므로 학교장의 교육적인 판단에 따라 학교가 재량권을 발휘하여 특색 있게 재구성하여야 하며 자세한 내용은 학교교육계획서에 포함되어야 한다.

(2) 학교교육과정의 구성 체제

〈예시1〉

Ⅰ. 학교교육과정의 기저
1. 국가 및 시·도 교육의 방향
2. 학교경영의 기본 계획
3. 기초조사 및 실태 분석
4. 전년도 학교교육과정 운영결과 분석

Ⅱ. 학교 교육목표
1. 학교 교육목표
2. 교육목표 구현 중점
3. 구현 중점별 세부 추진 계획
4. 특색 사업

Ⅲ. 학교교육과정 편성·운영계획
1. 기본방침
2. 학교교육과정 편성표(입학연도별)
3. 연간 수업 일수 및 수업시수 확보 계획

Ⅳ. 학교교육과정 운영의 실제
1. 교과
2. 창의적 체험활동

Ⅴ. 학교교육과정운영 지원계획
1. 교직원 조직 및 연수계획
2. 자율장학 추진 계획
3. 독서 지도 계획
4. 생활지도 계획
5. 방과후 학교 운영 계획
6. 기초학력 책임지도 운영 계획
7. 각종 위원회 운영 계획
8. 계획별 목표 등 성과 관리
9. 예산 운영 계획
10. 기타

Ⅵ. 학교교육과정의 평가
1. 학생평가
2. 학교교육과정 편성·운영

<부 록>
1. 학교 연혁
2. 학사 일정
3. 교직원 일람
4. 교사별 교과 담당 시간
5. 업무 분장표
6. 교사 배치도
7. 각종 규정
8. 기타

〈예시2〉

I. 학교교육과정의 기저
1. 학교교육과정의 방향
가. 성격
나. 추구하는 인간상
다. 국가 및 시·도교육의 방향
라. 학교교육과정의 구성 방향
마. 학교경영의 기본 계획
바. 본교 교육의 방향
2. 학교 실태 분석
가. 학교 현황
나. 전년도 학교교육과정 운영결과 분석 및 시사점
다. 금학년도 기초자료 분석
라. 본교의 특성 및 시사점
마. 학교 발전 계획

II. 학교 교육목표 설정
1. 본교 교육목표
2. 교육목표 구현 계획
3. 특색 교육
4. 과제별 추진 계획

III. 학교교육과정 편성·운영 기본 방침
1. 학교교육과정위원회 조직
2. 편제 및 시간 배당
3. 학교교육과정 편성 방침
4. 학교교육과정 운영 방침

IV. 교과 및 창의적 체험활동 교육과정 편성·운영
1. 교과 교육과정
2. 창의적 체험활동 교육과정

V. 학교교육과정의 평가
1. 학교교육과정 편성·운영의 평가
2. 학교경영 평가

VI. 학교교육과정 운영지원 활동
1. 학교경영 조직
2. 각종 위원회(협의회) 조직과 운영
3. 수행평가 실시 계획
4. 학습 및 기초학력 부진학생지도 대책
5. 방과후 학교 운영 계획
6. 특별실 운영 계획
7. 계획별 목표 등 성과 관리
8. 예산 및 재정 지원계획
9. 기타

<부 록>
1. OOOO학년도 학사 일정
2. 교무 활동 부서별 운영 계획
3. 중장기 발전 계획
4. 각종 설문지

PLUS TIP | 자아성찰

▎그릇은 깨트리고 ▎

성공은 그릇이 가득 차는 것이고, 실패는 그릇을 쏟는 것이라고 합니다. 그러나 또 한편으로 생각하면 성공은 가득히 넘치는 물을 즐기는 도취임에 반하여, 실패는 빈 그릇 자체에 대한 냉정한 성찰입니다. 저는 비록 그릇을 깨트린 축에 속합니다만 성공에 의해서는 그 지위가 커지고, 실패에 의해서는 자주 그 사람이 커진다는 역설을 믿고 싶습니다.

신영복, 서화에세이 <처음처럼> 중에서

토의해 보기

01 현재 적용되고 있는 2022 개정 교육과정의 문제점을 미래형 교육과정의 주요 쟁점과 관련하여 토의해 보자.

02 학교교육에서 교육과정의 편성과 운영이 중요한 이유를 밝히고 교육과정 편성과 운영의 방법과 절차에 대해 설명하여라.

03 국가 수준의 교육과정과 시・도교육청 수준의 교육과정 운영 지침이 단위 학교교육과정과 어떤 관계가 있는지에 대해서 구체적으로 설명하여라.

04 단위 학교 중심의 '만들어 가는 교육과정'은 교육과정 편성과 운영에 있어서 어떤 의미를 지니고 있는가?

05 학교・급별 교육목표의 차이를 설명하고 학생의 성장과 어떤 관계가 있는지 토의해 보자.

CHAPTER

05 수업에 대한 이해

흔히 교사를 전문직이라고들 말한다. 전문직으로 인정을 받으려면 일반인이 갖고 있지 않은 전문적이고 체계적인 지식과 기술을 가지고 있어야 한다. 교사는 질적으로 효과적인 수업을 해낼 수 있는 전문가적인 지식과 기술을 지녀야 하며 이를 교실 내 수업장면에서 성실한 자세로 소신 있게 실천해낼 때 비로소 유능한 교사로서의 면모를 갖출 수 있는 것이다.

일반적으로 수업(instruction)이란 학생들이 수업목표를 달성할 수 있도록 내적 및 외적 환경을 체계적으로 조정하는 과정을 의미한다. 의미상으로 다소 차이가 있으니 교육현장에서 수업은 교수(teaching), 학습지도(learning guidance), 교수・학습지도 등과 혼용되고 있다.

수업은 교사가 수행해야 할 가장 중요한 활동이므로 교사는 수업의 요령과 기술을 습득해야 한다. 이 장에서는 좋은 수업에 대해서 생각해보고, 대표적인 수업방법과 수업의 단계별 활동 계획에 대해서 알아보고자 한다.

1 효과적인 수업 기술

1) 효과적인 수업과 교사의 핵심 행동

게리 보리크(Gery. D. Borich, 2000)는 효과적인 수업과 직결되는 교사의 다섯 가지 핵심 행동을 다음과 같이 들고 있다.

- 수업의 명료성
  교사가 수업에서 얼마나 명확하게 수업 내용을 설명하고 전달하는가를 의미한다.
- 수업 방법의 다양성
  수업 방법의 다양성은 수업에서 전달 방법의 다양성과 관계된다. 수업 방법의 다양성은 질문, 수업 자료, 수업 매체, 수업 공간을 잘 활용하는 것이다.
- 순수 수업 활동에의 전념 정도
  교사가 수업 시간 중에 순수하게 교과 내용을 가르치는 시간에 얼마나 많이 할애하고 집중할 수 있는가의 여부는 학생의 학습참여도에 관계한다.
- 학생의 적극적인 참여
  학생이 특정한 교과를 학습하는데 얼마나 많은 시간을 몰두하는가의 정도를 의미한다. 이는 교사의 순수 수업 활동에의 전념 정도와 교사의 수업내용의 양과 질에 관련성이 깊다.
- 학생의 학습 성공률
  이는 학생의 수업이해와 학습 성공률의 정도를 의미하는 것으로 수업내용의 난이도와 관계가 깊다(박승배 외 공역, 2002).

2) 수업 장면에 필요한 기법

(1) 수업장면에서 필요한 교사의 외모

교사가 학생들과의 대면에서 학생들에게 주는 첫인상은 매우 중요하다. 사회심리학적인 관점에서 인상형성에 대해 살펴보면 한 개인의 행동은 그가 대하고 있는 사람을 어떻게 보고 있느냐에 따라 달라질 수 있다는 것이다. 사람을 처음 보았을 때 그 사람의 내면적인 특성은 모르지만 그의 겉모습을 통해 인상형성(Impression formation)을 함으로써 성격, 취미, 능력, 감정 등을 짐작하며 한번 형성된 인상은 쉽게 바뀌지 않는다. 따라서 교사의 옷차림, 표정, 말씨 등에서 오는 첫인상은 수업에 영향을 미친다.

- 옷차림
  - 좋은 옷차림에 대한 취향은 사람마다 다를 수 있지만, 수업이 시작되는 학기초 한 달 정도는 단정한 옷차림(정장)이 좋다. 단정한 옷차림은 학생들에게 안정감과 신뢰감을 주고 교사로서 위엄을 줄 수 있다.
- 얼굴 표정
  - 표정은 사람의 심리 상태까지도 표현한다.
    학생들에게 호감을 주고 친근감을 주는 얼굴 표정이 필요하다.
- 시선
  - 학생들은 교사의 관심을 받고 싶어 하는 욕구가 있다. 특정 학생만을 집중해서 보는 것보다는 전체적으로 학생들 한 명 한 명과 부드러운 눈 맞춤을 유지하도록 한다.
- 교사의 언어 사용

  수업은 대부분 언어로서 이루어지며 언어는 의사소통의 중요한 도구이다. 언어를 사용할 때는 의사소통이 잘되도록 다음 사항에 유의한다.
  - 학생이 이해할 수 있는 쉬운 말을 쓴다.

- 자연스러운 대화체로 말하며 독특한 말버릇은 피한다.
- 속도, 크기 및 강약을 조절한다.
- 경어를 사용한다.
- 필요시 말을 멈추고(침묵으로) 주의를 집중시킨다.
- 활기찬 동작과 목소리로 수업에 열의를 보여야 한다.
- 말을 할 때 손이나 몸동작(제스처)을 통해서 이야기를 시각화하는 것은 학생들의 이해를 돕고 주의를 집중시킨다.

(2) 교사의 효과적인 발문 기술

발문과 질문은 공통적으로 묻는다는 점에서 같은 활동이라서 혼용해서 사용되는 경우가 많다. 발문과 질문을 개념상으로 구분하자면 발문은 수업목표를 향하여 학생들의 사고나 이론을 자극하고나 유발하고 발전시켜 나가기 위한 문제의 제기인데 알고 있는 자가 모르는 자에게 묻는 것이고, 질문은 자기가 모르거나 의심나는 것을 상대방에게 알아보거나 일정한 정보의 제공을 기대하면서 묻는 것으로 모르는 자가 알고 있는 자에게 묻는 것이다.

수업에서의 발문 기술은 효과적인 수업에 무엇보다 중요하다. 교사가 질문하고 교사가 대답하는 수업은 최악의 수업이고, 교사가 질문하고 학생이 대답을 하면 발전한 수업이며, 학생이 질문하고 교사가 대답하면 바람직한 수업이고, 학생이 질문하고 학생이 대답을 하면 최상의 수업이다. 효과적인 수업기술에서 발문하기는 매우 중요한 기술이다.

발문에는 수렴적 발문(convergent questions)과 확산적 발문(divergent questions)이 있는데 교과목에 따라 쓰이는 발문의 유형이 다르다. 교사는 발문을 통해 학생의 사고를 자극하고 학습 내용의 습득을 강화하며 학생들의 학습참여도를 유도할 수 있고 학생들의 주의를 집중시킬 수 있다.

- 효과적인 발문 방법
  - 수업 목표에 따라 다양한 발문을 한다.
  - 학습 지도 계획에서 이탈된 발문은 하지 않는다.
  - 구체적인 목적에 따라 순서를 정하여 발문한다.
  - 교과 내용의 논리적 계열의 순서에 따라 발문한다.
  - 학습자의 능력에 적합한 발문을 한다.
  - 한 번에 하나의 질문을 하는 것을 원칙으로 한다.
  - 특정 학생에게 반복적으로 발문하지 않는다.
  - 수업에 참여 학생들에게 골고루 발문한다.
  - 같은 발문을 반복하지 않는다.
  - 발문 내용을 구체적이고 명료하게 한다.
  - 공격적인 발문은 하지 말아야 한다.
  - 학생이 즉각적인 대답을 어려워하면 생각할 시간을 준다.
  - 학생의 사고를 활발히 자극할 수 있게 개방적인 발문을 한다.
  - 발문의 개념을 명확히 한다.
  - 구체적인 응답이 가능한 것을 발문한다. 너무 추상적이거나 막연한 발문은 피한다.
- 학생의 대답에 대한 교사의 반응
  - 관대하고 허용적인 분위기를 조성한다.
  - 학생들 답변에 대해 긍정적인 태도를 취한다.
  - 질문에 대한 답변 과정에서 곤란을 겪는 학생에게 용기를 준다.
  - 의외의 답변을 수용할 준비를 한다.
  - 학생의 답변이 적절치 않으면 지원적인 정보를 제공한다.
- 교사 발문에 대한 학생 답변의 처리
  - 발문한 후 약간의 시간을 주어 학생들이 생각해서 답변하게 한다.
  - 정답 여부와 관계없이 학생들 답변에 대해 진지하게 반응한다.

- 학생들이 생각하고 있을 때에는 조언을 해서는 안 된다.
- 해답은 교사에 의해서 반복되고 정리되며 판서하는 것이 바람직하다.

(3) 설명 기법

교사의 설명은 효과적인 수업 분위기를 상승시키고 학생을 집중시킬 수 있는 수업기법이다. 우선 교과서 내용을 전부 가르치기보다는 기본적인 개념과 원리를 강조해서 깊이 있게 가르쳐야 하며 교과서 내용을 학생들의 생활 속 경험과 관련지어 가르치면 효과적이다. 바람직한 설명 기법을 다음과 같이 제시할 수 있다.

- 수업의 첫머리에 수업의 목표와 수업내용의 개요를 제시한다.
- 수업내용 중 중요한 부분은 강조해서 설명하여 주의를 환기시킨다.
- 학생들이 쉽게 이해할 수 있는 재미있는 비유나 예화를 많이 사용한다.
- 수업 내용을 명료하게 설명하며 각 문장들은 상호 문법적·논리적으로 부드럽게 연결되도록 한다.
- 학생들의 태도에 맞추어 학생들과 상호작용을 유지하면서 설명한다.

(4) 경청기술

수업은 교사와 학생 간의 의사소통에 의한 상호작용이다. 좋은 수업을 위해서 교사가 학생의 의견이나 이야기를 잘 들을 수 있는 기술은 매우 중요하다. 교사가 학생의 말을 경청해 주면 교사와 학생 사이에 신뢰감이 형성되어 수업이 더 효과적으로 이루어질 수 있다. 따라서 교사는 학생을 대할 때 여유와 자상함을 가지고 경청하는 기술을 익혀야 한다.

(5) 수업분위기 조성과 교사의 권위

실제 수업에서 효과적인 수업기술들이 잘 활용되기 위해서는 우선 수업 분위기 조성이 중요하다. 한 명의 교사가 다수의 학생들과 상호작용하는 교실 수업 상황에서 군중심리 혹은 영웅 심리적인 학생의 행동은 수업 자체의 진행을 어렵게 하고 교사와 학생 간의 감정적인 대립을 유발시키기도 한다. 성공적인 수업과 바람직한 수업 분위기를 유지하기 위해서는 기본적으로 전문가로서 교사의 권위가 필요하다. 교사가 전문적인 권위를 가지면서 재미있고 알찬 수업을 진행할 때 수업 분위기가 조성되고 효과적인 수업이 이루어질 수 있다. 수업 분위기 조성에 있어서 새 학기 첫 수업시간은 매우 중요한 의미를 가진다. 이때 수업시간에 지켜야 할 규칙에 대해 나열해 주고 확인해 주어야 한다.

(6) 칭찬(강화)과 벌의 사용 기술

적절한 칭찬과 벌은 수업의 효과를 증대시키고 학생의 학습동기를 높여준다. 그러나 칭찬과 벌은 잘 사용되어야 하는데 특히 벌은 잘못 사용되면 오히려 학생들의 성장과 발달에 부정적인 영향을 미칠 수 있다. 강화와 벌을 구체적으로 살펴보면 〈표 5-1〉과 같다.

표 5-1 강화와 벌

강화		벌	
정적강화	부적강화	제1유형(수여성 벌)	제2유형(제거성 벌)
학생들을 만족시킬 수 있는 강화물을 줌으로써 의도한 행동을 유발하고 그 빈도를 증가시키려는 과정	학생들이 싫어하는 것을 제거하는 방법으로 의도하는 행동의 빈도를 증가시키고 유지시키는 과정	학생들의 바람직하지 않은 행동의 빈도를 줄이기 위해 불유쾌한 자극을 제공하는 것	학생들이 좋아하는 것을 제거함으로써 바람직하지 않는 행동을 감소시키는 것
칭찬, 교사의 웃는 표정, 전시된 작품, 좋은 성적, 상품과 상장	수업시간에 집중을 잘하고 질문을 잘하는 학생에게 청소 당번을 면제해 주는 것	물리적인 벌, 교사의 꾸지람	방과 후에 남는 것, 타임아웃

교직생활에 오래 몸담아온 중견교사들의 견해에 의하면 벌보다는 칭찬이 학생들을 동기화시키는 데 훨씬 바람직한 방법이라고들 한다.

강화와 벌을 사용할 때 유의해야 할 점이 있다. 부적강화는 이론적으로는 행동의 빈도를 증가시킬 수 있으나 오히려 상황의 회피(공부포기, 가출, 자살 등)라는 결과를 초래할 수 있어 매우 신중하게 사용되어야 한다.

벌은 되도록 사용하지 않는 것이 교육적으로 바람직하다. 특히 수여성 벌은 그 효과가 즉각적이라는 이점 때문에 쉽게 사용할 수 있으나 대부분의 교육학자들은 부정적인 견해를 보이고 있다. 물리적인 벌은 단기적으로는 학생에게 고통, 두려움, 모욕감, 심지어 육체적인 상해를 가져올 수 있으며 장기적으로는 폭력에 대한 무감각, 모든 문제를 물리적으로 해결하려는 성격 형성, 심하게는 정신질환성 스트레스 증상까지 야기할 수 있기 때문이다.

학교 현장에서 부득이하게 벌을 사용하게 될 때는 신중을 기해서 행해져야 하며 이때 고려할 점을 다음과 같다.

- 벌은 가급적 적게 주도록 한다.
- 벌은 행동을 한 직후나 도중에 즉시 준다.
- 벌은 시종(始終) 일관성이 있어야 한다. 벌을 주는 원칙을 정해두고 일관성 있게 주어야 한다.
- 벌은 감정이나 기분에 따라 주지 않아야 한다. 오히려 반항적인 반응을 일으킬 수 있다.
- 벌은 잘못된 행위에 대한 것이어야 한다. 벌을 주면서 학생의 인격을 손상하는 말을 하지 않도록 해야 한다.
- 벌을 주기 전에 행동의 원인을 이해하려고 노력해야 한다. 벌을 주기 전에 말로서 해명하는 기회를 제공하도록 한다. 벌을 통해서 사랑이 전달되도록 하면 더욱 효과적이다.
- 한 번 잘못한 행위를 자주 들추어내지 않도록 한다.

(7) 교사의 유머

교사의 유머는 학생들의 창의성을 신장시키는 데 있어 극히 중요한 자질이다. 즉 유머가 있는 교사는 학생들에게 친근감과 허용적인 분위기를 느끼도록 해 주기 때문에 수업에 대한 관심과 집중도를 높일 수 있다.

(8) 모니터링

교사는 수업이 진행되는 상황을 이해하려는 목적으로 수업 중 지속적으로 학생들의 언어적·비언어적 행동과 반응을 관찰해야 한다.

(9) 교수 효능감(teaching efficacy)

교수 효능감이란 교수행위가 학생들의 학습에 영향을 미칠 수 있다는 교사의 기대로 정의할 수 있다. 즉 교수행위가 학생들에게 효력을 지니며, 교사 자신이 효력을 발휘할 수 있는 능력을 가진 존재라는 믿음은 교사가 가져야 할 기본적인 자세이다(안범희, 2007).

3) 학습동기를 증진시키는 변인

학습동기를 증진시키는 변인으로서 교사와 관련하여 교사 역할에 대한 변인과 교수 방법에 대한 변인을 강조하기도 한다(임규혁·임웅, 2008).

(1) 교사 역할에 대한 변인

학생들을 동기화시킬 수 있는 교사 역할에 대한 변인으로 교사의 열정, 교사의 온정과 감정이입, 교사의 기대 등이 있다.

- 교사의 열정

Wlodkowski와 Jaynes(1990)는 교사의 열정이란 가르치는 내용이 중요하다는 사실을 끊임없이 학생들과 의사소통하는 것이라고 정의한다. 교사는 교과목에 대한 자신의 열정을 전달함에 있어 언어적 행동과 비언어적 행동 모두를 사용할 수 있어야 한다.

- 교사의 온정과 감정이입

수업장면 역시 교사와 학생의 관계성을 기초로 하는 인간 활동이며, 수업의 결과는 이러한 관계성에 영향을 받는다고 볼 수 있다. 온정은 교사가 인간으로서 학생을 대우하고 관심을 보여주는 능력이며, 감정이입은 학생들의 느낌과 생각을 이해할 수 있는 능력을 말한다.

- 교사의 기대

교사의 기대를 말할 때 흔히 사용되는 자성예언(self-fulfilling prophecy)이라는 용어로는 학생들이 교사의 기대에 매우 민감하다는 사실을 보여주고 있다.

학업능력이 떨어지는 학생이나 수업태도가 좋지 않은 학급에서 수업을 진행할 때 교사의 냉소적인 태도는 성공적인 수업결과를 얻어낼 수 없다. 그러므로 교사는 긍정적이고 적극적인 교실 풍토를 형성할 수 있도록 노력해야 한다.

(2) 교수방법에 대한 변인

학생들의 동기를 증진시키고 긍정적인 학업성취를 이끌어내기 위해서는 교수방법 역시 매우 중요한 역할을 한다. 교사는 수업내용에 따라 최적의 교수방법을 신중히 고찰하여 수업설계를 하고 적용할 수 있어야 한다.

4) 잘 가르치는 교사의 특징

수업은 매우 복잡하고 역동적인 과정이기 때문에 수업에서는 매우 다양한 기술이 활용된다. '수업에는 왕도가 없다.'라는 말이 있듯이 잘 가르치는 교사는 효과적인 수업기술을 적재적소에 잘 활용한다.

(1) 명쾌하게 가르친다.

- 수업내용을 분명하고 논리적으로 설명한다.
- 목소리가 분명하고 발음이 정확하다.
- 수업목표를 명료하게 제시한다.
- 선행조직자(advanced organizer)를 적절하게 제시한다.
- 선수학습과 관련지어 설명한다.
- 중요한 내용은 천천히 반복해서 설명한다.
- 적절한 예를 사용한다.
- 수업이 끝날 때 전체를 요약해 준다.

(2) 다양한 수업방법을 활용한다.

- 주의를 효과적으로 집중시킨다.
- 시선, 목소리, 제스처 등을 이용하여 열정적으로 수업한다.
- 다양한 강화방법을 사용한다.
- 확산적 사고를 고무한다.
- 비지시적인 방법으로 수업을 한다.
- 다양한 유형의 질문으로 사고를 자극한다.

(3) 수업업무에 충실하다.

- 수업준비에 많은 시간을 투입한다.
- 학생들의 질문에 적절하게 대응한다.
- 학생들의 독립적인 사고와 탐구를 격려한다.
- 학생들에게 필요한 수업준비를 안내한다.
- 수업내용을 조직화한다.
- 수업내용이 응용될 수 있는 수업계획을 세우고, 적절한 자료를 개발한다.
- 수업목표를 효과적으로 달성할 수 있는 수업 모형을 선택한다.
- 학습결과를 체계적인 계획에 따라 평가한다.
- 행정적이고 사무적인 일을 효율적으로 처리한다.
- 수업을 방해하는 요소를 적절하게 통제한다.

(4) 학생들의 참여를 격려한다.

- 학생이 수업에 적극적으로 참여하도록 유도한다.
- 연습문제나 과제를 풀면서 성취를 강화한다.
- 비평가적인 분위기에서 피드백을 제공한다.
- 필요한 경우 게임이나 시뮬레이션과 같은 동기 유발 활동을 활용한다.
- 학습과정에 능동적으로 참여하도록 고무한다.
- 학생들이 과제를 하고 있는 동안에는 자주 확인하고, 주의 깊게 살펴본다.

(5) 학생들의 성공을 촉진한다.

- 성공적인 수업을 위해서 설명 외에 다양한 방법을 고려한다.
- 선수학습의 내용과 관련시켜 수업계획을 세운다.
- 학생들의 잘못된 반응을 즉시 교정한다.

- 학습내용을 작은 단위로 나누어 학생들이 이해하기 쉽게 가르친다.
- 수업목표에 도달하는 속도를 학생에 따라 다르게 설정한다.

2 수업의 실제

1) 효과적인 수업 모형

(1) Glaser의 교수모형

학습내용을 정보로 간주하여 수업 과정을 막대한 양의 정보가 신속하고 정확하게 처리되는 컴퓨터의 구조와 기능에 비교한 것이 Glaser의 교수모형이다. 이 모형에서는 교수과정을 교사에 의한 연속적인 의사결정 과정으로 생각한다. Glaser의 교수모형은 [그림 5-1]과 같이 4단계로 도식화할 수 있다.

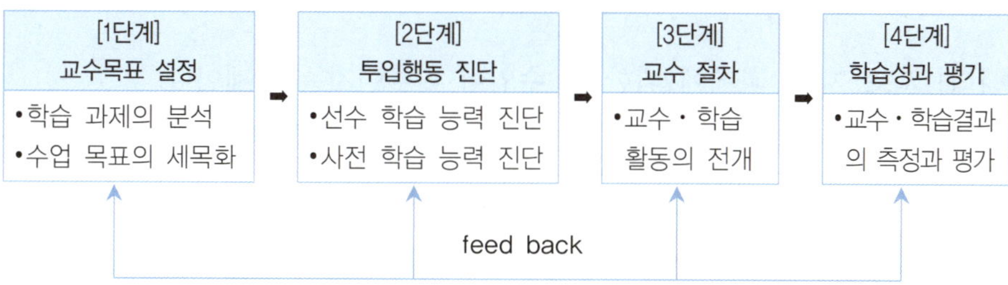

그림 5-1 Glaser의 교수모형

- **[1단계] 교수목표 설정:** 학습내용을 학습자가 쉽게 이해할 수 있도록 적절한 크기로 세분화하고 교수목표는 명세적 목표로 진술되어야 한다.
- **[2단계] 투입행동 진단:** 교수활동을 진행하기 전에 학습자들의 학습 정도 또는 수준을 진단하는 것으로 이전의 학습 단계에서 학습한 내용에 대한 학습자의 지적능력, 발달수준을 파악하는 단계이다.

- [3단계] **교수 절차**: 학습자에게 가르칠 내용을 교사가 직접 가르치는 과정으로 본시수업을 말한다. 이때 교수 절차는 교수 목표에 따라 진행되어야 한다.
- [4단계] **학습성과 평가**: 교수·학습의 성과를 평가하여 수업목표 달성도를 파악한다.

(2) 한국교육개발원의 수업 모형

[가] 계획	➡	[나] 진단	➡	[다] 지도	➡	[라] 발전	➡	[마] 평가
•학습과제 분석 •수업 계획 •실천 계획		•진단평가 •분류 •심화·교정 학습		•도 입 •전 개 •정 착		•형성평가 실시 •평가결과 토의 •분류 •심화·보충 학습		•총괄평가 •결과 검토 •결과 활용

그림 5-2 한국교육개발원 수업 모형

- [가] **계획**: 수업을 위해 교재 연구를 하며 수업 계획을 수립하는 단계이다.
- [나] **진단**: 학생들의 학습 준비 태세를 진단하고, 학습 결손을 교정해 주는 단계이다.
- [다] **지도**: 학습 과제에 대한 본 수업이 이루어지는 단계이다.
  - **도입**: 학습목표 제시, 학습 동기 유발, 선수 학습과 관련된 활동이다.
  - **전개**: 학습 과제의 내용을 제시하고 학생들이 이에 반응하며 학습하도록 한다.
  - **정착**: 일단 학습된 내용을 정리하고, 연습을 통하여 확실히 하며 새로 학습된 내용을 학생들의 지식 체제의 일부로 통합하여 내면화하고, 새로운 사태에 적용하며 일반화 내지 특수화할 수 있도록 지도한다.
- [라] **발전**: 지도 단계에서 학습된 내용에 대한 학생들의 학업 성취도를 평가해 보고(형성평가), 그 결과에 따라 심화 또는 보충 학습의 기회를 제공한다.
- [마] **평가**: 단위 학습 단계의 수업 결과를 종합적으로 평가한다.

2) 수업 단계별 수업 기법

(1) 수업에 대한 조직화 계획

수업진행 중에 필요한 조직화(organization)는 수업 중의 학습 활동을 어떻게 진행할 것인가에 대한 문제이다. 교사는 조직화된 수업을 이끌어나가기 위해서 사전에 치밀한 수업에 대한 연구와 계획이 전제되어야 한다. 조직화에는 관리상 조직화와 개념상 조직화가 있다. 관리상 조직화에는 예를 들면 수업을 정확히 정시에 시작하기, 사전에 자료를 준비하기, 수업진행 순서 설계하기, 수업 이외의 혼란을 최소화하기 등이 있으며, 개념상 조직화는 수업에서 요구하는 지식이나 개념을 학생들에게 논리적으로 명확하게 표현할 수 있도록 하는 것이다.

(2) 수업 단계별 수업 기법

수업의 단계는 수업방식이나 수업모형의 선택에 따라 달라질 수 있으나 학교 현장에서 일반적으로 도입 단계, 전개 단계, 정착 단계로 나누어 본시 수업을 진행한다. 각 단계별 수업 기법을 살펴보면 다음과 같다.

① 도입 단계

표 5-2 도입 단계의 과정 및 교사 행동

도입 단계(총 학습 시간의 10%)	
과정	교사의 행동 및 유의점
1. 출석확인	• 출석을 확인하면서 교실의 어수선한 분위기를 잠시 정리한다.
2. 선수학습 확인	• 전시학습 내용이나 본시학습에 관련된 선수학습 내용을 확인하다. → 선수학습은 수업이 계열화되어있는 교과에는 매우 중요하다.
3. 동기 유발	• 학습목표의 접근을 위해서 동기부여나 주의 집중을 유도한다.
4. 학습목표 제시	• 수업목표를 제시한다. → 수업목표는 구체적이고 행동적인 용어, 학습 후에 나타날 수 있는 학습의 결과로 진술한다. → 학생이 수업목표를 분명히 알게 되면 스스로 학습목표를 확인하게 되어 학습주의력을 높이고 학습의 효과를 높일 수 있다.

수업의 첫 단계로 한 시간의 효과적인 수업을 위한 수업 분위기를 조성하고 동기를 부여할 수 있는 단계로 그 중요성이 크다. 이 단계는 보통 출석확인, 선수학습(전시학습) 확인, 동기유발, 학습목표 제시의 과정을 거친다.

② 전개 단계

전개 단계는 도입 단계에서 형성된 분위기를 바탕으로 학습 전개 순서에 따라 학습할 수업내용을 구체적이며 논리적으로 진행하는 단계이다.

표 5-3 전개 단계의 과정 및 교사 행동

전개 단계(총 학습 시간의 80%)	
과정	교사의 행동 및 유의점
학습내용 전개	•수업내용은 체계적이며 단계적으로 조직되어 전개되어야 한다. •간단하고 쉬운 내용에서 복잡하고 어려운 것으로 진행되어야 한다. •수업 도중에 동기부여와 흥미를 유발시켜 주어야 한다. •학습자의 참여 의욕을 자극하고 학습자의 참여를 유도해내야 한다. •다양하고 효과적인 질문과 다양한 학습 자료를 활용해야 한다.

이 단계에서 무엇보다도 학생들의 참여를 유도하는 수업기술이 필요하므로 수업을 준비하는 교사는 본 수업을 계획하고 준비하는 과정에서 학생을 수업에 적극적으로 참여시킬 수 있는 방법을 치밀하게 구상하여야 한다. 보통 학생들은 들은 것은 쉽게 잊어버리고 본 것은 기억하며, 실제로 해본 것은 이해한다. 듣기와 보기 위주의 수업보다는 학생들의 능동적인 참여가 중요하다. 이 단계에서 사용될 수 있는 교수·학습의 형태는 교사주도학습(강의식, 탐구수업, 문제해결학습, 토의, 실험 등), 학생주도학습(프로그램학습, 관찰·견학·조사, 발표·토의·모의학습 등), 매체활동학습(수업프로그램, 수업보조프로그램 등)이 있다.

③ 정착 단계

정착 단계란 전개 단계에서 수업한 내용을 정리하고 확인하며 종합하는 단계이다. 이 단계에는 일반적으로 학습내용 정리, 형성평가, 차시예고 및 과제부여의 과정으로 구성된다.

표 5-4 정착 단계의 과정 및 교사 행동

정착 단계(총 학습 시간의 10%)	
과정	교사의 행동 및 유의점
1. 학습내용 정리	• 전개 단계에서 학습한 내용 중 학습목표와 관련지어 중요한 내용을 강조한다. • 주요 학습내용 및 학습요소를 요약하여 정리해 준다. → 학습내용을 정리하는 방법에는 교사가 말로 요약을 하거나, 시청각자료를 활용 하는 방법, 질문을 통해서 학습자 스스로 요약하게 하는 방법 등이 있다.
2. 형성평가	• 학생들의 학습목표의 도달 여부를 확인하는 방법으로써 형성평가를 실시한다. → 형성평가 후 반드시 피드백을 제공하여 학습효과를 진단해야 하며, 교수·학습 방법 개선에 활용한다.
3. 차시예고 및 과제부여	• 수업을 마치고 차시의 수업내용을 알려주며 수업 준비를 해오도록 한다. • 과제는 본시의 복습내용이나 차시의 예습내용 중 부담을 주지 않는 범위 내에서 제시하도록 한다.

(3) 본시 교수·학습 과정안의 작성

교수·학습과정안이란 어느 단위 시간에, 어떤 목표에 어떤 과정을 거쳐, 어떤 방법으로 어떤 자료를 이용하여 학습하게 할 것인가를 예상하여 그것을 한눈에 알아볼 수 있게 기술한 교수·학습설계도이다. 좋은 교수·학습과정안이 갖추어야 할 조건은 다음과 같다.

- 간단명료하고 목표 달성의 내용과 방법이 함께 나타나야 한다.
- 학습 원리나 교수법이 나타나야 한다.
- 작성자 이외에 다른 수업자도 쉽게 사용할 수 있어야 한다.
- 개인차에 따른 학습의 준비, 자료, 시간 배당, 평가 방법이 있어야 한다.

① 교수 · 학습과정안의 작성 요령

표 5-5 교수·학습과정안 작성 요령 예시

<table>
<tr><td>학년</td><td colspan="2"></td><td>단 원</td><td>대단원명과 소단원명</td><td>차시</td><td>소단원 차시/ 단원 총차시</td></tr>
<tr><td>주 제</td><td colspan="6">※본시 학습 내용의 가장 중심이 되는 내용을 간략히 기술</td></tr>
<tr><td>학 습
목 표</td><td colspan="6">※본시에 해당하는 목표를 좀 더 상세하게 행동(내용) 영역별로 구분하여 진술
※학습 후에 나타날 학생 행동이나 학습 결과를 명시적 동사로 진술</td></tr>
<tr><td rowspan="2">학 습
자 료</td><td>학 생</td><td>학생 준비 자료</td><td>유 형</td><td colspan="3">수준별 수업은 단계형 또는 심화·보충형 기재</td></tr>
<tr><td>교 사</td><td>교사 준비 자료</td><td>수 준
과 정</td><td colspan="3">수준별 수업은 기본과정, 보충과정, 심화과정 중 해당 과정 기록</td></tr>
<tr><td>수준
과정</td><td>단계</td><td>교수·학습 과정</td><td colspan="2">교수·학습 활동</td><td>시간</td><td>자료 및
유의점</td></tr>
<tr><td></td><td>수업
단계
구분</td><td>※활동의 핵심 내용 기록
※학습형태 기술
※학습집단 구성, 수행평가, 차시예고 등을 기록</td><td colspan="2">※학습내용 관련 동기유발
※학습내용에 대한 목표 확인 및 해결 방법 탐색
※학습자의 학습 활동</td><td></td><td>※ 교수·학습활동을 잘 하기 위한 유의사항과 학습자료의 활용을 기재함.</td></tr>
<tr><td>기본
과정</td><td>도입
전개
형성
평가</td><td>• 전시학습 상기
• 학습 목표 진술
• 기본과정 학습 및
• 수행평가
• 능력별 학습 집단 구성</td><td colspan="2"></td><td></td><td></td></tr>
<tr><td rowspan="2">심화
보충
과정</td><td rowspan="2">심화
보충</td><td rowspan="2">• 기본학습 재확인
• 개별화 학습
• 수행평가</td><td>보충과정 활동</td><td>심화과정 활동</td><td rowspan="2"></td><td rowspan="2"></td></tr>
<tr><td></td><td></td></tr>
<tr><td>종합
과정</td><td>정리</td><td>• 총정리
• 형성평가
• 차시 예고 및
• 과제 제시</td><td colspan="2"></td><td></td><td></td></tr>
</table>

※ 위의 내용은 교수·학습과정안 작성의 예시이며, 수업자에 따라 교과별 단원별로 효과적인 수업을 위해 다양한 방법으로 재구성하여 사용하고 있다.

② 교수・학습과정안 예시

표 5-6 초등학교 6학년 사회과 교수・학습과정안 예시

단원	2. 세계와 활발하게 교류한 고려		지도 교사	배○○
학습목표	지식・이해	고려와 주변 국가의 대외 관계를 알 수 있다.		
	기능	고려와 주변 국가의 대외 관계에 대한 자료를 조작하고 해석할 수 있다.		
	가치・태도	우리 조상들의 진취적인 기상을 본받으려는 태도를 가진다.		
수업 전략	학습모형	문제해결학습	학습조직	전체・모둠・개별학습
	활동방법	토의・토론 학습, 구성 학습	학습매체	연표・사료 학습

학습 단계 (시량)	학습요항 (활동조직)	교수・학습 활동(☆협력학습)	자료(□) 유의점(※) 평가(♠) 사고요소(▶) 5대역량 10대가치(★)
	수업들머리 인성교육	• 수업들머리 인성교육 - 우리 반 '도레미송'을 부르며 즐겁게 수업 시작하기	★ 정서적 역량 (긍정) [1] 도레미송 영상
문제 확인 및 탐색 (8′)	학습문제에 관심 가지기 (전체)	• '코리아'의 유래를 통해 학습 문제에 관심 가지기 - [2]에서 공통적으로 연상되는 것은 무엇인가? - 카타르 월드컵에서 세계인들은 우리나라를 어떻게 부를까? - 세계인들이 우리나라를 '코리아'라고 부르게 까닭은 무엇일까? ・고려 시대에 다른 나라와 교류가 활발해서 널리 알려졌기 때문이다. - 이번 시간에 공부하고 싶은 것은 무엇인가? ・고려의 대외 관계에 대해 공부하고 싶다.	★ 정서적 역량 (도전) [2] 카타르 월드컵 관련 사진
	학습문제 파악하기	• 학습 문제 확인하기 ♣ 고려와 주변 국가의 대외 관계 알아보기	★ 정서적 역량 (도전)
	용어 정의하기 학습활동 구체화하기	• 용어 정의하기 - 학습 문제에서 중요한 용어는 무엇인가? ・대외 관계 - 대외 관계는 구체적으로 어떤 것을 의미하는가? ・무역, 외교, 전쟁 등 • 이번 시간 학습 활동 알아보기 [활동 1] 고려의 대외 관계 조사하기 [활동 2] 고려의 대외 관계 지도 만들기 [활동 3] 고려의 대외 관계 발표하기	★ 지적 역량 (통합, 창조) ▶ 분석 ※ 학습 문제를 분석하여 학습 활동을 스스로 찾을 수 있도록 유도한다.

학습 단계 (시량)	학습요항 (활동조직)	교수·학습 활동(☆협력학습)	자료(□) 유의점(※) 평가(♠) 사고요소(▶) 5대역량 10대가치(★)
	문제해결 방법 탐색하기	• 문제 해결을 위한 방법 알아보기 - 고려의 대외 관계를 조사하기 위해 어떤 자료를 활용할까? · 교과서, 역사 연표, 역사 도서 등 • 자료를 어떤 방법으로 분석할까? - 무역과 전쟁, 외교에 관한 사례를 찾는다. - 친선 관계와 대립 관계로 분류한다.	
문제 해결 (27′)	고려의 대외 관계 조사하기 (개별→모둠)	• [활동 1] 고려의 대외 관계 조사하기 - 고려의 대외 관계를 조사해보자. 협력1 모둠끼리 배우기 ☆ 고려의 대외 관계에 대한 자료(③)를 찾고 분석하여 ④에 정리하는 과정에서 모둠원과 서로 협력하여 내용의 이해를 심화시킨다. 협력2 멘토–멘티 활동 ☆ 멘토–멘티 활동을 통해 역사학습을 어려워하는 학생들이 학습내용에 대한 이해도를 높이고 문제해결을 위한 자신감을 심어주도록 한다. - 고려와 무역을 했던 나라는 어느 나라가 있는가? · 송, 거란, 여진, 일본, 아라비아 - 고려와 전쟁을 했던 나라는 어느 나라인가? · 거란, 여진 - 고려와 외교 관계를 맺었던 나라는 어디인가? · 송, 거란, 여진, 일본 - 학생들의 발표 내용을 ⑤를 이용하여 ⑥에 정리한다.	③대외 관계 분석자료 (고려 연표, 사회 교과서, 사료) ④대외관계 분석표 ♠지식, 기능 ▶이해, 분석 ★ 지적 역량 (통합, 창조) 도덕적 역량(자율) 사회적 역량 (소통, 배려) ※ 협력학습을 통해 친구들의 다양한 의견을 경청하고 차이를 인정하는 과정에서 배움을 경험하게 한다. ⑤대외 관계 아이콘 ⑥고려 주변 지도
	고려의 대외 관계 지도 만들기 (모둠)	• [활동 2] 고려의 대외 관계 지도 만들기 - 고려의 대외 관계를 친선 관계는 파란색 화살표, 대립 관계는 붉은색 화살표로 표시해보자. · 고려와 각 나라와의 관계에 대해 모둠 토의·토론하기 · 토의·토론 결과에 따라 대외 관계를 ⑦에 표시하기 · ⑦에 따른 근거 마련하고 발표 준비하기	★ 지적 역량 (통합, 창조) ▶해석, 평가 ※대외관계에 대한 다양한 사건을 종합하여 판단하게 한다. ⑦고려와 주변 국가 백지도
	고려의 대외 관계 발표하기 (전체)	• [활동 3] 고려의 대외 관계 발표하기 - 고려의 대외 관계에 대해 발표해 보자.	★사회적 역량 (소통, 배려) ▶비교, 비판, 해석

학습 단계 (시량)	학습요항 (활동조직)	교수 · 학습 활동(☆협력학습)	자료(□) 유의점(※) 평가(♠) 사고요소(▶) 5대역량 10대가치(★)
		협력3 전체 토의 · 토론을 통해 집단 사고하기 ☆고려의 대외 관계에 대한 다른 모둠의 해석을 경청하며 자기 모둠의 생각과 비교해본다. ☆자신의 모둠과 다른 의견에 대해 질문하고 답변하는 과정에서 사고를 정교화 시킨다. · 고려와 송의 관계는 아주 좋았다고 생각한다. 왜냐하면 무역이 가장 활발했고, 전쟁을 한 번도 안 했기 때문이다. · 고려와 거란의 관계는 좋지 않았다고 생각한다. 왜냐하면 큰 전쟁을 세 번이나 했고 사신을 귀양 보내기도 했기 때문이다.	
		• 고려는 송이 거란에 침략당할 때 도와주지 않고, 국교도 끊겼는데 친하다고 할 수 있는가? • 사이가 좋지 않을 때도 있었지만 무역 횟수와 규모 등으로 볼 때 친하다고 할 수 있다. • 고려와 여진은 형제의 관계를 맺은 나라인데 관계가 나빴다고 할 수 있는가? • 고려가 자발적으로 맺은 관계가 아니라 힘이 약해 억지로 맺은 관계이기 때문에 나빴다고 할 수 있다.	※학생들 사이에 충분한 질의 · 응답이 이루어지도록 유도한다.
정리 및 적용 (5′)	학습내용 정리하기 (개별→전체)	• 학습내용 정리하기 - 이번 시간 학습을 통해 알게 된 점을 8에 한 문장으로 정리해 보자. · 고려의 대외 관계는 (시소)이다. 왜냐하면 여러 나라와 균형 있는 관계를 맺으려고 노력했기 때문이다. · 고려의 대외 관계는 (꿀벌)이다. 왜냐하면 나라의 발전을 위해 부지런히 무역과 외교 활동을 했기 때문이다.	8사회학습장 ♠지식 ▶종합 씨네틱스 기법 ★지적역량(통합, 창조) ※비유는 독창적으로, 이유는 정교하게 생각하도록 유도한다. 9우리나라와 일본의 관계 PPT ♠가치 · 태도 ▶적용 ★지적 역량(통합) ※역사적 사례를 생각하며 현재의 문제를 해결하려는 태도를 가지도록 유도한다.
	현재의 문제 상황에 적용하기 (전체)	• 우리나라와 일본의 대외 관계 생각해보기 - 우리나라와 일본의 관계는 9와 같다. 바람직한 대외 관계를 위해 우리나라는 어떤 노력을 해야 할까? · 고려가 거란이 전쟁을 많이 했음에도 무역을 해왔던 것처럼 우리나라도 독도나 역사 문제는 강하게 대처하면서도 좋은 관계를 유지하기 위해 노력도 해야 할 것이다 등	
	차시학습 알아보기	• 차시 알아보기 - 다음 시간에는 거란과 여진의 침략과 극복 과정에 대해 공부할 것이다. · 다음 시간에 공부할 내용을 확인한다.	

평가 영역	성취기준	평가기준			평가 시기	평가 방법
		상	중	하		
지식 · 이해	고려와 주변 국가의 대외 관계를 알 수 있다.	고려와 주변 국가의 대외 관계를 명확히 서술할 수 있다.	고려와 주변 국가의 대외 관계를 대략적으로 서술할 수 있다.	고려와 주변 국가의 대외 관계를 서술하지 못한다.	정리 및 적용	지필
기능	고려와 주변 국가의 대외 관계에 대한 자료를 조작하고 해석할 수 있다.	고려와 주변 국가의 대외 관계를 명확히 분류·해석할 수 있다.	고려와 주변 국가의 대외 관계를 대략적으로 분류·해석할 수 있다.	고려와 주변 국가의 대외 관계에 대한 분류·해석이 미흡하다.	문제 해결	관찰
가치 · 태도	우리 조상들의 진취적인 기상을 본받으려는 태도를 가진다.	우리 조상들의 진취적인 기상을 본받으려는 적극적인 태도를 가진다.	우리 조상들의 진취적인 기상을 본받으려는 태도를 가진다.	우리 조상들의 진취적인 기상을 본받으려는 태도가 다소 부족하다.	정리 및 적용	관찰

표 5-7 중2 과학과 교수·학습 과정안 예시

과목명	중2과학			지도교사	
단원명	6－1－1. 지층			차시	1/16
지도학급	2－11	지도장소	실험실(I)	지도일시	
학습목표	• 지층을 이루는 퇴적물을 통해 지층이 퇴적될 당시의 환경을 추리하여 발표할 수 있다.				
수업전략	수업 모형	• 탐구학습(소집단관찰학습) • 토론학습			
	학습조직	• 전체학습 → 모둠학습 → 전체학습			
	체험활동	• 실험: 입자의 크기와 퇴적 순서			
관련사이트	• 학교 홈페이지 사이버학습 > 2학년과학 > 목록251 > 6단원 > 1.지층				

단계	시간	학습 과정	교수·학습 활동	학습형태	자료 및 지도상의 유의점
도입	5분	전시 학습 확인	• 교사: 지층이란 무엇인가?(초5, 중1 과정 상기) 화성암/퇴적암/변성암 중에서 지층을 볼 수 있는 암석은? • 학생: 자신의 생각을 말한다.	전체 학습	• 학생 스스로 답을 찾아낼 수 있도록 주의한다. • 홈페이지의 수업용 탑재자료 도입 사이트를 활용한다.
		동기유발	• 교사: 선사시대의 인류의 역사는 유물과 유적을 통해 그 시대의 생활상을 알 수 있다. 역사시대 이전의 지구의 역사(당시 환경/생태계)를 알 수 있는 주요 자료는 무엇일까? • 학생: 지층과 화석입니다. • 교사: 지층을 보고 알 수 있는 것은 무엇일까요? • 학생: 자유롭게 자신의 생각을 발표해본다.		
		학습목표 제시·확인	• 교사: 본시의 학습목표를 제시하고 확인시킨다. • 학생: 학습목표를 인지한다.		

전개	35분	탐구 실험	• 실험: 입자의 크기와 퇴적순서 - 교사: 모둠별로 자갈 모래 진흙이 가라앉는 시간적인 차이를 실험을 통하여 관찰하도록 지시한다. - 학생: 모둠별로 실험 후 그 결과를 학습지에 작성한다.	모둠학습 (관찰 학습)	• 학습지(개인별)
		탐구 학습	• 모둠별 실험결과 분석 - 교사: 실험결과가 무엇을 의미할까요? • 해안가에서의 퇴적물의 퇴적현상 - 교사: 해안가에서 입자의 퇴적 모습을 관찰해 봅시다. • 역암: 얕은 곳/사암 – 깊은 곳/이암 – 아주 깊은 곳 - 학생: 질문에 답하면서 내용을 이해한다. • 지층을 통한 당시 환경 해석 - 교사: 지층을 통해 당시의 환경을 추적할 수 있다고 하는데 구체적으로 무엇을 알 수 있다는 것인가? - 학생: 퇴적된 알갱이의 종류를 보고 퇴적당시의 바다의 깊이를 알 수 있다./지층을 구성하는 암석 성분이나 암석표면의 모습을 통해 당시의 기후를 추적할 수 있다./지층 속에서 화석이 발견된다면 퇴적 당시의 환경을 알 수 있다. • 암석표기법과 지층해석 - 교사: 다음 4층으로 쌓여있는 지층을 보고 당시의 바다의 깊이에 대해 생각해봅시다. 예) 1. 역암 / 사암 / 셰일 / 석회암　2. 석회암 / 셰일 / 사암 / 역암 (결과) 바다가 차츰 얕아짐　바다가 차츰 깊어짐 (지각융기)　(지각침강) • 학생: 질문에 답하면서 해석할 수 있다. • 교사: 지층 누중의 법칙도 소개한다. • 학생: 듣고 잘 이해한다.	전체 학습 (토론 학습)	• 학생들이 스스로 답할 수 있도록 토론의 분위기를 조성한다. • 학습용 멀티자료를 통해 설명해 나간다(플래시 자료). • 이암과 셰일의 차이점을 간단히 설명해준다. • 학생 스스로 생각하여 답을 찾을 수 있도록 유도할 수 있는 단계별 질문을 계속한다. • 1,2 지층해석은 질문을 통해 학생과 함께 하도록 한다. • 암석입자의 크기와 당시의 바다 깊이에 초점을 두고 질문해 나간다. • 본시에서는 지각의 융기와 침강현상을 가볍게 설명해 주며 <조류운동> 차시에서 구체적으로 설명한다.
정착	5분	학습내용 정리	• 교사: 질문을 하면서 주요 학습내용을 정리한다. • 학생: 질문에 답하면서 학습내용을 잘 인지한다.	전체학습	• 질문을 통한 학습내용 정리
		형성평가	• 교사: 형성평가문항을 제시한다. • 학생: 형성평가문항을 풀이한다.		• 수업사이트 문항제시 • 평가 후 피드백 주기
		차시예고	• 6 – 1 – 2. 화석		• 표준화석과 시상화석 뜻 알아오기

(4) 교수 · 학습 형태 분류

① 강의형

표 5-8 강의형 교수 · 학습

구분	정 의	방법 · 특색	유의점 · 적용
강의법	주로 언어를 통한 설명과 해설에 의하여 학생을 이해시켜 나가는 교수방법	• 중요한 정보를 효율적이고 능률적인 교사의 언어로써 학습자에게 전달하도록 설계된 수업방법 • 교사 중심이며 학생들은 수동적임 • 다량의 정보를 짧은 시간에 교수할 수 있음	• 일방적 강의보다는 질의응답을 겸해야 효과적임 • 구체적 실례나 시청각 자료를 적절히 사용해야 효과적임 • 새로운 단원을 소개할 때, 학생들이 쉽게 수집할 수 없는 정보를 제공할 때 효과적임
문답법	질문과 대답에 의해서 학습 활동이 전개되는 형태	• 교수자와 학습자 사이의 상호작용을 전제로 교사의 질문에 학습자가 답변하고 학습자의 질문에 교수자가 답변하는 지도 과정을 통해 학습자의 주의를 집중시키는 방법 • 학습에 자극을 주어 적극적인 학습을 할 수 있음 • 사고력과 발표력을 길러주며 주체적인 학습이 가능함	• 단편적 질문 보다 연속적인 질문으로 학습자가 체계적 사고를 할 수 있도록 해야 함 • 질문은 학습자의 지적 활동을 개발하며 사고 작용을 자극하도록 전개되어야 하며 단지 교과서의 사실을 반복하는 질문은 학습자의 능동적인 사고를 자극하지 못함 • 이전에 습득한 사항의 정리 및 정착이 필요할 때, 학생의 주의를 환기시킬 때에 효과적임
시범 수업	어떤 기능이나 작업 과정을 학습시키기 위해 작업의 요령과 동작을 제시하는 방법	• 교사가 바람직한 행동 양식을 보여주는 동안 학습자는 관찰과 모방을 통해 혼자서 할 수 없었던 기능을 할 수 있도록 시도함 • 말이나 글로 묘사하는 것보다 학습과정을 더욱 분명하게 할 수 있음	• 시범은 학습자 전체가 관찰할 수 있도록 함 • 시범 후 학습자에게 연습할 기회를 줌 • 시범 중에 학습자의 반응, 문제점 등을 관찰하여야 함 • 운동 기능이나 외국어 학습, 특수 기능의 훈련에 적합함

② 토론형

표 5-9 토론형 교수 · 학습

구분	정의	방법 · 특색	유의점 · 적용
토의법	학습 목표에 적합한 토의 집단의 구성과 자유로운 토론을 통하여 문제 해결에 협력하며, 집단 사고를 통한 협동적 결론을 이끌어내는 학습방법	• 태도, 가치, 인생 문제 및 현실적 정책 문제 등에 각기 다른 의견을 가지고 있을 때 서로 의견을 발표함으로써 의견을 수렴하여 일정한 방향을 모색하는 데 효과적임	• 성공적인 토의를 위해 충분한 경험을 지닌 사회자가 필요함 • 사전에 충분한 준비를 해야 하고, 침묵하거나 소외되는 학생을 살펴 참가자 모두가 발언할 수 있도록 함 • 토의 학습의 목적은 토의 결과뿐 아니라 토의에 임하는 자세에 있음을 인식시킴 • 주제에서 벗어나 소모적인 논쟁이 되지 않도록 유의함

③ 놀이형

표 5-10 놀이형 교수 · 학습

구분	정의	방법 · 특색	유의점 · 적용
역할 놀이법	학생들에게 학습 내용과 관련된 가상 상황 속에서 역할을 대신 수행해 본 후 그 과정과 결과를 평가	• 실제 상황과 비슷하므로 현실감 있는 수업이 가능함 • 문제의 상황에 따른 다양한 역할을 연습함으로써 실생활에서 수행할 역할 수행 능력을 습득할 수 있음	• 역할의 조건이나 장면의 설정과 교육목표와의 관련성 여부를 파악해야 함 • 역할극에 대한 내용을 분석할 때 교사가 자신의 의견을 전달하기보다는 참여자 전체의 발언을 듣는 것도 중요함 • 가치, 태도 학습에 유리함
게임법	게임의 속성을 이용하여 학습자가 학습내용과 관련된 규칙 내에서 경쟁적인 요소를 첨가하여 학습목표가 달성될 수 있도록 구성한 학습방법	• 단순히 학습목표에 해당하는 가시적인 목표 외에 사람들과의 의사소통 기술, 참을성과 경쟁심, 호기심, 규율에 대한 존중감 등을 습득할 수 있도록 한다는 점에서 활용도가 높음 • 동료 간의 상호 학습이 가능 • 교육 환경이 흥미롭게 구성되므로 학습자의 동기를 높일 수 있음	• 게임 자체가 학습목표를 달성할 수 있도록 설계하는 것이 중요 • 게임의 방법 및 규칙에 대해 설명하고 진행하는 시간이 많이 걸림 • 지나치게 흥미만 강조할 경우 의도하는 학습목표 달성이 어려울 수 있음 • 게임이 끝나고 나서 총체적인 정리를 해주어야 함

④ 협동학습

표 5-11 협동학습

구분	정의	방법 · 특색	유의점 · 적용
과제 분담 학습	학습 능력이 각기 다른 학생들이 서로 협력하여 공동의 과제를 함께 공부하는 학습방법으로서, 집단 내의 동료로부터 배우고 동시에 가르치는 모형	• 5~6개의 집단 편성→학습 주제를 하위 주제로 나눔→집단의 구성원들은 각기 주제를 분담하여 학습 활동→각 집단에서 같은 부분 담당 학생들이 모여 토의 학습→원래 소속 집단으로 돌아가 집단 구성원에게 자기가 공부한 주제를 가르쳐줌→시험 후 개인별 점수 산출	• 교사의 주요 역할은 세분화될 수 있는 학습 과제를 선정하는 것 • 집단 내 각자가 서로 의지하며, 성과가 서로에게 도움이 될 수 있도록 지도 • 사회과나 기타 텍스트를 통한 학습을 중시하는 교과에 알맞음

⑤ 집단학습

표 5-12 집단학습

구분	정의	방법 · 특색	유의점 · 적용
그룹 학습 (버즈 학습)	참가자들을 소집단으로 편성하여 특정한 주제나 문제점에 대하여 토론	• 전원을 6명 정도로 그룹 편성→리더를 정하고 각 소그룹별 주어진 주제에 대해 토론→소그룹의 대표는 그룹의 결론을 전원에게 발표→교사는 전체 토의를 진행	• 의제는 참가자가 경험이 있거나 되도록 구체적인 것이 바람직함 • 집단 편성은 5~6명이 적당함 • 읽는 형식의 발표 지양 • 반드시 보충 설명과 질의 응답 과정이 있어야 함
브레인 스토밍	학생들을 6~10명 정도의 집단으로 구성하고 집단별로 창의적인 아이디어를 찾아내는 방법	• 사회자의 진행에 따라 주어진 문제 해결 방안을 자유롭게 토론하거나, 각자 새로운 생각을 많이 적어 보게 한 후에 분단원에게 발표하게 함. 이때 기록자는 하찮은 기록이라도 모두 기록하게 함	• 완전한 의사 표현의 자유가 허용될 수 있도록 환경 조성 • 아이디어 자체가 중요하게 다뤄질 수 있는 분위기 조성 • 새로운 아이디어가 가능한 한 많이 제시되도록 다음 <4가지 원칙>에 따라 실시함 ① 생각해 낸 어떤 아이디어도 비판하지 않는다. ② 자유로운 분위기를 조성한다. ③ 아이디어의 질보다 양을 추구한다. ④ 아이디어를 결합하여 새로운 아이디어를 만들어 낸다.

⑥ 자율학습

표 5-13 자율학습

구분	정의	방법 · 특색	유의점 · 적용
문제 해결 학습	학습자에게 해결할 문제를 주고 그것을 해결해 나가는 과정을 통해서 학습이 이루어지도록 하는 방법	• 학습자는 기존의 지식을 이용하여 주어진 문제를 파악하고 문제 해결 방안을 생각하며 해결을 위해 자료를 모으면서 학습을 진행 • 가장 중요한 목적은 학습자의 문제 해결 능력을 향상시키는 데 있음	• 문제 해결 상황을 만들 때 학습자의 능력, 흥미, 경험 등을 고려 • 자율적인 학습 분위기를 형성 • 학습자가 생각할 시간과 기회를 충분히 갖도록 배려
구안법	학생이 마음속에 생각하고 있는 것을 외부에 구체적으로 실현하고 형상화하기 위해 자기 스스로가 계획을 세워 수행하는 학습 활동	• 학습자 스스로에 의해 이루어지는 학습이기 때문에 정확한 동기가 있으며, 자주성과 주체성을 발전시킬 수 있음 • 활동을 이용하는 창의적인 방법이므로 창의성을 길러 줄 수 있음	• 교사는 학습자의 활동에 대한 일방적 평가 태도를 피하고 조언을 통해 학습자 스스로 자신의 활동을 평가하도록 지도 • 자신의 평가와 다른 학습자의 평가를 살펴봄으로써 상호 평가를 할 수 있도록 함

이병환 · 박미란(2013: 222~225).

3) 판서요령

- 판서 내용의 명료성, 정확성, 간결성이 보장되어야 한다.
- 학습자의 발달단계에 알맞은 판서라야 한다.
- 교사의 위치와 판서과정이 고려되어야 한다.
- 학습자의 참여가 보장되어야 한다.
- 글씨의 크기는 학습자, 교실의 밝기, 학습내용의 양 등이 고려되어야 한다.
- 판서유형과 교육적 가치

병렬형: 학습사항이나 학생의 발언을 나열 ○________________ ○________________ ○________________	대조형: 상, 하, 좌, 우에 각기 내용의 특색을 쓰고 그 차이를 비교·대조함 ○________ ○________ ○________ ○________ ○________ ○________
구조형: 수업 요점의 구조화 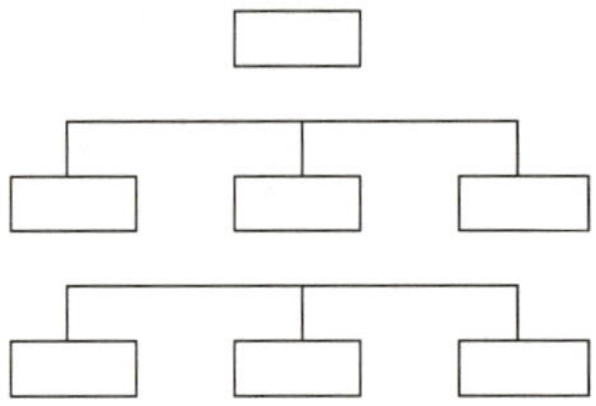	귀납형: 부분을 묶어서 전체를 이해 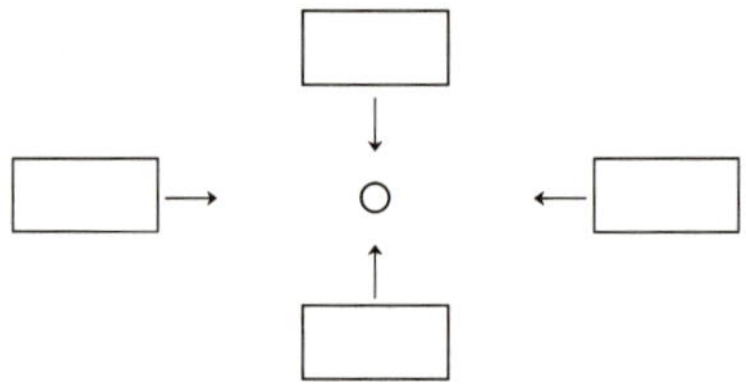
연역형: 전체를 통하여 부분을 이해 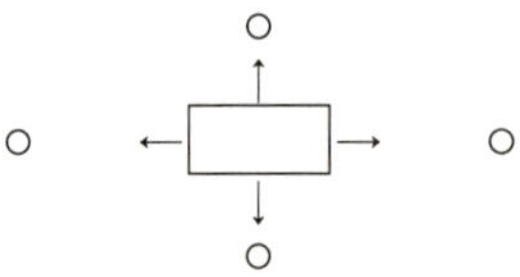	판서의 교육적 가치 • 학습의 기록(과정과 결과의 기록) • 학습의 보람을 맛보고, 새로운 문제에 도전하려는 의욕의 유발

4) 학습 자료의 활용

① 학습내용의 기본적인 개념 구조를 파악하기 위해서 교육과정 내용을 숙지하고, 교과서 및 필요한 보충자료(참고서 등)를 확보하여 활용한다.

② 교재 내용을 지역특성에 적합하도록 재구성하여 지도한다.

③ 각종 학습 자료들이 갖고 있는 교육적 특성과 활용방법을 올바로 이해하며 학습과제의 특성에 적합한 수업 매체를 선정하여 활용한다.

④ 교수·학습 자료와 각종 매체의 활용 과정에서 알고 있어야 할 사항

- 전달되어야 할 내용에 부합되는 자료인가?
- 교수·학습 형태와 적합한가?
- 학생들의 능력과 학습 형태에 적합한가?
- 학습 자료 또는 매체의 활용 상황은 적절한가?(정찬기오 외, 2016).

더 알아보기 수업을 마치는 시각은 종료 시각과 꼭 같아야 합니까? 또 차시예고는 반드시 필요합니까?

수업을 마치는 시각이 종료 시각과 꼭 같다면 학생들은 심리적으로 마치는 종이 울리기만 기다리는 상태에 이릅니다. 그러므로 반드시 마침 종과 같이 마치는 것은 바람직하지 못합니다. 그러면 마치는 종이 울리고 약간 늦게 마친다면 어떻게 되겠습니까? 간혹 정리가 덜 되어 마치는 시각이 조금 늦는 것은 할 수 없지만 습관적으로 마침 종이 울리고 수업이 늦게 마치는 것은 좋지 않습니다. 일단 주의가 산만해집니다. 학생들은 10분의 휴식시간 동안에 화장실에 가거나 다음 시간의 학습 준비도 해야 합니다. 수업 시간 이상으로 쉬는 시간도 확보해 주어야 합니다. 가장 이상적으로 수업을 마치는 경우는 수업이 종료되자마자 금방 종이 울리는 상태라고 합니다. 그것은 교사의 오랜 경험에 의하여 습관적으로 그렇게 된다면 더욱 좋습니다. 〈우리 선생님은 수업 시작과 마치는 시각이 아주 정확하셔!〉 하고 시간 관념에 철저해질 수 있으니까요.

차시예고는 형식적으로 반드시 해야 하는 것은 아닙니다. 예를 들어, 일주일 후에 공부할 내용을 차시예고 해 보았자 형식에 그치고 말 수도 있기 때문입니다. 그러나 다음 시간에 어떤 내용을 공부하는가를 안내해야 할 필요성이 있으면 해야 합니다. 차시예고보다 더 중요한 일은 그날 마지막 시간이 지난 즉시, 다음 날 공부할 예습 과제나 학습 준비물 예고를 하는 것입니다.

PLUS TiP | 학생이해

▌교사와 학생 유형의 차이점▐

• **교사의 유형**

첫째 유형, 말을 잘 하고 그 시간에 가르쳐야 할 내용에 대해서 잘 알고 있는 교사. 즉, 교수법이 훌륭하고, 수업 준비를 철저히 하는 교사라는 뜻이다. 가장 바람직한 교사일 것이다.

둘째 유형, 말을 잘 하지는 못하지만 자신이 가르쳐야 할 내용을 잘 알고 있는 교사.

교수법은 신통치 않지만 쉬지 않고 연구하는 교사라고 할 수 있다. 그는 효과적으로 전달을 하는 데는 문제가 있지만 최소한 몰라서 못 가르칠 만큼 무능하지는 않다.

셋째 유형, 말은 잘 하지만 그 시간에 무엇을 가르쳐야 할지 모르는 교사이다.

교수법은 탁월하지만 교재연구는 부실한 교사라고 할 것이다. 학생들은 그런 교사의 수업을 듣게 되면 그 시간에는 황홀하지만 남는 것이 없을 것이다.

넷째 유형, 말도 잘 못하고 자신이 무엇을 가르치고 있는지도 모르는 교사이다.

엉터리 교사라는 뜻이다.

• **학생의 유형**

첫째 유형, 수업내용을 쉽게 이해하지만 빨리 잊는 학생이다. 재능은 있지만 배워야 할 지식을 얻자마자 곧 잊어버리니 교사로서는 기대에 어긋나는 실망스런 학생일 수도 있다.

둘째 유형, 수업내용을 힘들게 이해하고 잘 잊어버리지 않는 학생이다. 그는 모르는 것을 어떻게든 익히려 노력하고 한 번 익힌 것은 쉽게 잊어버리지 않으며 잊어버렸다 해도 스스로 노력하니 교사가 보기엔 대견한 학생이기도 하다.

셋째 유형, 수업내용을 빨리 이해하고 잘 잊지 않는 학생이다.

수업 태도도 좋고 이해도 확실한 천재적인 학생, 그야말로 이런 학생을 만날 수 있다면 행운이라고 할 만큼 교사로서 최고의 기쁨일 것이다.

넷째 유형, 수업내용을 제대로 이해하지 못하고 알았다고 해도 빨리 잊는 학생이다. 그는 기본 학력이나 지능의 부족으로 교사의 설명을 이해하지도 못하고 모처럼 열성을 갖고 가르쳐도 복습을 하지 않으니 다음 날이면 다시 백지상태가 되는 학생이다.

이처럼 학생과 교사는 모두 네 가지 유형이 있다는 것은 공통점이지만 차이점도 있다. 교사가 어떤 유형에 속했든 관계없이 자신이 가르치는 학생이 어떤 유형인지를 파악하려면 많은 시간이 필요하지만 그 학생이 어떤 유형에 속했든 관계없이 자신의 선생님이 어떤 유형인지를 파악하는 데는… 빠르면 1시간, 늦어도 1주일이면 끝난다는 차이점이…

어느 중학교 국어교사, 네이버 지식 iN 오픈백과에서.

토의해 보기

01 학습자 중심의 지혜로운 교수・학습의 원리를 실제적인 예를 들어 설명하여라.

02 학생들의 창의적인 사고를 자극할 수 있는 교사의 발문 기술은 어떤 것들이 있는가?

03 수렴적 발문과 확산적 발문의 차이점을 설명하고 각각 어떤 수업 형태에 적용할 수 있는지 예를 들어 설명하여라.

04 여러분이 평소 생각하고 있는 주의집중 기술에 대하여 동료들에게 발표하고 비교해 보아라.

05 좋은 수업을 위한 마음 자세와 수업방법에 대해 설명하고 실제 시연해 보는 과정을 가져보아라.

CHAPTER

06 학생평가와 성적관리

오늘날 학교 현장에서 교육과정-수업-평가-기록의 일체화가 중요한 주제가 되고 있다. 교육과정-수업-평가-기록의 일체화는 기록을 하나의 연속된 교육활동으로 바라보고, 이를 통합적으로 운영하여 학생의 성장을 돕는 것을 말한다. 교육과정-수업-평가-기록의 4개 과정이 따로 진행하지 않고 구슬을 꿰듯이 하나로 연결시키는 것이다. 교육과정을 설계하고 그 교육과정을 수업으로 구현하며 성취기준에 맞게 과정중심 평가를 하고 관찰한 것과 평가의 누가 결과를 객관적 사실에 기초하여 기록하는 과정이다. 이 중에서도 평가가 중요하다. 평가가 수업방식을 결정한다고 해도 과언이 아니다.

이 장에서는 학생평가의 이론적 기초를 살펴보고 학생의 교과활동 평가와 관련된 학업성적관리 업무의 실제에 대해 살펴보기로 한다.

1 학생평가의 이론적 기초

1) 학생평가의 개념과 기능

(1) 학생평가의 개념 정의

학생평가는 교육활동에서 대단히 중요한 요소이다. 학생평가에 대한 개념을 다음과 같이 네 가지로 정리할 수 있다.

첫째, 학생평가는 학교교육을 통해 교육목표 달성 정도를 확인할 수 있게 해 준다. 학생평가를 통하여 학생의 교육목표 달성 정도를 확인하고 반성하는 정보를 획득한다. 학생평가는 교육목표가 얼마나 실현되었는지 그 정도를 밝히는 과정'이기 때문에 교사가 일정 기간 수업을 진행한 후 학습목표 달성을 확인하기 위해 평가를 실시하는 경우가 여기에 해당한다.

둘째, 학생평가를 '교육과 관련된 의사결정을 내리는 데 필요한 정보를 수집하는 활동 또는 그 과정'으로 정할 수 있다. 학생평가를 통하여 성적우수학생 선정, 상급학교에 진학하기 위한 학생 선발, 새로운 교육프로그램 도입에 대한 자료를 얻을 수 있다.

셋째, 학생평가를 '교육과 관련된 어떤 대상의 장점, 질, 가치 등을 판단하는 과정과 그 산물'로 정의한다. 이는 평가자의 전문적 판단에 초점을 두는 것으로 교육과정 재구성이나 수업계획 수립에서 평가결과는 유용성과 효과를 판단하는 기준으로 작용한다.

넷째, 학생평가는 학생의 교육적 성장과 발전을 돕는 의미를 가지고 있다. 평가를 통하여 학생들에게 지적인 성취감을 심어주고 내적인 동기를 유발할 수 있다. 학생평가를 통하여 학생의 성장과 발전을 가져오게 되기 때문에 교육적으로 중요한 의미를 가진다.

(2) 학생평가의 기능

학생평가의 의미는 '교육목적의 달성 정도를 판단하고 교육활동의 효율성을 가늠하는 교육의 반성적·자각적 활동 과정'으로 보고 있다. 이러한 평가의 기능으로는 학업성취도 평가 기능, 학습 결과의 진단과 치료 기능, 교육적 효과성의 평가 및 개선 기능, 교수·학습 계획과 교육연구의 개선 기능, 학습자 자신의 이해와 동기유발 기능, 교육 정치(educational placement)의 기능, 생활지도와 진로 상담에 필요한 자료 제공 기능 등을 예로 들 수 있다.

학교교육에서 학생평가의 기능을 구체적으로 정리하면 다음과 같다.

첫째, 개개 학생의 학업성취도를 평가하는 일이다. 교육이 목표지향적 활동이라면 교육에 의해 목표가 어느 정도 달성되고 있는지를 학생의 성취도를 확인하는 데서 가능해진다. 목표의 성취란 결국 교육과정에서 명시한 목표가 학생의 행동으로 실현되는 상황을 의미한다. 그러므로 개개 학생이 교육목표를 어느 정도 성취하고 있는가를 평가하는 일은 학생평가의 중요한 영역이 된다. 이러한 목적의 평가를 위해서는 학교 수준별, 학년별, 교과영역별, 단원별 교육목표가 명료화되어야 하고, 목표가 학생의 행동으로 실현되었을 때 나타나는 행동의 특징을 구체화하는 일이 중요한 선행과제가 됨을 이해할 수 있다.

둘째, 개개 학습자 또는 한 학급 전체가 직면하고 있는 학습 곤란 점을 진단하는 일이다. 학생평가란 것이 기본적으로 교육이 잘되게 하기 위한 수단이라고 한다면, 평가활동은 교육의 과정이 부드럽게 진행될 수 있도록 돕는 역할을 담당해야 한다. 교육의 과정이 부드럽고 원활하게 되려면 학생들이 교육을 받는 과정에 어려움을 느끼지 않는 조건이 요구된다.

셋째, 교육과정, 수업 자료, 수업 절차 그리고 학급 조직 등의 교육적 효과성을 평하는 일이다. 학생평가를 교육이라는 활동이 있은 후에 하는 것이라고 본다면, 결과는 교육프로그램에 의해 생긴 것이 되고 학업성취도의 결과는 교육프로그램의 질을 나타내는 것이 된다. 이 관계가 완전한 상관관계가 있지는 않지만, 교육프로그램의 질적 수준이 교육성취도의 질적 수준을 의미한다는 것은 인정할 수 있을 것이다.

넷째, 교육의 여러 문제를 이해하고 건전한 교육정책 및 일반정책을 수립하는 데 도움을 줄 수 있도록 전체 학생 집단, 그리고 성인 집단의 교육 진척도를 사정하는 역할을 한다. 전국적 평가 연구에서나 학력의 국제 비교와 같은 연구에서 잘 시사되고 있는 바와 같이, 전체 학생 또는 전체 국민이 꼭 습득하고 있어야 할 기본적 능력을 어느 정도 소유하고 있는지를 확인함으로써 교육정책의 방향과 대체적 방침을 수립하는 데 도움을 줄 수 있다(박도순 외, 2012).

2) 평가의 유형

학생평가의 유형은 평가대상, 평가영역, 성취목표 수준, 평가기능, 평가기준, 평가방법, 시간제한 여부 등에 따라 다양한 기준과 분류가 가능하다. 단위 학교에서는 평가기준에 따른 분류와 평가목적에 따른 분류 즉 교수·학습 과정의 연계에 따른 분류에 의한 평가가 주로 이루어지고 있다.

(1) 평가기준에 따른 분류

학생평가는 평가의 기준이 어디에 있느냐에 따라 규준지향평가(상대평가), 준거지향평가(절대평가)로 구분된다.

규준지향평가(normreferenced evaluation)

한 학생의 학업성취도를 학생 상호 간의 상대적 비교를 통해서 성적을 결정하는 평가방법이다. 한 학생의 성취가 얼마나 바람직하냐 하는 정도는 주어진 집단의 점수분포인 규준에 의해서 결정된다. 학생이 무엇을 얼마만큼 알고 있는지를 기반으로 하기보다는 규준을 설정하여 학생의 성취 정도를 상대적으로 비교하는 평가방식으로 학습자의 상대적 우열·위치에 관심을 둔다. 규준지향평가는 규준지향에 비추어 본 상대적인 서열로 개인의 성취 수준을 해석하는 평가방식이다.

따라서 규준지향평가는 비교적 간단하게 실시할 수 있다는 장점은 있지만, 한 집단의 점수분포에서 상대적인 위치에 따라 그 성취가 얼마나 바람직하냐에 따라 주어진 상대적 평점은 상대적인 해석만 할 수 있을 뿐, 평점의 절대적인 의미가 분명치 않다는 문제가 있다. 교수·학습 이론에 부적합하고 평가에 참여하는 개인의 상대적 우열만을 따지면서 학생들 간 경쟁심과 서열주의식 사고를 조장하는 등 많은 문제점을 노출하고 있다.

준거지향평가(criterion-referenced evaluation)

집단의 평균점을 기준으로 하여 개개 학생의 득점의 상대적 순위를 정하는 규준지향 평가와는 달리, 학생들이 알아야 할 지식과 기술을 알고 있느냐, 또는 모르고 있느냐를 따지는 데 주안점을 두는 평가 방법을 말한다. 학습목표 등의 절대적 준거에 비추어 학생의 성취 정도를 확인하는 평가로써 학생이 '얼마나' 성취하였느냐는 질문보다 학생이 '무엇을' 성취하였느냐는 질문에 더 관심이 있다. 주어진 기준 또는 교수목표의 달성도에 따라 한 개인의 성적이 결정되는 평가를 준거지향평가라고 말한다.

준거지향평가는 절대평가라고도 불리며, 학습자가 교육과정상의 준거 또는 목표에 도달하였는지 여부를 직접적으로 판단하는 평가방식이다. 최근 적용되기 시작한 성취평가제와 같이 우리나라 학교 현장에서 적극 활용되기 시작한 평가방식이기도 하다. 수준 설정과 같은 과정을 거쳐야 하므로 규준지향평가에 비해 절차상 복잡할 수 있으나 교육적으로는 규준지향평가보다 바람직한 평가방법이라 할 수 있다.

(2) 평가목적에 따른 분류

평가의 목적이 무엇인가와 관련하여 교수·학습 과정의 단계와 연계된 분류로 일반적으로 진단평가, 형성평가, 총괄평가 등이 있다.

진단평가(diagnostic evaluation)

수업이 시작되기 전에 학생의 수준과 특성, 출발점 위치를 확인하기 위해 실시되며, 학습 초기 상태에서 교수계획을 수립하고 정보를 얻기 위해 실시하는 평가이다. 진단평가를 통하여 선행학습의 결손을 진단하여 사전학습 능력을 판단하고 수집된 자료를 통하여 적절한 교수·학습 전략을 구안할 수 있다.

진단평가는 다음과 같은 목적을 달성하기 위하여 실시한다.

① 교수하려는 과정이나 과제 이해여부를 확인함으로써 학습 중복으로 인한 시간 경비의 낭비는 물론, 학습자의 학습 상실 등을 미리 예방하기 위하여 실시한다.

② 학습자의 흥미, 성격 특성, 신체적 특성 정서적, 경험의 배경, 적성 등을 밝혀 학습곤란에 대한 사전대책을 수립하기 위하여 실시한다.

③ 학생의 성취수준을 극대화하기 위하여 실시한다.

형성평가(formative evaluation)

교수학습이 진행되는 과정에서 학습자에게 피드백을 주고 교육과정 설계와 수업방법을 개선시키기 위해서 실시하는 평가를 말한다. 매 차시 교수·학습활동 과정에서 학생의 학습목표 도달도를 확인하는 평가이기 때문에 목표달성을 위한 수행과정에서 그 활동의 부분적인 수정, 보완, 개선에 필요한 정보를 획득하기 위해서 실시하는 평가가 형성평가이다.

따라서 수업의 질적 개선을 위하여 컴퓨터를 이용한 개별평가, 쪽지시험, 퀴즈, 수업시간 중 학생들의 질문이나 교사가 학생을 지명해서 하는 질문, 숙제 등을 통하여 학습목표가 달성된 정도를 확인하는 것은 모두 형성평가에 속한다. 형성평가는 학습과정에서 오류의 발견과 수정에 의한 학생의 학습촉진적 기능을 강조하는 반면에, 총괄평가는 선발, 자격인정, 책무성 확인을 위한 학습성과 확인적 기능을 강조하고 있다.

형성평가를 통해 학생의 학습목표 달성 여부를 판단할 수 있으며 피드백과 보상을 통해 학생의 학습동기를 유발시킬 수 있다. 또한 교사는 형성평가를 통해 수업방법을 개선할 수 있다.

총괄평가(summative evaluation)

교수 · 학습활동이 끝난 후 학생의 학업성취도를 종합적으로 확인하는 평가이다. 단원종합평가나 학기의 중간고사와 기말고사 등이 그 예이다.

총괄 평가는 학습자가 도달하도록 설정된 교육목표를 어느 정도 성취하였는지에 주된 관심이 있으며, 평가도구는 교육목표에 따라 결정되며, 표준화 검사, 교사 자작검사, 작품평가 등이 사용된다. 총괄 평가의 기능은 다음과 같다.

① 학습자의 성적을 결정한다.

② 학습자의 미래의 학업성적을 예측하는 데 도움을 준다.

③ 집단 간의 성적을 비교할 수 있는 정보를 제공해 준다.

④ 과제에서 제시된 학습목표와 학습자가 지닌 기능이나 능력, 지식이 부합하는지를 판단할 수 있게 한다.

(3) 평가방법에 따른 분류

지필평가

중간고사나 기말고사처럼 학생이 시험지의 문제에 답안을 작성하고, 교사는 학생의 답안을 채점해 학업 성취도를 측정하는 평가 방법이다. 수행평가와 달리 많은 학생을 동시에 평가할 수 있으며, 컴퓨터 등을 활용해 채점할 수 있는 장점이 있어 다양한 전형에서 활용하고 있다.

지필평가는 선택형 문항과 서답형 문항으로 구분된다. 선택형 문항은 선다형, 진위형, 연결형이 있고, 서답형 문항은 단답형, 괄호형, 완성형, 논술형이 있다. 일반적으로 고등학교의 선택형 문항은 수능 시험 형식에 맞춰 다섯 개의 보기 중에서 답을 고르는 오지선다형 중심으로 출제한다. 서답형 문항에는 학습 내용을 정확하게 기억하고 있는지 묻는 단답형에서 학생의 논리적 사고력을 평가하는 논술형까지 다양하게 출제된다.

수행평가

수행평가(performance assessment)는 학생이 자신의 지식이나 기능을 드러낼 수 있는 산출물을 만들거나, 또는 행동으로 나타내거나 답을 구성하도록 요구하는 평가 방식이다. 즉 수행평가는 배운 내용이나 지식, 그리고 습득한 기술이나 기능을 행위로 나타내는 정도를 측정하여 판단하는 평가방법으로 최근 일선 학교현장에서 성취기준평가와 함께 많이 강조되고 있다.

수행평가가 많은 교과영역에 적용되면서 선다형 문항에 의한 평가를 제외한 모든 평가방법, 즉 서술형 및 논술형 검사, 구술시험, 토론, 실기시험, 실험실습, 면접, 관찰, 자기평가 및 동료평가 보고서, 연구보고서, 포트폴리오, 나아가 역할놀이, 프로젝트, 신문활용 교육, 작품감상, 만들기, 심지어 운동 시합까지 수행평가라고 하여 학교 현장에서는 수행평가에 대한 개념의 혼돈, 나아가서 교수법과 교육평가 방법의 혼돈까지 야기하고 있다. 실험・실습이나 실기시험은 수행 능력을 평가할 수 있으므로 넓은 의미의 수행평가에 포함시킬 수 있으나 운동경기까지 수행평가라 하는 것은 수행평가에 대한 과도한 해석이다. 평가방법의 유형이 아니라 평가내용을 수행평가 여부의 판단 기준으로 삼는 것이 바람직하다.

수행평가는 선택형 위주의 전통적 평가방법보다 다양한 형태의 평가방법을 사용하여 다양 사고를 허용함으로써 학생들의 고등정신능력을 증진시킬 수 있는 방법으로서 우리 교육현장에서 다양한 교수방법과 함께 적용할 수 있는 평가방법이다. 수행평가의 목적과 평가 상황에 부합할 때, 수행평가의 교육적 순기능이 발휘될 수 있다. 수행평가의 목적에 부합하지 않거나 수행평가를 보편화할 수 없는 상황에서 수행평가를 실시한다면 제대로 실시해 보지도 못하고서 수행평가의 문제점만이 노출되어 선불리 수행평가는 올바른 교육평가 방법이 아니라는 결론을 내릴까 염려된다. 따라서 수행평가를 성공적으로 실시하기 위하여 각 교과 분야뿐 아니라 교육평가 분야에서 해결하여야 할 과제가 적지 않으며 동시에 학교의 교육환경 변화도 요구된다(성태재 외, 2012).

3) 평가의 순기능과 역기능

(1) 평가의 순기능

① 진단적 기능이 있다. 이것은 평가의 대상이 되는 사람, 사물, 자료 등에 대해 상태를 사전에 파악하는 기능을 말한다. 마치 의사가 환자를 치료하기 위해 환자의 증상을 정확히 진단하듯이, 교육에서도 학생들을 잘 가르치려면 학습자의 특성을 사전에 파악해야 한다.

② 형성적 기능이 있다. 수업이 진행되는 과정에서 실시되는 형성평가의 결과는 학생들의 학습진전에 대한 정확하고 의미 있는 정보를 제공하고, 이를 교수・학습과정에 피드백시킴으로써 결과적으로 학습활동이 효율적으로 이루어질 수 있도록 하는 데 도움을 준다.

③ 총괄직 기능이 있다. 총합평가의 결과에 의하여 학습자가 어느 정도의 지식, 능력, 기능을 갖추고 있는지 확인해서 합격・불합격, 자격의 유무 등을 최종적으로 판정한다. 또한 총합평가의 결과는 선발・분류・예언의 기능을 가지고 있다.

④ 동기유발의 기능이 있다. 어떤 특정한 목적을 달성하기 위한 수단으로 평가를 전략적으로 활용할 수 있다. 학생평가의 내용과 방법 여하가 학생들의 학습활동에 미치는 영향이 매우 크다. 대학입학시험에 어떤 내용을 어떻게 출제하느냐에 따라서 고등학교 학생들의 학습내용과 방법이 달라지는 현상이 그 좋은 예이다.

(2) 평가의 역기능

① 평가를 통하여 개인차를 변별하고 우열을 가려냄으로써 사람들 간 차별의 빌미를 제공한다는 점이다. 즉, 공부를 잘하는 학생과 못하는 학생, 우수아와 열등아, 합격자와 불합격자 등으로 분류되어 불필요한 차별과 낙인효과를 초래할 수도 있다.

② 평가받는 사람들에게 과도한 경쟁을 유발시켜 긴장과 불안, 스트레스를 준다는 점이다. 아무리 사소한 평가라도 다른 사람들로부터 일단 평가를 받게 되면 신경이 쓰이고 긴장하게 되는 것이 인간의 심리이다. 적정 수준의 경쟁심은 동기유발의 효과가 있으나, 지나친 배타적 경쟁을 조장하는 시험이 계속될 경우 학생들은 시험에 대한 불안감이나 공포감이 조성되어 정신건강을 해치게 된다.

③ 평가는 부당한 간섭과 통제로 작용할 수 있다. 어떤 외부의 힘에 의해 평가의 질적 관리 기능이 지나치게 강조될 경우 평가를 받는 내부의 사람들은 사기가 저하되고 자율성이 침해받을 수 있다. 누군가로부터 평가를 받고 있다는 사실 자체만으로도 평가받는 사람의 입장에서는 행동의 자율성이 제한되고 통제받는다는 느낌을 갖게 되는 것이다.

④ 평가의 전략적 기능을 지나치게 강화하다 보면 본말이 전도될 수도 있다. 자칫 잘못하면 본래 의도한 동기유발의 기능은 약화되고 전략적 기능 그 자체가 목적이 되는 수가 있는 경우이다. 예를 들어, 교육을 위한 수단으로 실시되던 시험이 차츰 시험 여하에 따라 교육이 좌우되는 현상을 우리는 주위에서 얼마든지 찾아볼 수 있다. 또한 학교교육의 질적 수준을 높이고 책무성을 제고하기 위하여 학교평가제도를 도입하였으나, 오히려 이 제도가 비교육적으로 역효과를 가져온다는 비판이 많다(이종승, 2011).

2 학생평가와 학업성적관리의 실제

1) 학생평가의 절차

(1) 교육(평가)목표의 분석 및 진술

교육을 통해서 달성시키려는 교육목표가 무엇인지 분석하는 작업이 이루어져야 한다. 교육과정에서 명시된 학년별, 교과별, 단원별 목표를 바탕으로 학습활동의 성취 기준을 상세화하여 학습목표를 설정하고 평가의 준거로 활용하여야 한다. 즉 교수목표 및 내용을 명확히 하기 위하여 가르쳐야 할 내용을 구체적으로 상세화하는 작업이 이루어져야 하고 이것을 평가하기에 적합하도록 진술하여야 한다.

(2) 문항분석표 작성

지필평가의 평가문제는 타당도, 신뢰도, 객관도 및 변별도를 높이도록 출제하여야 한다. 과거에는 평가대상을 내용과 행동의 두 차원에서 그 성격을 분명히 하고 종합화한 이원목적분류표를 작성・활용하였다. 평가 과정에서는 제한된 수의 문항만을 다룰 수밖에 없고 학습내용의 비중에도 차이가 있으므로 문항의 선택이 불가피하다. 이 경우 문항 선정이 특정 내용이나 행동목표에 편중되지 않도록 하기 위해 이원목적분류표가 필요했다. 최근에는 성취평가제가 도입되면서 학교 현장에서는 학년별, 교과별 성취기준과 평가기준에 따라 평가하는 방식으로 바뀌면서 문항분석표를 활용하고 있다. 문항분석표는 종래 이원목적분류표에는 없었던 출제문항별 성취기준을 제시하였다는 점에서 구분이 된다.

성취평가제란 상대적 서열을 매겨 누가 더 잘했는지를 평가하는 것이 아니라 학생이 무엇을 어느 정도 성취했는지를 평가한다. 성취평가제는 국가 교육과정에 근거해서 개발된 교과별 성취기준에 도달한 학생의 학업 성취수준을 평가해서 A–B–C–D–E 혹은 A–B–C로 성취도를 부여한다.

- **성취기준**은 학생들이 교과를 통해 배워야 할 내용과 이를 통해 수업 후 할 수 있거나 할 수 있기를 기대하는 능력을 결합하여 나타낸 활동의 기준을 의미한다. 성취기준은 각 교과목에서 학생들이 학습을 통해 성취해야 할 지식, 기능, 태도의 능력과 특성을 진술한 것으로, 수업이나 평가에서 실질적인 기준이나 지침 역할을 수행한다.
- **평가기준**은 학습 정도를 파악하기 위해 각 성취 기준에 도달한 정도를 상/중/하의 세 단계로 구분하고 각 단계에 속한 학생들이 무엇을 알고 있고, 할 수 있는지 기술한 것이다.
- **성취수준**은 단원 또는 영역에 해당하는 교수·학습이 끝났을 때 학생이 성취하기를 기대하는 지식, 기능, 태도에 도달한 정도를 수준별로 종합적이고 포괄적으로 기술한 것이다. 학교생활기록부의 세부 능력 및 특기사항 란에는 과목별 성취기준에 따른 성취수준의 특성 및 학습 활동 참여도를 문장으로 입력한다.
- **평가요소**란 교육과정 성취기준 도달의 증거로 학생들이 보여주기를 기대하는 핵심내용을 구체적으로 기술한 평가내용을 의미한다. 평가방법을 선정하고 채점기준을 만들기 위해서는 평가요소를 선정해야 하는데 평가요소는 평가의 목표와 특성을 고려하여 교육과정 성취기준에서 도출되며 학생들의 수행정도를 판단할 수 있도록 지식, 기능, 태도와 같은 구체적인 내용으로 기술한다.

표 6-1 고등학교 1학년 영어과(듣기) 지필평가 성취기준·성취수준 예시

교육과정 내용	성취기준	성취수준	
[10영01-01] 친숙한 일반적 주제에 관한 말이나 대화를 듣고 세부 정보를 파악할 수 있다.	[10영01-01] 일상생활이나 학업과 관련된 친숙한 일반적 주제에 관한 말이나 대화를 듣고 필요한 정보를 이해할 수 있다.	상	실생활 중심의 다양한 주제에 관한 말이나 대화를 듣고, 흐름을 이해하여 명시적으로 드러나지 않은 주제까지 파악할 수 있다.
		중	실생활 중심의 다양한 주제에 관한 말이나 대화를 듣고, 흐름을 이해하여 명시적으로 드러나는 주제를 파악할 수 있다.
		하	실생활 중심의 다양한 주제에 관한 말이나 대화를 듣고, 반복적으로 나타나는 어구나 단어를 통해 명시적으로 드러나는 주제를 부분적으로 파악할 수 있다.

교육과정 내용	성취기준	성취수준	
[10영01-02] 친숙한 일반적 주제에 관한 말이나 대화를 듣고 주제 및 요지를 파악할 수 있다.	[10영01-02] 실생활 중심의 다양한 주제에 관한 말이나 대화를 듣고 요지를 파악할 수 있다.	상	실생활 중심의 다양한 주제에 관한 말이나 대화를 듣고, 흐름을 이해하여 명시적으로 드러나지 않은 요지까지 파악할 수 있다.
		중	실생활 중심의 다양한 주제에 관한 말이나 대화를 듣고, 흐름을 이해하여 명시적으로 드러나는 요지를 파악할 수 있다.
		하	실생활 중심의 다양한 주제에 관한 말이나 대화를 듣고, 반복적으로 나타나는 어구나 단어를 통해 명시적으로 드러나는 요지를 부분적으로 파악할 수 있다.
[10영01-03] 친숙한 일반적 주제에 관한 말이나 대화를 듣고 내용의 논리적 관계를 파악할 수 있다.	[10영01-03] 실생활 중심의 다양한 주제에 관한 말이나 대화를 듣고 내용의 논리적 관계를 파악할 수 있다	상	실생활 중심의 다양한 주제에 관한 말이나 대화를 듣고, 논리적 순서를 정확하게 파악할 수 있다.
		중	실생활 중심의 다양한 주제에 관한 말이나 대화를 듣고, 맥락 정보를 활용하여 논리적 순서를 대체적으로 파악할 수 있다.
		하	실생활 중심의 다양한 주제에 관한 말이나 대화를 듣고, 맥락 정보를 활용하더라도 논리적 순서를 파악하는 데 어려움이 있다.
[10영01-04] 친숙한 일반적 주제에 관한 말이나 대화를 듣고 화자의 의도나 말의 목적을 파악할 수 있다.	[10영01-04] 일상생활이나 학업과 관련된 친숙한 일반적 주제에 관한 말이나 대화를 듣고 맥락을 통하여 화자의 의도나 말의 목적을 이해할 수 있다.	상	실생활 중심의 다양한 주제에 관한 말이나 대화를 듣고, 흐름을 이해하여 명시적으로 드러나지 않은 화자의 의도나 목적까지 파악할 수 있다.
		중	실생활 중심의 다양한 주제에 관한 말이나 대화를 듣고, 흐름을 이해하여 명시적으로 드러나는 화자의 의도나 목적을 파악할 수 있다.
		하	실생활 중심의 다양한 주제에 관한 말이나 대화를 듣고, 반복적으로 나타나는 어구나 단어를 통해 명시적으로 드러나는 화자의 의도나 목적을 부분적으로 파악할 수 있다.
[10영01-05] 친숙한 일반적 주제에 관한 말이나 대화를 듣고 화자의 심정이나 태도를 추론할 수 있다.	[10영01-05] 일상생활이나 학업과 관련된 친숙한 일반적 주제에 관한 말이나 대화를 듣고 화자의 심정이나 태도를 추론할 수 있다.	상	실생활 중심의 다양한 주제에 관한 말이나 대화를 듣고, 흐름을 이해하여 명시적으로 드러나지 않은 화자의 심정이나 태도까지 파악할 수 있다.
		중	실생활 중심의 다양한 주제에 관한 말이나 대화를 듣고, 흐름을 이해하여 명시적으로 드러나는 화자의 심정이나 태도를 파악할 수 있다.
		하	실생활 중심의 다양한 주제에 관한 말이나 대화를 듣고, 반복적으로 나타나는 어구나 단어를 통해 명시적으로 드러나는 화자의 심정이나 태도를 부분적으로 파악할 수 있다.

표 6-2 고등학교 1학년 영어과(듣기) 수행평가 성취기준 · 성취수준 예시

<table>
<tr><th>평가영역</th><th colspan="2">수행과정</th><th>실시시기</th></tr>
<tr><td>듣기</td><td colspan="2">영어듣기평가</td><td>4월</td></tr>
<tr><td>성취기준</td><td colspan="3">[10영01-01] 친숙한 일반적 주제에 관한 말이나 대화를 듣고 세부 정보를 파악할 수 있다.
[10영01-02] 친숙한 일반적 주제에 관한 말이나 대화를 듣고 주제 및 요지를 파악할 수 있다.
[10영01-03] 친숙한 일반적 주제에 관한 말이나 대화를 듣고 내용의 논리적 관계를 파악할 수 있다.
[10영01-04] 친숙한 일반적 주제에 관한 말이나 대화를 듣고 화자의 의도나 말의 목적을 파악할 수 있다.
[10영01-05] 친숙한 일반적 주제에 관한 말이나 대화를 듣고 화자의 심정이나 태도를 추론할 수 있다.</td></tr>
<tr><td rowspan="3">성취수준</td><td>상</td><td colspan="2">실생활 중심의 일반적인 주제에 관한 말이나 대화를 듣고, 내용의 흐름을 이해하여 명시적으로 드러나지 않은 요지까지 파악할 수 있다. 실생활 중심의 일반적인 주제에 관한 말이나 대화를 듣고, 세부 안내 정보를 정확하게 파악할 수 있다. 실생활 중심의 일반적인 주제에 관한 말이나 대화를 듣고, 내용의 흐름을 이해하여 명시적으로 드러나지 않은 화자의 의도나 목적까지 파악할 수 있다.</td></tr>
<tr><td>중</td><td colspan="2">실생활 중심의 일반적인 주제에 관한 말이나 대화를 듣고, 내용의 흐름을 이해하여 명시적으로 드러난 주제를 파악할 수 있다. 실생활 중심의 일반적인 주제에 관한 말이나 대화를 듣고, 세부 안내 정보를 대체적으로 파악할 수 있다. 실생활 중심의 일반적인 주제에 관한 말이나 대화를 듣고, 내용의 흐름을 이해하여 명시적으로 드러난 화자의 의도나 목적을 파악할 수 있다.</td></tr>
<tr><td>하</td><td colspan="2">실생활 중심의 일반적인 주제에 관한 말이나 대화를 듣고, 반복적으로 나타나는 어구나 단어를 통해 주제를 제한적으로 파악할 수 있다. 실생활 중심의 일반적인 주제에 관한 말이나 대화를 듣고, 세부 안내 정보를 제한적으로 파악할 수 있다. 실생활 중심의 일반적인 주제에 관한 말이나 대화를 듣고, 반복적으로 나타나는 어구나 단어를 통해 화자의 의도나 목적을 제한적으로 파악할 수 있다.</td></tr>
<tr><td>채점기준</td><td colspan="3">1. 매 학기마다 실시하는 시도교육청주관 고교생 영어듣기평가의 성적을 100점 만점으로 5% 환산하여 반영한다.
2. 부정행위자의 성적 처리 : 감독관의 판단하에 부정행위로 인정이 되면 즉시 그 사실을 학생에게 알리고 사실을 인정하는 본인의 자술서를 받아 당해 학생의 답안지와 함께 영어과 협의록에 첨부하고, 해당 영역의 수행평가 성적을 “0점” 처리
3. 결시생 및 전입생 처리
• **출석인정결석, 전입생**: 기준고사점수×결시고사교과평균/기준고사교과평균×(100%)
(※기준고사 점수는 영어듣기를 제외한 수행평가 영역의 개인 평균점수)
• **질병결석**: 기준고사점수×결시고사교과평균/기준고사교과평균×(80%)
• **기타결석**: 기준고사점수×결시고사교과평균/기준고사교과평균×(70%)
• **무단결석**: 최하점의 차하점 부여
4. 평가 미응시
본인의 의사에 의한 평가 미응시인 경우 (백지 답안지 제출 포함) “0점” 처리</td></tr>
<tr><td>배 점</td><td colspan="3">0~100점까지 원득점의 5%로 환산하여 반영한다.</td></tr>
</table>

다음 〈표 6-3〉은 문항분석표의 예시이다.

표 6-3 중학교 1학년 기술 · 가정 문항분석표 예시

년도 1 학기 기말 고사	1 학년	총 문항수 34 문항
고사 일시 년 07 월 08 일 2 교시	공동출제자: (인) (인)	
총점 100.00 점	선택형 80.00 점 서술형 20.00 점	

선택형 문항								
문항 번호	내용 영역	성취 기준	난 이 도			배 점	정 답	통과율
			어려움	보통	쉬움			
1	청소년기 신체 발달 변화	[9기가01-01]			○	2	2	64.52
2	청소년기 2차 성징의 특징	[9기가01-3]			○	2	3	95.70
3	성장의 개인차	[9기가01-01]			○	2	5	91.76
4	긍정적인 자아 정체감을 형성하기 위한 방법	[9기가01-01]			○	2	5	95.70
5	청소년기 자기중심적 사고의 특징	[9기가01-01]		○		3	3	87.46
6	청소년의 성에 대한 이해	[9기가01-03]			○	2	4	91.04
7	청소년기 사고의 특징	[9기가01-01]		○		3	1	81.72
8	청소년의 정서 및 사회적 발달 변화	[9기가01-01]		○		3	3	80.29
9	청소년의 성 역할	[9기가01-02]			○	2	3	89.25
10	청소년기의 성적 발달	[9기가01-03]		○		3	2	79.93
11	남성의 생식 기관	[9기가01-03]		○		4	3	65.95
12	여성의 생식 기관	[9기가01-03]	○			4	5	84.59
13	피임 방법	[9기가01-03]			○	2	2	87.10
14	임신의 과정	[9기가01-03]	○			4	5	89.61
15	건강한 친구 관계를 유지하기 위한 노력	[9기가01-02]			○	2	2	97.13
16	생활 자원의 종류와 특성	[9기가03-01]			○	2	3	82.08
17	시간 자원의 특성	[9기가03-01]			○	2	4	85.66
18	생활 시간의 분류	[9기가03-01]			○	2	3	66.67
19	시간 관리 방법	[9기가03-01]	○			4	4	75.63
20	소비자 정보의 원천	[9기가03-04]		○		3	4	76.70
21	구매 의사 결정 과정	[9기가03-04]		○		3	2	56.99
22	소비자의 권리	[9기가03-04]			○	2	2	97.49

23	소비자 문제 해결 과정	[9기가03-04]		○		3	3	83.15
24	천연 섬유의 종류와 특성	[9기가03-02]			○	2	2	46.59
25	인조 섬유의 종류와 특징	[9기가03-02]		○		3	5	47.67
26	옷감의 종류와 특성	[9기가03-02]		○		3	1	36.20
27	물세탁의 원리	[9기가03-02]			○	2	2	56.27
28	세탁 취급 표시	[9기가03-02]		○		3	5	47.31
29	의복의 손질과 관리	[9기가03-02]		○		3	4	44.80
30	친환경적인 의생활의 실천	[9기가03-03]		○		3	2	96.06
서술형 문항								
1	배란의 의미	[9기가01-03]	○			4	0	50.00
2	건강한 성 가치관 확립하기 위한 방법	[9기가01-03]	○			6	0	33.33
3	책임 있는 소비 행동	[9기가03-04]	○			6	0	53.33
4	친환경적인 의복 관리의 장점	[9기가03-02]	○			4	0	73.33
총 합 계			7	13	14	100.00	-	-
비율 (%)			21	38	41	100	-	-

(3) 평가문항의 제작

평가문항 제작의 기준

문항분석표 작성을 통해 평가문항 장면을 선정하고 검사 문항 형태의 특징과 상황을 고려하여 문항 형태를 결정하면 문항 제작기준을 고려하여 평가문항을 제작하여야 한다.

- 문항 내용과 평가목표가 일치하여야 한다.
- 단편적인 지식의 측정에서 벗어나 창의력, 문제해결력 등을 평가할 수 있는 복합적인 문항을 제작해야 한다.
- 내용이나 형식의 참신성이 있어야 한다.
- 학생에게 명확한 의미를 줄 수 있도록 체계적으로 구조화해야 한다.
- 학생들이 자기의 올바른 능력을 나타내고 표현하도록 동기를 유발할 수 있어야 한다.

- 난이도의 정도를 적절히 배분해야 한다.
- 윤리적·교육적으로 바람직한 내용이어야 한다.

문항의 유형

학생의 학업성적에 관한 교육평가는 크게 지필평가와 수행평가가 있으며 일반적으로 통용되는 문항의 유형은 다음과 같다.

- **지필평가**: 선택형(객관식)과 서답형(주관식)이 있으며 선택형에는 진위형, 선다형, 배합형이 있고 서답형(주관식)에는 완성형, 단답형, 논술형 등이 있다.
- **수행평가**: 서술형(논술형 포함), 구술시험, 토론법, 실기시험, 실험·실습법, 면접법, 관찰법, 보고서, 포트폴리오 등이 있다.

수준별 수업 시 평가방법

동일 내용을 수준별로 수업한 후 실시하는 평가는 기본 내용을 주로 하되, 동일 영역 내용을 난이도가 다른 문항의 배점으로 출제하고 그 문항 중에서 학생들로 하여금 선택하도록 하는 방법이 있다.

(4) 평가의 실시 및 결과 처리

평가 실시 후 평가에 대한 양질의 정보 제공 여부를 판단하기 위해서 문항을 분석하는 과정은 필수적이다. 문항의 난이도, 변별도, 반응분포 등 문항의 양호도 분석을 해야 한다.

문항의 난이도

'한 문항의 어려운 정도', 혹은 '한 문항에 학생들이 정답할 확률'로 정의된다(황정규, 2002). 문항의 난이도는 0~100%의 변산을 가진다.

문항의 변별도

문항변별도란 한 문항이 능력이 높은 학생과 낮은 학생을 변별해 내는 정도를 나타낸다(김재춘 외, 2005). 높은 점수를 받은 학생과 낮은 점수를 받은 학생을 양분하였을 때 상부 집단의 학생이 각 문항에서 정답하는 확률은 하부 집단의 학생이 정답하는 확률보다 의미 있게 높아야 한다. 그렇지 않다면 그 문항은 상하집단을 변별하지 못하는 것이다(황정규, 2002).

(5) 평가결과의 해석 및 활용

학생의 학업성적은 나이스시스템에서 관리되고 있어서 지필평가의 경우에 교과별 문항 분석을 쉽게 할 수 있다. 문항 분석 후 평가결과의 해석을 통해 학습 진단 및 교정지도 계획 수립, 교수・학습지도의 개선, 생활지도, 교육 정치(定置) 등으로 활용한다.

2) 학업성적관리 체제의 실제

(1) 학업성적관리의 법률적 체제

학생의 학업성적관리는 학교학업성적관리규정에 의해 관리・운영되고 있다. 학교학업성적관리규정은 매 학년도 초에 각 학교에 하달된 시・도교육청의 중・고등학교 학업성적관리지침에 준하여 학업성적관리위원회의 심의에 의해 당해 학교의 학업성적관리규정을 학교 실정에 맞게 개정・보완한다.

학교학업성적관리규정의 법률적 체제는 [그림 6-1]과 같다.

「초 · 중등학교법」 제25조

↓

「학교생활기록의 작성 및 관리에 관한 규칙」
(교육부령)

↓

「학교생활기록 작성 및 관리지침」
(교육부령)

↓

「중 · 고등학교학업성적관리지침」
(시 · 도교육청)

↓

(학업성적관리위원회) → 학교학업성적관리규정 ← (교과협의회)

그림 6-1 학교학업성적관리규정의 법률적 체제

(2) 학업성적관리위원회의 구성과 기능

학업성적관리위원회 구성

당해 학교는 시 · 도교육청의 중 · 고등학교학업성적관리지침에 따라 학업성적관리위원회를 구성한다.

- 위원장은 학교장으로 하며 학업성적관리위원회의 업무를 총괄한다.
- 부위원장은 교감으로 하며 위원장을 보좌하고 위원장 유고시 위원장을 대행한다.
- 위원의 수는 학교 규모에 따라 정하며, 교직원 중에서 교무분장 업무를 고려하여 학교장이 임명하고, 위원은 당해 학교의 학업성적관리 관련 업무에 대하여 심의한다.
- 학부모의 의견 수렴과 학업성적관리의 투명성 등을 확보하기 위하여 학교장은 약간 명의 학부모위원을 위촉할 수 있다.

학업성적관리위원회 구성 예시는 〈표 6-4〉와 같다.

표 6-4 학업성적관리위원회의 구성 예시

<table>
<tr><th>구분</th><th colspan="2">직 책</th><th>성 명</th><th>업 무</th><th>비고</th></tr>
<tr><td>위원장</td><td colspan="2">교장</td><td>000</td><td>성적관리위원회의 모든 업무 총괄</td><td></td></tr>
<tr><td>부위원장</td><td colspan="2">교감</td><td>000</td><td>위원장 보좌 및 위원장 유고시 위원장 대행</td><td></td></tr>
<tr><td rowspan="3">평가관리
위원</td><td>주무</td><td>연구부장</td><td>※000</td><td>평가관리 업무추진 총괄</td><td></td></tr>
<tr><td>평가관리
업무</td><td>교사</td><td>(000)
(000)
(000)</td><td>학교평가 계획 업무 처리
출제원안 및 이원목적분류표의 보안관리
성적처리 및 일람표 관리
결시자 성적처리 및 오류 정정·확인
체육특기자 성적 처리
답안지 전산처리 및 자료 보안 관리</td><td>평가1
평가2
평가3</td></tr>
<tr><td>전산관리
업무협조</td><td>교육정보
부장</td><td>※000</td><td>답안지 전산처리 및 자료 보안관리 협조
학생생활기록부 기록 점검·협조</td><td></td></tr>
<tr><td rowspan="3">성적관리
위원</td><td>주무</td><td>교무부장
3년부장</td><td>※000
※000</td><td>성적관리 업무 추진 총괄
고입 입학전형 업무 추진 및 3학년 성적 산출</td><td></td></tr>
<tr><td>학적관리
업무</td><td>교사</td><td>(000)
(000)</td><td>전입·전출학생 성적 확인과 출결상황 관리</td><td></td></tr>
<tr><td>표창업무</td><td>교사</td><td>(000)</td><td>각종 수상 학생에 대한 수상대장 관리</td><td></td></tr>
<tr><td rowspan="2">생활지도
관리위원</td><td>주무</td><td>학생부장</td><td>※000</td><td>행동발달평가(담임) 협조
학생 상벌 업무관리</td><td></td></tr>
<tr><td>진로상담
업무</td><td>진로상담계</td><td>(000)</td><td>학생상담 협조
표준화 검사 계획 처리</td><td></td></tr>
<tr><td rowspan="5">창의적
체험활동
관리위원</td><td>주무</td><td>창체부장</td><td>※000</td><td>창의적 체험활동 평가 총괄 관리</td><td></td></tr>
<tr><td>자율활동</td><td>교사</td><td>(000)</td><td>자율활동 평가관리</td><td></td></tr>
<tr><td>동아리활동</td><td>교사</td><td>(000)</td><td>동아리활동 평가관리</td><td></td></tr>
<tr><td>봉사활동</td><td>교사</td><td>(000)</td><td>봉사활동 계획, 실적, 업무 총괄 관리</td><td></td></tr>
<tr><td>진로활동</td><td>교사</td><td>(000)</td><td>진로활동 업무위원 관리</td><td></td></tr>
</table>

※ 교사는 학업성적관리위원이고 (　　　) 속의 교사는 업무 담당교사임.

심의 내용

- 학교학업성적관리규정 제·개정
- 각 교과협의회(학년협의회)에서 제출된 지필평가 및 수행평가의 영역·방법·횟수·기준·반영비율 등과 성적처리방법 및 결과의 활용
- 창의적 체험활동 상황의 평가기준 및 방법
- 행동특성 및 종합의견의 평가항목 및 방법
- 학업성적 평가 및 관리의 객관성·공정성·투명성과 신뢰도 제고 방안(평가의 기준·방법·결과의 공개 및 홍보 등)
- 학교생활기록부의 기재방법 및 기재내용 등에 관한 사항
- 기타 학교학업성적관리 관련 업무

(3) 교과협의회 구성 및 운영

교과협의회는 교과별로 구성하되 소규모 학교는 교과군별로 구성할 수 있으며 다음 사항을 협의하여 추진해야 하고 교과협의록을 작성하여 비치한다.

- 지필평가 및 수행평가 계획 수립
- 문항 개발에 따른 성취기준 및 평가기준 설정
- 채점 및 평가결과 분석·환류를 통한 교수·학습방법 개선
- 기타 교과 관련 협의 및 교과 특색교육 추진 등

3) 교과활동 영역 평가관리의 실제

(1) 평가의 목표·내용 및 방법

평가의 목표·내용 및 방법

- 교과학습의 평가(지필평가 및 수행평가)는 모든 학생들이 교육목표를 성공적으

로 달성할 수 있도록 돕기 위한 과정으로 실시하며, 학습 상황에 대한 평소의 평가와 계속 지도한 결과를 자료로 학생 개개인의 교과별 교수목표의 성취도와 학습수행과정을 평가하는 방법을 적용한다.

- 교수목표란 교육과정에 명기된 학년별 교과목표를 단원별로 상세하게 세분한 지도목표를 의미하며, 학년별·교과별 교수목표를 설정함에 있어서는 교과협의회를 통하여 교육과정 내용과 교과서 내용을 분석·활용한다.
- 각 교과별 지필평가 및 수행평가의 영역·방법·횟수·기준·반영비율 등과 성적처리방법 및 결과의 활용 등은 각 학교의 형편을 고려하여 교과협의회에서 정하고, 이를 학교학업성적관리위원회의 심의를 거쳐 학교장이 최종 결정한다.

지필평가

- 평가문항은 타당도, 신뢰도, 객관도 및 변별도를 높이도록 출제하고 평가의 영역, 내용 등을 포함한 이원목적분류표를 작성하여 활용하되 동일 교과담당교사 간 공동출제로 학급 간의 성적차를 최소화한다.
- 모든 출제 원안에는 문항별 배점을 표시하되, 평가의 변별력을 최대한 높이기 위하여 동점자가 가능한 한 생기지 않도록 가급적 100점 만점으로 출제하거나, 평가문항 수 증대, 문항당 배점 다양화에 유의하며 특히 수준별 난이도의 배열에 유념한다.
- 평가문제는 출제·인쇄 및 평가의 전 과정에서 보안이 유지되도록 철저히 관리하고 고사감독을 엄정하게 하여 부정행위를 미연에 방지한다.
- 채점 등 평가결과를 전산 처리할 경우, 교과담당교사는 전산처리 결과의 이상유무를 철저히 대조·확인하고, 그 결과를 학생 본인에게 공개하여 확인시키며, 이의신청이 있을 때에는 면밀히 검토하여 적절한 조치를 취하여야 한다.
- 성적처리가 끝난 답안지는 성적 산출의 증빙자료로 졸업 후 1년 이상 당해 학교에 보관한다.

수행평가

- 수행평가(Performance Assessment)는 교과담당 교사가 학습자의 학습과제 수행 과정 및 결과를 직접 관찰하고, 그 관찰 결과를 전문적으로 판단하는 평가방법이다.
- 교과협의회에서는 각 과목의 교육과정 및 학교와 교과의 특성을 감안하여 수행평가의 영역·방법·횟수·세부기준(배점)·반영비율 등과 성적처리방법 및 결과의 활용 등에 관한 수행평가 계획을 수립하여 학교학업성적관리위원회에 제출한다.
- 교과담당교사는 학교학업성적관리위원회의 심의를 거쳐 확정된 각 교과별 수행평가 계획과 평가 후 결과를 학생 본인에게 공개하여야 하며, 이의신청이 있을 때에는 면밀히 검토하여 적절한 조치를 취하여야 한다.
- 성적처리가 끝난 수행평가의 중요한 자료는 성적 산출의 증빙자료로 졸업 후 1년 이상 당해 학교에 보관하며, 상급학교 진학 시 입학전형권자의 요청이 있을 경우 이를 전형자료로 제공할 수 있다.
- 수행평가 결과물은 학생들의 이의신청·처리·확인 과정 등 적절한 조치가 완료되었을 경우, 학교장은 학업성적관리위원회의 심의를 거쳐 보관기간을 결정·시행한다. 단, 수행평가 성적을 기록한 성적일람표는 졸업 후 1년간 보관한다.
- 수행평가 점수는 점수화가 가능한 영역의 점수만 반영하되, 기본점수의 부여 여부, 부여 점수의 범위 등은 시·도교육청의 학업성적관리 시행지침에 의거 당해 학교의 학업성적관리규정으로 정한다.

(2) 평가관리

고사관리

감독 교사는 고사 시행에 있어서 고사 감독, 채점, 입력, 확인 등의 모든 과정을 학교학업성적관리규정에 의하여 시행하되 학업성적관리위원회의 심의를 거친다.

감독교사의 배치는 고사실당 2명을 원칙으로 하되, 학부모 시험 감독 보조, 복도 감독 배치 등 학교 실정에 맞는 시험감독 강화 방안을 강구하여 부정행위를 사전에 예방한다. 학교는 고사기간 중 담임교사의 자기학급 시험감독 배정을 배제하고 학생의 무선기기 휴대 등 부정행위 소지가 있는 일체의 행위를 하지 않도록 사전에 지도·차단하여야 한다.

채점 교사 배정

채점에 따른 객관성과 신뢰성을 확보하기 위하여 채점 위원을 구성하여 채점하며 채점 위원은 학교의 규모에 따라 3인 내외로 구성하되 채점, 초검, 재검의 역할 분담과 책임 한계를 명확히 한다.

채점 및 평가결과를 전산처리할 경우 교과담당교사는 전산처리 결과의 이상 유무를 철저히 대조·확인하여 그 결과를 학생 본인에게 확인시키고 이의신청이 있을 때에는 면밀히 검토하여 적절한 조치를 취해야 한다.

문제 인쇄 및 보안 관리

공정한 평가 관리를 위하여 보안 유지에 대한 계획을 수립하여 시행한다. 평가 문항 인쇄 기간 중 인쇄실은 통제 구역으로 관리하되 보안 책임자는 특별한 사유가 없는 한 행정실장이 맡는다.

평가결과 처리

교과발달 상황의 평가 시행 결과에 따라 담당 과목 지도교사가 학기 말에 입력한다. 실연(實演)을 통하여 실기를 평가하거나 학생 작품을 평가하는 경우에는 학생 앞에서 평가결과를 발표하는 등 신속한 처리를 하며, 평가결과에 대해 학생으로부터 이의신청이 있을 경우 적절한 조치를 취해야 한다. 담당과목 교사는 병결, 인정결석(경조사, 학교장 인정하의 체험학습 참가, 대회 참가), 가출이나 무단결석, 학교폭력 예방 및 대책에 관한 법률의 보호를 받고 있는 피해 학생, 생리결석, 특수학생 성적처리, 해외에서 귀국한 학생, 외국인 학생, 북한이탈주민 자녀 등의 점수를 산출할 때는 반드시 각 시・도교육청의 중・고등학교학업성적관리지침에 준하여야 하며 학교의 학업성적관리규정에 의한 학업성적관리위원회의 심의를 거쳐 인정점을 부여하여야 한다.

학업성적 평가 관련 자료(답안지, 누가기록부, 성적전표, 성적일람표 등)는 졸업 후 1년 이상 보관한다.

중학교 학업성적 평가 처리

- 과목별 성적일람표는 매 학기 말 교과담당교사가 작성하되, 지필평가(명칭, 반영비율 등 명기)와 수행평가(영역, 반영비율 등 명기)의 점수를 합산하고, 성취도와 석차(동석차수)/수강자 수를 산출한다(다만, 체육・음악・미술교과의 과목은 등급만을 산출). 단, 전산처리할 경우 전산 입력하여 관리함을 원칙으로 한다. 그 예시는 〈표 6-5〉와 같다.

표 6-5 2024학년도 제1학기 국어과 성적 일람표(중학교)

제1학년 (　　　　)반　　　　　　　　교과담당교사 (　　　　　　)인

평가방법(반영비율)		지필평가(60%)		수행평가(40%)				합계	성취도	석차/재적수
번호	반영비율 / 성명	1회 (30%)	2회 (30%)	말하기 (10%)	듣기 (10%)	읽기 (10%)	논술 (10%)	100%		
1	김길동	28.5	29.4	8.8	9.6	8.8	10	95.10	수	4(15)/532
2	나갈길	25.5	19.2	6	8	7	5	70.70	미	273/532

- 성취도는 지필평가 및 수행평가의 반영비율 환산 점수의 합계(성취율)에 따라 '수, 우, 미, 양, 가'의 평어로 평정한다. 단, 체육, 음악, 미술교과의 과목 등급은 '우수, 보통, 미흡'으로 평정한다.
- 과목별 석차는 매 학기별로 과목별 지필평가 및 수행평가의 반영비율 환산점수 합계에 의하여 산출하며, 수강자 수는 해당과목을 수강한 학생수로 한다.

- 과목별로 동점자가 발생할 경우에는 그 동점자 모두에게 해당 순위의 최상의 석차를 부여하고 (　　) 안에 동점자 수를 병기한다.
- 재취학, 전·편입학생과 유예, 면제 및 전출 학생 중 모든 평가가 완료되어 당해 학교의 학업성적관리규정에 의거 성적을 처리할 수 있는 학생은 수강자 수에 포함하고, 모든 평가가 완료되기 이전(학기 말 최종 성적처리 불가능)의 학생(유예, 면제 등)과 재취학, 전·편입학생 중 원적교에서 성적(성취도, 석차 등)을 취득해 온 학생은 수강자 수에서 제외한다.

고등학교 학업성적 평가 처리

- 과목별 성적일람표는 매 학기 말 교과담당교사가 작성하되, 지필평가(명칭, 반영비율 등 명기)와 수행평가(영역, 반영비율 등 명기)의 점수를 합산하고, 원점수, 과목평균, 과목표준편차, 석차(동석차수), 석차등급을 산출한다(다만, 체육, 음악, 미술교과의 과목은 등급만을 산출). 단, 전산처리할 경우 전산 입력하여 관리함을 원칙으로 한다.

그 예시는 〈표 6-6〉과 같다.

표 6-6 2024학년도 제1학기 국어과 성적 일람표(고등학교)

제1학년 (　　　　　)반　　　　　　　　　　　　교과담당교사(　　　　　　　　　)인

평가방법(반영비율)		지필평가(60%)		수행평가(40%)				합계	원점수	성취도	석차(동석차)/이수자 수
반영비율 / 번호	성명	1회(30%)	2회(30%)	말하기(10%)	듣기(10%)	읽기(10%)	논술(10%)	100%			
1	김하늘	28.5	29.4	8.8	9.6	8.8	10	95.10	95	1	4(15)/532
2	나바다	25.5	19.2	6	8	7	5	70.20	70	5	273/532
과목평균									82.5		
과목표준편차									10.1		

- 원점수는 지필평가 및 수행평가의 반영비율 환산 점수 합계를 소수 첫째 자리에서 반올림하여 정수로 기록하고 과목평균, 과목표준편차는 원점수를 사용하여 계산하며 소수 둘째 자리에서 반올림하여 소수 첫째 자리까지 기록한다.
- 과목별 석차등급은 지필평가 및 수행평가의 반영비율 환산 점수의 합계에 의한 석차순에 따라 다음과 같이 평정한다. 단, 등급별 누적 학생 수는 수강자 수와 누적 등급비율을 곱한 값을 반올림하여 계산한다.
- 학교별 학업성적관리규정에 동점자 처리규정을 둘 수 있으며, 가급적 동점자를 발생시키지 않도록 유의하고, 그럼에도 동점자가 발생하여 등급 경계에 있는 경우 중간석차를 적용한 중간석차 백분율에 의하여 등급을 부여하며 석차 누적비율은 중간석차 백분율로 사용한다.
- 석차는 매 학기별로 과목별 지필평가 및 수행평가의 반영비율 환산점수 합계를 소수 셋째 자리에서 반올림하여 소수 둘째 자리까지 구하여 산출한다.

학업성적관리의 단계별 업무 내용의 실제

학교에서 실제 이루어지고 있는 학업성적관리의 단계별 업무 내용의 실제는 〈표 6-7〉과 같다.

표 6-7 학업성적관리의 단계별 업무내용(중학교 예시)

구분	단계	관리내용	업무책임자	비고
계획	학교학업성적관리위원회 구성 및 평가계획 수립	학교학업성적관리규정 보완 및 규정관리, 연간평가 일정 계획 수립	교육연구부장, 평가계	수행평가 계획(교과협의회)
출제	계획 수립 및 출제	출제범위 확정평가의 객관성, 타당성, 공정성 유지	교과담임	교과협의회에서 협의, 동학년 교과담임 공동출제
		문항분석표, 출제원안, 정답해설서 작성 제출	교과담임	취합결재: 평가계
		나이스시스템에서 정답 및 배점표 작성	교과담임	
지필 평가 관리	문제지 인쇄	인쇄 관리	행정실장	
	문제지 관리	인쇄 후 인계관리 보관	교육연구부장	
	부정행위 예방지도	부정행위 사전 예방지도 전자기기 회수 및 보관	학급담임	
	응시현황 파악	반별 응시현황 파악(칠판에 현황기록) 결시자 파악	학급담임	인정결석(질병, 기타 사유) 시 증빙서류 평가계에 제출
	고사관리	문항지 답안카드 분배	감독교사	
		결시자 답안카드 작성		
		부정행위자 감독 철저		
		답안카드 회수 및 검수		
지필 평가 성적 처리	답안지 확인 및 인수	답안지 매수 일치여부 확인	평가계	불일치 시 주무부에 연락 확인
	선행 작업	카드 리딩 및 파일 올리기	평가계	
	채점	나이스시스템에서 채점	교과담임	
	결시자 성적 처리	성적관리 규정에 따른 결시자 성적처리	평가계	
	성적결과 확인	담당학급 성적결과 출력 후 개별학생에게 공개	교과담임	학생의 이의가 있을시 반드시 확인
	성적마감 처리	나이스시스템에서 성적 마감 처리	교과담임	
	학급별 일람표 확인	학급별 일람표에 학생 개별서명	학급담임	평가계에 제출(해당 학생 졸업 후 1년 이상 보관)
	결재	성적처리 결과 결재	평가계	나이스시스템상의 결재
학업 성적 결과 정리 및 관리	성적표출력 및 발송	나이스시스템에서 담임의견 입력 후 출력 발송	학급담임	
	성적관련 자료 보관	성적처리 관련자료 정리 및 보관	평가계	나이스시스템상에서 자료 보관
	자료 활용	각 과목별로 평가결과 피드백	교과담임	
	교과별 세부 능력 기록	교과별 세부능력이 뛰어난 학생을 기록	교과담임	
	생활기록부 작성	교과발달 상황 자료 반영	학급담임	

더 알아보기 이원목적분류표와 문항분석표

평가목표가 어떤 성질의 목표로 구성되어 있는지를 확인하고 점검하는 절차가 교육목표 분류작업이다. 전통적인 방법은 내용과 행동으로 구성된 목표의 이원분류 체계이다. 이원목적분류표는 세로에는 내용 요소, 가로에는 행동 요소(지식, 이해, 적용 등)를 교차시켜 목표를 이차원적으로 분류하는 방법이다. 이원분류표는 학습목표 설정의 타당성, 포괄성, 위계성을 점검할 수 있다는 점에서 효율적이다. 그러나 내용 차원의 요소가 결정되었을 때 그 요소를 통합하는 문항을 추출하기가 곤란해진다. 또한 행동 차원에서 오직 각 요소에만 해당하는 문항을 만들기가 어렵다는 점도 있다. 이원목적분류표의 작성은 학습결과를 평가하기 위한 청사진이 되며, 문항작성의 구체적인 지침이 된다. 또한 교과나 단원의 학습목표와 평가활동을 연결시켜 주는 교량적 역할을 수행한다.

평가목표가 어떤 성질의 목표로 구성되어 있는지를 확인하고 점검하는 절차가 교육목표 분류작업이다. 전통적인 방법은 내용과 행동으로 구성된 목표의 이원분류 체계이다. 이원목적분류표는 세로에는 내용 요소, 가로에는 행동 요소(지식, 이해, 적용 등)를 교차시켜 목표를 이차원적으로 분류하는 방법이다. 이원분류표는 학습목표 설정의 타당성, 포괄성, 위계성을 점검할 수 있다는 점에서 효율적이다. 그러나 내용 차원의 요소가 결정되었을 때 그 요소를 통합하는 문항을 추출하기가 곤란해진다. 또한 행동 차원에서 오직 각 요소에만 해당하는 문항을 만들기가 어렵다는 점도 있다. 이원목적분류표의 작성은 학습결과를 평가하기 위한 청사진이 되며, 문항작성의 구체적인 지침이 된다. 또한 교과나 단원의 학습목표와 평가활동을 연결시켜 주는 교량적 역할을 수행한다.

이원목적분류표는 교과의 성격에 따라 다양하게 사용되고 있다. 이원분류가 가장 보편적으로 사용되고 있으나 경우에 따라서는 삼원목적분류를 해야 할 때도 있다. 국어 또는 외국어 교과의 평가에서 내용을 현대문, 어휘, 고어, 문법으로 구분한 다음 기능적 측면을 읽기, 듣기, 쓰기, 말하기로 나누고 행동을 지식, 이해, 적용, 분석, 종합으로 구분해서 평가하려고 한다면 삼원목적분류를 해야 한다. 또한 내용과 행동의 분류 유목을 어느 정도 세분할 것인지를 검토해야 한다. 예컨대 지적 영역의 행동을 지식, 이해, 적용, 분석, 종합, 평가로 나눌 것인지 또는 분석, 종합, 평가를 적용에 포함시켜 지식, 이해, 적용 등 세 가지로 단순화시킬 것인지에 대하여 신중하게 검토해야 한다.

최근에는 성취평가제가 도입됨에 따라 이원목적분류표에 각 문항별 성취기준을 추가적으로 진술하고 있는데 이 보완된 평가표가 문항분석표이다. 여기에서 문항별 성취기준이 바로 평가목표를 의미한다. 학교급별 교과별 성취기준은 교육부의 학생평가지원포털(https://stas.moe.go.kr/)에 제시되어 있다.

PLUS TIP | 생명의 소중함

❙ 콜럼버스의 달걀 ❙

콜럼버스(Christopher Columbus, 1451~1506)의 달걀은 발상전환의 전형적 일화입니다.

발상의 전환 없이는 결코 경쟁에 이길 수 없다는 신자유주의의 메시지로 오늘날도 변함없이 예찬되고 있습니다. 아무도 달걀을 세우지 못했지만 콜럼버스는 달걀의 모서리를 깨트림으로써 쉽게 세웠습니다. 그러나 그것은 발상전환의 창조성이라고 하기보다는 생명 그 자체를 주저 없이 깨트릴 수 있는 비정한 폭력성이라 해야 합니다. 다른 사람들이 감히 달걀을 깨트릴 생각을 하지 못했던 것은 그것이 생명이기 때문입니다. 달걀이 둥근 모양인 것은 그 속의 생명을 안전하게 보호하기 위해서입니다. 모가 지지 않고 둥글어야 어미가 가슴에 품고 굴리면서 골고루 체온을 전할 수 있기 때문입니다. 타원형의 모양으로 만들어 멀리 굴러가지 않도록 하거나 혹시 멀리 굴러가더라도 다시 돌아오게 한 것은 모두 생명을 지키기 위한 고뇌의 산물입니다. 그러한 달걀을 차마 깨트리려는 생각을 하지 못하는 사람과 그것을 서슴없이 깨트려 세울 수 있는 사람의 차이는 단지 발상의 차이가 아닙니다. 인간성의 차이라고 해야 합니다. 이것은 콜럼버스 개인의 이야기가 아님은 물론입니다. 그것을 천재적인 발상전환이라고 예찬하고 있는 우리들의 이야기임은 말할 나위도 없습니다.

신영복, 서화에세이 <처음처럼> 중에서.

토의해 보기

01 여러분이 맡을 교과목에 대한 학년, 교과, 단원을 선정하고 5문항 정도의 문항분석표를 작성해 보자.

02 영어 (수학) 교과에 대해 수준별 수업을 하는 반의 지필평가 전략을 세워보자.

03 한 학급에서는 성적이 우수한 학생과 뒤떨어지는 학생 등 여러 수준의 학생이 혼재되어 있다. 학생들의 성취 수준을 고려한 평가방식을 어떻게 운영할 수 있는가?

CHAPTER 07

장학활동

일반적으로 장학은 교육활동 전반에 걸쳐 교육목표를 효과적으로 달성하기 위하여 이루어지는 전문적 · 기술적 봉사활동을 말한다. 학교에서 교육목표는 교육의 질 개선에 있고 이는 교사의 전문적인 성장을 통하여 이루어지기 때문에 보통은 장학을 교사에게 제공되는 전문적인 지도나 조언으로 설명한다.

이 장에서는 장학의 의미와 장학의 종류별 특징을 살펴보고 장학활동이 학교문화 개선에 어떤 역할을 하는지에 대해 살펴보기로 한다.

1 장학의 개념과 원리

1) 장학의 개념

장학은 'Supervision'을 번역하여 사용하고 있다. 이 말은 분석하여 보면 'Superior'와 'Vision'이란 말이 합쳐진 것으로 Superior는 '높은, 우수한'의 뜻이고, Vision은 '본다, 감시한다'의 의미를 가진다. 그러므로 이 말은 '높은 차원, 기준으로 감시한다'는 직설적 의미를 가지고 있는 것으로 볼 수 있다. 그리고 장학의 한자식 표기는 奬學으로 '권한다, 칭찬한다, 돕다'의 의미와 '배움, 학자, 학문'의 의미가 합해진 것으로 볼 수 있다. 즉, 이상적인 기준을 바탕으로 감독과 지도를 하고, 배우는 학생과 교사 및 교육활동을 돕고 권장하기 위한 활동으로 풀이할 수 있다.

우리나라에서는 해방 전까지는 일본의 영향을 받아 supervision을 시학(視學)이라고 하였으며, 해방 후 미국의 영향을 받아 '지도 · 조언' 또는 장학으로 번역되어 사용되었다. 장학의 개념이 시대 변화에 영향을 받아 우월적 위치에서 '위에서 바라보는 관점'의 권위적인 수직적 장학에 수업개선을 위한 교사전문성 향상을 위한 수평적 장학이 도입되었다. 장학의 주체도 장학사(관) · 교장 · 교감 등 일부 학교관리자에서 자율장학의 형태인 동료장학, 자기장학이 도입되면서 전 교사가 참여할 수 있는 수평적 장학이 가능하게 되었다. 과거의 수직적 장학인 감독 · 지시 · 조언 등의 방법적 한계와 사회변화로 인하여, 교사 전문성을 강조하는 상호 간의 협조 · 개선 · 조언의 수평적 장학으로 변화하게 되었다. 이것은 교사 스스로가 수업개선을 위해 노력하도록 하는 내 · 외적 동기유발을 가져오게 된다(신재흡, 2022).

결국 장학이란 교수 · 학습이나 수업의 질을 개선하기 위하여 교수기술을 향상시키고, 교육과정을 개발하며, 학습환경의 개선에 관한 지식과 기술, 그리고 정보를 제공하는 전문적인 지원, 조력 및 평가활동이라고 할 수 있다.

2) 장학의 기능

- **교원의 성장, 발달을 돕는 기능**: 교원들로 하여금 교직생활과 관련한 제반 영역에서 필요한 가치관, 신념, 태도, 지식, 행동을 갖추도록 도와주는 기능
- **교육과정 운영의 효율화를 돕는 기능**: 교육목표를 달성하기 위하여 학생들에게 제공되는 교육내용 및 교육활동에 대한 개발, 운영, 평가에 있어서 효과를 높이도록 도와주는 기능

- 학교경영의 합리화를 돕는 기능: 학교체제 내의 인적·물적·재정적 자원을 효과적으로 유지·통합·운영하고, 제반 교육활동 기능을 최적화하도록 도와주는 기능

3) 장학의 원리

- 학교 중심성 존중의 원리: 교육활동이 실제로 전개되는 학교 현장의 인적·물적 조건 및 조직적·심리적 특성을 존중
- 자율성 존중의 원리: 학교의 자율성과 학교 내 구성원으로서 교직원의 자율성 존중
- 협력성 존중의 원리: 장학담당자, 학교관리자, 교직원, 기타 관련되는 외부 인사 모두의 협력적이고 참여적인 공동 노력을 조성
- 다양성 존중의 원리: 학교 현장의 조건과 특성 및 교직원의 필요와 요구에 기초하여 다양한 내용과 방법을 활용
- 계속성 존중의 원리: 장기적인 교육활동의 개선을 위한 기능을 수행
- 자기발전성 존중의 원리: 학교의 발전뿐 아니라, 학교의 구성원으로서 교직원 개인의 발전, 나아가 장학담당자의 발전을 도모(박완성, 2012: 241).

4) 장학의 유형

장학의 유형은 국가수준 장학, 교육청장학, 교내자율장학, 사이버장학으로 구별될 수 있다. 교육청장학에는 종합장학, 담임장학, 요청장학, 특별장학, 컨설팅장학 등이 있으며, 교내자율장학에는 수업장학, 동료장학, 자기장학, 약식장학, 자체장학 등이 있다. 〈표 7-1〉은 장학의 유형을 분류하여 정리하였다.

표 7-1 장학의 유형

<table>
<tr><td rowspan="6">교육행정기관
주도의 장학</td><td colspan="2">국가수준 장학</td></tr>
<tr><td rowspan="5">교육청장학</td><td>종합장학</td></tr>
<tr><td>담임장학</td></tr>
<tr><td>요청장학</td></tr>
<tr><td>특별장학</td></tr>
<tr><td>컨설팅장학</td></tr>
<tr><td rowspan="6">학교현장
주도의 장학
(자율장학)</td><td rowspan="5">교내 자율장학</td><td>수업장학</td></tr>
<tr><td>동료장학</td></tr>
<tr><td>자기장학</td></tr>
<tr><td>약식장학</td></tr>
<tr><td>자체장학</td></tr>
<tr><td colspan="2">지구별 자율장학</td></tr>
<tr><td colspan="3">사이버장학</td></tr>
</table>

출처: 서울특별시 교육정보연구원(2006). 2006교직실무편람(수정판). p. 213.

교육행정기관 주도의 장학유형을 살펴보면 다음과 같다. 국가수준 장학은 중앙 교육행정기관인 교육부 내에서 이루어지는 모든 장학활동을 의미한다. 교육부는 장학방침을 수립하고 교육청은 이 장학지침을 기준으로 교육활동의 전반적인 기획, 조사, 연구, 관리, 지도, 감독 등을 통하여 중앙의 교육행정업무를 보좌하는 참모적 기능을 수행한다.

교육행정기관 주도의 장학유형과 지구별 자율장학, 사이버장학을 설명하면 다음과 같다.

① 종합장학: 교육개혁의 추진 및 교육시책 구현의 공감대를 형성하고, 자율적·창의적 교육활동을 전개하도록 학교경영 전반에 관해 확인·협의·지원하는 데 주안점을 준다. 종합장학은 학교별 2년 주기로 시행하며, 장학관을 반장으로 하고 2~3명의 장학사로 장학반을 구성한다. 장학의 주체 및 방법은 학교와 사전에 협의·조정하고, 주로 학교 현황 파악 및 수업참관을 통해 학교가 스스로 교육개혁과 교육시책의 추진 방안을 모색하도록 지원하며,

학교의 특색과 우수사례를 발굴하여 타교에도 일반화하고, 우수교원을 격려·포상하도록 한다. 근래에 들어서는 단위학교에서 종합장학에 대한 업무과다·피로감 등의 이유로 컨설팅장학, 교내자율장학으로 대체되는 경향이 있어서 특별한 경우가 아니면 시행하지 않고 있다.

② **담임장학**: 장학사가 담당학교의 교육활동을 전반에 걸쳐 수시로 전문적 지도에 임함으로써 학교교육의 발전을 도모하기 위해 학교별 담당 장학사를 배정·운영하는 것이다. 특히 학년 초, 학기 초에 교육계획수립단계에서 장학방침이나 교육청 역점 업무가 학교 실정에 맞게 반영되도록 지도한다. 또한 담당 장학사는 월 1회 정도 학교방문을 통해 교육계획의 추진상황, 교육과정 편성운영, 교수-학습 및 평가방법, 특별활동 및 생활지도, 학교 자체평가, 자율장학, 기타 학교의 현안 문제 등에 대한 협의·지도·조언 및 정보제공과 의견 교환에 힘쓴다.

③ **요청장학**: 현안 문제해결을 위해서나 시범 및 연구과제 해결, 특수업무 추진, 특정교과 또는 특정 영역에 대한 전문적인 도움을 위해서 학교의 요청이 올 때 그 분야의 전문가인 장학담당자가 요청분야에 대한 사전 실태분석과 지원책을 마련하고, 요청과제의 단계적 해결책을 모색하여 지도·조언해 주는 것으로, 자율장학의 방법 개선 및 프로그램 개발, 교수-학습지도 및 평가방법 개선 등 현장문제 개선을 위해 바람직한 방법이다.

④ **특별장학**: 교육활동 전반에 걸쳐 특별지도 및 지원이 필요하다고 교육청이 판단하는 학교 및 특별한 사안이 발생한 학교를 대상으로 시행한다. 학교경영 문제에 대한 사전 진단 및 예방적 지도, 학교장의 위상 제고 및 지도력 강화를 위한 행·재정적 지원, 문제 사태의 해결을 위한 전문적·집중적 지원, 상호보완적 정보교환 등을 위주로 하는 장학활동이다.

⑤ **사이버장학:** 장학담당자와 교원들 간의 신속한 의사소통 및 문제를 해결하기 위한 것이다. 교육청 홈페이지에 '사이버장학' 사이트 설치를 통한 사이버장학체제 구축하여 홈페이지 및 이메일을 통한 정보교환과 업무처리를 하

는 것이다.

⑥ **지구별 자율장학**: 지역별, 계열별 특성을 고려하여 지구 자율장학협의회를 구성·운영하여 지구별 교육현안에 대하여 협의·조정하기 위한 것이다. 지구별로 간사학교, 부간사학교를 선임하여 지구별로 교육활동 상호 공개, 수업참관 및 교육프로그램 교환 등을 위한 교환방문의 장학 시행, 교과별 수업연구 및 공개, 합동 연수, 세미나 등 개최 등의 자율장학활동을 추진한다(신재흡, 2022: 292-293).

2 자율장학의 종류와 특징

1) 자율장학의 대두 배경

장학이 교원의 성장과 발달을 돕는 활동이라면 교육청 중심의 타율적 관여 보다는 단위 학교 중심의 자율적인 형태로 운영되어야 한다. 지금까지의 장학은 지방교육행정기관이 중심이 되어 교육법규나 정책의 구현 현황을 점검하고 지시하는 행정 주도적이며 형식적 장학으로 일관되어 왔으며, 교사들에게 거부감과 부담감을 주어 장학활동에 형식적·소극적으로 참여하게 만들기도 하였다.

하지만 최근에는 장학활동의 역점을 교육의 질 향상에 두고 교육내용과 방법의 개선을 위하여 학교 단위의 자율장학을 신장시키는 지원장학의 형태로 장학의 모습이 변하고 있다. 지금까지 감독, 확인, 점검하는 장학형태를 지양하고 교육의 질 향상을 위한 수업장학 위주로 전환하며 방학방법과 내용도 지시나 현황 점검에서 벗어나 대안 제시나 조언, 지원 위주로 전환하고 있다.

현재 단위 학교에서 실시되고 있는 교내 자율장학이 어떻게 도입되었는지 알기 위해서는 교내 자율장학의 아이디어가 나오게 된 배경을 우선적으로 이해할 필요가 있다. 교내 자율장학의 아이디어는 개념에 내포되어 있다. 교내 자율장학의 개념은 '단위 학교에서 교육활동의 개선을 위하여 자율적으로 교장・교감을 중심으로 하여 전체 교직원들이 공동으로 노력하는 과정'으로 정의할 수 있다. 이 개념은 우리가 일반적으로 사용하는 '교내장학'의 개념과 크게 다르지는 않다. 하지만 '교내 자율장학'의 개념은 표현상 '학교 안'이라는 공간적인 의미가 강한 인상을 주는 '교내장학'이라는 용어에 단위 학교의 자율성과 교사의 자율성을 강조하는 의미가 첨부된 용어라 볼 수 있다. 즉 교내 자율장학의 아이디어는 장학에서 단위 학교의 자율성과 교사의 자율성을 보장하는 것으로 볼 수 있다.

자율장학은 전문성을 신장시키고 교수행위를 개선하려는 교사가 자신의 능력과 자질을 향상시키는 데 필요한 장학적 활동을 스스로 혹은 동료나 장학담당자와 협력해서 계획, 실천, 평가해 나가는 과정이라고 볼 수 있다.

교육 분야의 분권화와 자율화에 따른 단위학교책임경영 등의 개혁프로그램은 장학에 있어서도 큰 변화를 가져왔다. 즉, 그동안 교육행정기관의 주도하에 이루어져 오고 있던 장학지도와는 달리 단위 학교가 자율적으로 학교교육 발전을 위한 장학활동을 전개해야 한다는 주장이 높아지기 시작했던 것이다. 교육행정기관에서 학교를 대상으로 실시하는 전통적 장학에서 학교는 장학의 객체로서 피동적이고 소극적인 입장에 있었다. 그러나 교내 자율장학에 있어 학교는 장학의 주체로서 능동적이고 적극적이며 독립적으로 나름대로의 독특한 상황과 조건을 고려하여 장학을 실천함으로써 그 효과를 극대화할 수 있다고 본 것이다. 장학은 기본적으로 학교의 교육활동 전반에 관한 전문적인 지도와 조언을 제공함으로써 보다 나은 교수・학습을 가능하게 하는 촉매제로서 그 중요성이 인정된다고 보기 때문이다. 컨설팅장학의 도입 배경도 같은 맥락이다.

학교는 자율장학을 활성화함으로써 학교운영에 대한 자율성을 확대하고 동시에 교육에 대한 책무성을 증진시킬 수 있다고 보았다. 이렇게 단위 학교 수준의 자율장학은 단위학교책임경영제와 같은 교육의 분권화, 민주화, 자율화와 그 맥을 같이 한다고 볼 수 있다.

2) 자율장학의 유형과 영역

장학의 유형은 시각에 따라 달리 해석된다. 장학의 조직, 주체, 내용, 방법 등에 따라 달리 구분되기도 하며 연구자의 관점이나 실무자의 편의에 따라 다르게 구분되기도 한다.

그림 7-1 수업개선을 위한 자율장학의 유형

교내 자율장학의 주요 활동은 [그림 7-1]에서 보는 바와 같이 수업장학, 임상장학, 동료장학, 자기장학, 약식장학, 자체연수 등 학교에서 이루어지는 장학뿐 아니라 교육행정기관의 주도로 이루어지는 컨설팅장학을 포함하고 있다. 컨설팅장학도 최근에 도입되었는데 단위 학교의 의뢰에서 비롯된다는 점, 단위 학교의 주도성이 중시된다는 점에서 이론적으로 자율장학에 포함시킬 수 있다(이병환 · 장기풍, 2015: 141).

표 7-2 교내 자율장학의 세 영역

영역	교사의 전문적 발달 (professional development)	교사의 개인적 발달 (personal development)	학교의 조직적 발달 (organizational development)
초점	교육과정 운영	교사 개인	학교조직
내용	교사들이 교과지도와 교과 외 지도를 포함하는 교육활동 전반에 있어서 안정·숙달·성장을 도모하도록 도와주는 것	교사들이 개인적·심리적·정서적·신체적·가정적·사회적 영역에서 안정·만족·성장을 도모하도록 도와주는 것	학교의 조직환경 및 조직풍토를 긍정적으로 변화시켜 학교 내에서 교사들의 삶의 질을 높이고 학교조직의 목표를 효과적으로 달성하도록 하는 것
	• 교육철학, 교직관 • 교육목표, 교육계획 • 교과지도, 생활지도 • 특별활동지도 • 교육기자재 활용 • 학급관리, 학급경영 • 교육정보, 교육시사 • 학부모, 지역사회와 유대 • 각종 교육문제의 이해 등	• 교사의 신체·정신적 건강 • 교사의 성격 • 교사의 가정생활 • 교사의 사회생활 • 교사의 취미, 흥미 • 교사의 종교 등	• 학교경영계획·평가 • 학교경영조직 • 교직원 인사관리 • 교직원 인간관계 • 의사소통 • 학교조직 풍토
관련 이론	교육과정이론 아동발달이론 학습심리이론 교수·학습이론	성인발달이론 성인심리이론 정신의학이론 사회심리이론	학교조직이론 조직발달이론 인간관계이론 집단역학이론

교내 자율장학에서 다루어질 수 있는 영역은 크게 ① 교사의 전문적 발달영역(professional development), ② 교사의 개인적 발달영역(personal development), ③ 학교의 조직적 발달영역(organizational development)으로 구분되는데, 이를 알기 쉽게 제시하면 <표 7-2>와 같다. 물론 이 세 가지 영역 중에서 가장 중요한 영역은 교사의 전문적 발달 영역이라고 할 수 있다.

교내 자율장학은 학교에서 교장을 중심으로 교육과정 운영과 교수·학습과정 및 교육환경을 개선하기 위하여 교사를 지도·조언하는 장학을 뜻하며 이를 흔히 수업장학이라고도 한다. 수업장학은 수업의 질 향상을 도모하기 위해서 장학 담당자가 수업자인 교사에게 직·간접으로 제공하는 계획적인 활동이다(이병환·장기풍, 2015: 290).

3) 자율장학 운영의 실제

(1) 수업장학

수업장학의 용어에 대한 개념은 학자들마다 견해의 차이가 있다. 이 차이는 먼저, 교내 자율장학과 수업장학을 같은 개념으로 보느냐 아니면 다른 개념으로 보느냐인데 이 저서에서는 수업장학을 교내 자율장학과 같은 개념으로 보지 않고 교내 자율장학의 하위영역으로 보고자 한다. 수업장학은 지금까지의 일반장학이 해 오던 학교의 시설 · 설비의 마련, 인사제도의 변화, 학교분위기의 개선과 같은 관리 · 행정적 업무를 제외한 장학의 궁극적 목적인 교수 · 학습의 개선을 위해 대두된 장학의 한 형태이다. 그러나 수업장학 역시 개념, 과정, 기능 및 기법에 있어서 명확하지 못하고 애매한 성격을 띠고 있다는 비판을 받고 있다. 이 애매한 성격은 교내장학과 수업장학, 그리고 임상장학을 어떻게 보느냐에 따라 발생되어 온 것으로, 수업장학과 교내장학을 같은 개념으로 보고 임상장학을 수업장학의 하위형태로 보는 입장(이윤식, 2001; 주삼환, 2006)과 수업장학을 교내장학의 하위형태로 보고 임상장학과 같은 개념으로 보는 입장이 있다.

이 저서에서는 앞에서 이미 교내 자율장학의 하위형태로 수업장학을 보고자 하였기에 수업장학을 임상장학과 같은 개념으로 사용하고자 하며 이런 점에서 특징을 살펴보면 다음과 같다.

첫째, 수업장학의 궁극적 목적은 교수 · 학습 개선에 둔다. 둘째, 주요 관심은 교사의 수업활동에 집중된다. 즉, 교사의 수업 행동 변화에 직접적인 영향을 주는 활동만을 장학의 대상으로 간주한다. 셋째, 활동 범위는 학급 내의 활동으로 제한한다. 교실 내의 수업과정 중 교사가 직면하는 문제를 해결해 주는 활동만 장학의 대상으로 보는 것이다. 넷째, 교사와 장학담당자 간의 관계는 동료적 관계 속에서 문제해결을 위한 상호협력이 강조된다.

현재 단위 학교에서의 수업장학은 이를 위해 별도로 전문성을 갖춘 인사도 확보하지 못하고 있을 뿐 아니라, 그 원리에 따라 제대로 실시되고 있지 못하다. 다만 거의 모든 학교에서 실시되고 있는 연구수업이나 임상장학이 수업장학의 성격을 띠고 있다. 그러나 엄밀한 의미에서 현재 학교에서 실시되고 있는 연구수업이나 임상장학은 장학에 대한 충분한 지식을 갖춘 장학담당자(교장, 교감)의 주도가 아니라 동료교사들의 협력관계를 기초로 한 수업연구의 형태이며, 따라서 동료장학의 성격이 강하다고 할 수 있다.

실제로 연구수업의 과정에서 수업장학 담당자라 할 수 있는 교장과 교감은 수업지도안 작성 및 수업 진행 방법에 대한 지도, 조언을 담당하는 정도이다. 따라서 진정한 수업장학 담당자로서 교장과 교감이 수업장학의 여러 가지 방법론들에 대한 전문적 지식을 토대로 교사들의 수업의 질 개선을 위한 장학을 별도로 실시한다거나 수업연구 과정에 적용시키고 있는 경우는 드문 실정이다.

현재 대부분의 학교에서는 공식적으로 매 학기 연구수업 또는 수업연구를 실시하고 있다. 이러한 수업장학은 초등학교의 경우는 학년별로, 중등학교의 경우는 교과별로 학교에 따라서 빈도가 다르긴 하지만 대체로 월 1회 정도 실시하고 있다. 수업장학의 횟수나 실시 과목은 학년 초에 수립하는 학교교육계획 속에 포함되어 있다.

대체로 초등학교의 경우 동학년협의회에서, 중등학교는 동교과협의회에서 연구수업 대상자를 선정하는 논의를 하게 된다. 연구수업 대상자는 대체로 전입이 늦은 교사, 특기가 있는 교사, 자원하는 교사 등의 기준을 고려하여 선정하고 있다. 연구수업의 단원(제재) 결정은 교사가 관심이 있거나, 특히 자신 있게 가르칠 수 있는 내용을 선정하게 된다.

그러나 실제 연구수업 후 이루어지는 평가회 및 협의회는 수업에 대한 비판적, 교정적인 내용보다는 긍정적인 측면을 부각시키거나 형식적으로 흐르는 경우가 많다. 이렇게 볼 때, 실제 교육현장에서 실행되고 있는 수업장학은 교실수업의 질 향상과 교사의 전문성 향상이라는 장학의 본래적 기능을 적절하게 수행하지 못하고 있음을 알 수 있다.

수업장학 중에서 학급을 단위로 수업방법의 개선에 초점을 맞추면서 장학담당자와 민주적인 관계 속에서 이루어지는 장학을 따로 임상장학이라고 한다. 임상장학은 장학담당자와 교사의 관계가 상하관계보다는 쌍방적 동료관계를 지향한다는 특징을 가지고 있다.

(2) 동료장학

동료장학은 교내장학에서 교사들이 가장 선호하는 장학의 유형 중 하나이다. 동료장학의 개념에 대해서 학자들은 대부분 일치된 견해를 가지고 있다. 동료장학이란 '둘 이상의 교사가 상호 간의 교실수업을 관찰하고 관찰에 대한 피드백을 주며 공통된 전문적 관심사를 토론함으로써 그들의 전문적 성장을 위해 협동하기로 동의하는 공식화된 과정'으로 보았다. 동학년교사들 또는 동교과교사들이 수업연구과제의 해결이나 수업방법이 개선을 도모하기 위해 수업연구·수업공개 활동을 하거나, 교과지도와 생활지도 방법을 개선하기 위해 상호 좋은 경험이나 아이디어를 교환하거나, 동학년교사, 동교과(교과연구회)교사, 관심분야가 같은 동료교사들이 협의회, 소모임, 스터디그룹 등을 통해 공동 과제나 공동 관심사를 협의·연구·추진하기 위하여 함께 활동해 나가는 것 등이 동료장학의 전형적인 형태이다. 〈표 7-3〉은 동료장학을 위한 수업참관록 양식의 예시이다.

결국 동료장학은 둘 이상의 동료교사들이 일정한 계획을 정하여 수업관찰 및 분석을 기초로 전문적 관심사에 대해 논의하고, 문제를 해결하는 과정이라고 볼 수 있다.

동료장학의 형태는 매우 다양한데, 초청하는 교사가 수업관찰의 초점, 자료수집의 형태, 관찰행위에 대한 안내, 관찰할 수업에 대한 토의요소, 관찰 날짜와 시간 등을 결정하고 장학자는 단지 수업에 대한 거울의 역할을 하는 형태도 있고, 장학담당자가 주도적으로 상대교사의 교수기술을 향상시키는 형태도 있다. 또한, 교사들이 둘씩 짝이 되거나 하나의 팀이 되어 공동으로 학습을 계획하고 실제 가르칠 때는 따로 할 수도 있고, 계획뿐만 아니라 가르치는 일까지 함께하는 공동 교수의

표 7-3 동료장학을 위한 수업참관록 예시

<table>
<tr><td colspan="6" align="center">수 업 참 관 록</td></tr>
<tr><td colspan="2">ㅇㅇ중학교</td><td colspan="2">일시</td><td colspan="2">참관교사: (인)</td></tr>
<tr><td>수업교사</td><td></td><td>학년 반</td><td></td><td>수업장소</td><td></td></tr>
<tr><td>영역</td><td colspan="3">참관 관점</td><td colspan="2">수업 분석 및 소감</td></tr>
<tr><td rowspan="4">수업설계</td><td colspan="3">단원설정과 지도계획의 적절성</td><td colspan="2" rowspan="4"></td></tr>
<tr><td colspan="3">단원과 수업 모형의 적절성</td></tr>
<tr><td colspan="3">진단과 학업성취 목표 설정</td></tr>
<tr><td colspan="3">학습목표의 적절성</td></tr>
<tr><td rowspan="4">교사 활동</td><td colspan="3">수업 진행의 유창성</td><td colspan="2" rowspan="4"></td></tr>
<tr><td colspan="3">학습동기 유발과 내용 계열성</td></tr>
<tr><td colspan="3">교수언어의 적절성</td></tr>
<tr><td colspan="3">학생·교사의 상호작용</td></tr>
<tr><td rowspan="4">학생 활동</td><td colspan="3">학습 준비도</td><td colspan="2" rowspan="4"></td></tr>
<tr><td colspan="3">학습의욕 및 참여</td></tr>
<tr><td colspan="3">학습 훈련(자료 활용 등)</td></tr>
<tr><td colspan="3">노트 및 학습 정리</td></tr>
<tr><td rowspan="3">발문</td><td colspan="3">개인차에 따른 발문</td><td colspan="2" rowspan="3"></td></tr>
<tr><td colspan="3">학생 사고를 유도하는 발문</td></tr>
<tr><td colspan="3">학생 반응에 대한 조치</td></tr>
<tr><td rowspan="2">자료 활용</td><td colspan="3">자료 활용의 적합 및 적시성</td><td colspan="2" rowspan="2"></td></tr>
<tr><td colspan="3">자료 활용·조작 능력</td></tr>
<tr><td rowspan="3">정리</td><td colspan="3">학습결과 처방과 반성</td><td colspan="2" rowspan="3"></td></tr>
<tr><td colspan="3">적절한 자료의 제공</td></tr>
<tr><td colspan="3">특별 보충과정, 심화보충 연계</td></tr>
<tr><td>종합의견</td><td colspan="5">*</td></tr>
</table>

장학도 있을 수 있다. 뿐만 아니라 짝이나 팀이 문제해결, 비디오테이프 분석, 연구집단으로 협동적 노력을 할 수도 있다. 짝은 전문가와 신참, 경력자와 비경력자로 하게 할 수 있다.

현재 일선 학교에서 추진되고 있는 동료장학은 다음 〈표 7-4〉와 같다.

표 7-4 동료장학 추진 내용 및 방법(예시)

서울○○고등학교 교내 자율장학회 구성 및 운영(예시)
1. 수업공개를 통한 동료교사 평가 가. 연 1회 자기수업 동영상 촬영 및 동료교사 수업 참관 나. 상시 수업 개방 2. 교과협의회를 통한 수업방법 개선 노력 가. 월 1회 정기적 회의, 필요시 수시 개최 나. 동료평가, 정규고사 및 모의고사 결과 분석 등 교과별 연 11회~18회 다. 교과별 보완책을 통한 수업에의 환류체제 구축 3. 동료교사 멘토링을 통한 Co-teaching 가. 국어, 수학, 영어과의 고경력교사와 저경력교사가 멘토와 멘티의 관계 형성 나. 수업방법 개선을 통한 공동자료 개발 4. 수업 연구교사 연구지원비 지급: 수업개선에 대한 동기부여 5. 학교단위 수업방법 개선팀 운영 가. 국어, 도덕, 국사과: 통합교과 독서수업을 통한 표현력 키우기 나. 동일교과 교원 상호 간의 평가 및 학생수업 만족도 조사 평가를 통해 수업개선 및 동료장학의 효율성을 성취함

출처: 서울특별시교육청(2008). 지구별 자율장학 우수·특색사례.

실제로 운영되고 있는 동료장학의 주된 형태는 동학년협의회, 동교과협의회, 그리고 비공식적인 교사들의 친목활동 및 모임 등이다. 동학년협의회와 동교과협의회는 수업장학을 위한 전반적인 계획을 담당하고 있어 사실상 일선 학교에서 수업의 질 개선과 관련하여 중요한 기능을 하고 있다고 볼 수 있다. 동학년협의회와 동교과협의회는 주로 주 1회 또는 월 1회에 걸쳐 운영되고 있다. 동학년협의회나 동교과협의회는 연구수업의 전반적인 계획이나 진행, 평가뿐만 아니라, 수업의 질 개선과 관련된 전문적인 기술이나 이론을 상호교환하기도 한다. 동학년협의회나 동교과협의회를 통해서가 아니더라도 교사들은 수업에 대한 지도, 조언대상으로 동료교사를 가장 선호하고 있다는 의견이 많음을 보더라도 동료장학은 현재 교사들의 입장에서 매우 중요시되는 장학의 형태라 할 수 있다.

이렇게 볼 때 현재 수업장학과 동료장학은 매우 밀접한 관계를 갖고 있음을 알 수 있다. 즉, 현재 교육현장에서는 수업장학의 주된 수업방법이 연구수업이라는 활동으로 이루어지고 있는데, 실제로 동료교사들에 의한 협의회가 교장과 교감의 지도, 조언보다 수업연구 활동에 더욱 큰 기능을 행사하고 있기 때문이다. 이러한 동료들 간의 협의회는 주로 비공식적으로 이루어지는 경우가 많다.

그러나 이러한 비공식적 협의나 대화는 엄격하게 분류하면 장학의 형태라 보기 어렵다. 위에서 언급한 것처럼 '둘 이상'의 동료교사들이 일정한 계획을 정하여 이루어지는 활동을 동료장학이라고 보기 때문에 일정한 계획이 없이 어쩌다 보니 시작된 비공식적 대화나 협의는 엄격하게 따져 장학이 될 수 없기 때문이다. 그러나 일정한 계획이 학교의 행사나 계획에 의해서가 아니라 교사들의 자율에 따라 세워지는 것임을 감안하면 즉각적으로 이루어지는 모임이나 대화도 충분히 동료장학의 형태에 포함될 수 있다.

이와 같이 교사들은 교내·외에서 격의 없이 이루어지는 비공식적 협의를 통해 우호적이고 협동적인 관계를 유지하고 수업개선에 대한 실질적인 도움을 얻고 있음을 알 수 있다. 이러한 비공식적 협의가 교사들에게 도움이 되는 까닭은 교사들이 자율적으로 참여하기 때문이다. 장학의 효과에 있어 무엇보다 중요한 것은 교사의 자발적 참여이다. 앞에서 살펴본 수업장학에서도 알 수 있듯이 장학활동이 교사들의 자발적 참여 의사가 없이 학교행사로 치러지기 때문에 교사는 장학에 대해 귀찮고 형식적인 활동이라는 부정적인 인식을 가지고 있으며, 수업개선 효과도 느끼지 못하고 있는 것이다. 따라서 동료장학은 다른 장학의 형태에 비해 교사들이 자율적으로 부담감 없이 전문성 신장을 위한 아이디어나 정보를 상호 교환할 수 있는 기회를 갖게 된다는 점에서 선호하고 있다.

(3) 자기장학

자기장학은 교사들이 가장 선호하는 장학의 형태이다. 교사들은 자기장학의 형태로 각종 연수프로그램의 자율적인 참여, 교육 관련 전문서적 읽기, 토론회 참석, 교사동호회 활동 참여, 대학원 및 학원 수강, 취미 및 건강 활동 참여 등의 활동을 하고 있다. 각 학교에서는 교사가 자발적으로 연구하는 분위기 조성과 부단한 자기연찬을 통하여 학생지도의 전문성과 책무성을 강화하도록 자기장학을 권장하고 있다.

한편, 교사들이 자기장학의 일환으로 참여하는 대표적인 형태는 자율연수인데 대부분이 직무연수로 이루어진다. 교사의 직무연수 참여를 활성화하기 위하여 각 시 · 도교육청에서 는 연수비의 일정액을 지원하도록 하고 있다. 그러나 직무연수는 대부분의 연수기관에서 필요에 의해 개설되어 있으며 프로그램은 다양하나 일부는 현장 적용성이 취약하다는 평을 받고 있다. 더욱이 교사들이 실제로 선호하는 직무연수 분야는 자신의 수업 개선에 관한 내용들과 직접적으로 관련이 있는 것들이 아니라 취미나 운동과 관련된 것들이 많은 점도 문제로 지적할 수 있다.

교사들은 자기장학을 가장 선호하면서도 실제로는 일정기간 동안 자기발전을 위한 목표를 세우고, 자기장학에 대한 계획을 적극적으로 수립하지 않는 경우가 많다. 또 자기장학 계획 수립 시 교장, 교감, 동료교사와의 협의 · 지도 · 조언도 거의 없는 것이 현실이다. 그리고 자기수업에 대한 반성활동은 자율적 운영이라는 미명하게 방임되고 있었다.

결국, 교사들은 자기장학을 가장 선호하면서도 자기장학에 적극적으로 참여하지 않는 자세를 보여, 자기 계발과 전문성 향상을 위해 그다지 노력하지 않는 점이 문제이다.

(4) 약식장학

약식장학은 교장 · 교감이 간헐적으로 짧은 시간 동안 학급순시나 수업참관을 통하여 교사들의 수업활동과 학급경영 활동을 관찰하고 이에 대하여 교사들에게 지도 · 조언을 제공하는 활동을 의미한다. 어떤 학자는 약식장학이란 용어 대신 전통적 장학이라는 용어를 사용하고 있다. 그가 말하는 전통적 장학이란 학교장이나 교감이 잠깐 동안(5~10분) 비공식적으로 교실에 들러서 수업을 관찰하는 방법을 말한다. 약식장학은 교장과 교감이 개략적인 절차에 따라 수행하는 장학활동이라는 점에서 약식장학이라고 칭하거나, 또는 교장 · 교감이 일상적으로 수행하는 장학활동이라는 점에서 일상장학이라고 칭할 수도 있다. 이러한 활동은 다음과 같은 몇 가지 이유에서 그 필요성이 높다.

첫째, 교장과 교감이 수행하는 수업참관이나 학급순시를 중심으로 한 약식장학은 교사들의 수업활동과 학급경영활동을 포함하여 학교교육 및 학교경영의 전반에 관하여 이의 개선을 위한 교장과 교감의 적극적인 의지와 노력, 그리고 지도성의 좋은 표현방식이 될 수 있다.

둘째, 약식장학을 통하여 교장이나 교감은 교사들이 미리 준비한 수업활동이나 학급경영활동이 아닌 평상시의 자연스러운 수업활동이나 학급경영 활동을 관찰할 수 있으며, 이에 대하여 의미 있는 지도 · 조언을 제공할 수 있다.

셋째, 약식장학을 통하여 교장과 교감은 학교교육, 학교경영, 그리고 학교풍토 등 전반 영역에 걸쳐 학교를 전체적으로 파악하는데 필요한 정보를 수집할 수 있다.

현실적으로 장학 인력이나 시간의 부족으로 인해 모든 교사들이 수업장학에 참여할 수는 없다. 이럴 때 약식장학이 유용하게 쓰일 수 있다. 따라서 약식장학은 다른 형태의 장학에 대하여 보완적이고 대안적인 성격을 갖는다. 그러나 약식장학은 자칫하면 감독적 목적이 될 수 있으므로 교장과 교감은 교사들에게 수업에 관한 적절한 피드백을 제공해 주는 역할을 해야 한다.

교장과 교감의 순시는 교사에게 심리적으로 부담이 되지만 자극제도 된다. 즉 수업의 기강을 잡아줄 수 있다는 점에서 긍정적이라는 반응도 있는 반면, 수업의 흐름을 끊고 수업을 침해하게 된다는 점에서 부정적이라는 반응도 있다. 대부분의 학교에서 교장과 교감은 사전에 수업참관의 의도를 해당교사에게 공지해 주고 실시하는 경우가 많으며, 또한 교실에 들어가지 않고 밖에서 순시의 형태를 취하는 경우가 많아 수업참관은 수박 겉핥기식으로 이루어지고 있다.

약식장학은 교사들의 선호도가 가장 낮은 것으로 인식되고 있다. 이는 교사들이 약식장학을 교사를 통제하는 수단으로 인식하고 있으며, 이러한 순시는 삼가야 한다고 생각하기 때문이다. 그러나 교장과 교감의 임무 중에서 교내장학이 차지하는 비중이 크기 때문에 공개적으로 약식장학의 추진 계획을 사전에 해당 교원들에게 안내하여 실시하는 것은 학교경영자의 책무를 다하는 것으로 매우 바람직한 자세이다.

(5) 자체연수

자체연수는 원래 교내연수라는 용어와 같이 쓰인다. 그러나 교내연수가 연수의 장소를 교내로 한정 짓는 듯한 느낌이 강한 반면, 자체연수는 학교가 주도하는 연수로서 장소가 교내뿐 아니라 야외연수, 현장견학 및 탐방연수 등과 같이 교외에서도 이루어질 수 있다는 의미를 갖기 때문에 교내연수보다는 자체연수라는 말이 더 타당하다. 자체연수는 단위 학교에서 자체적인 계획에 의해 교육현장의 문제점을 해결하고 교원들의 욕구를 충족시킬 수 있는 바람직한 장학 방법 중 하나이다. 특히 학교는 상위의 국가정책이나 교육방침, 교육시책 등을 구체화하고 실천하는 장소라는 측면에서도 가장 중시되어야 하며, 교원의 자질 향상이나 사명감 함양을 위해서도 활성화되어야 할 것이다. 교원의 전문성 신장을 위해 학교 단위로 이루어지는 자체연수는 그 형태가 다양하다.

먼저, 자원인사를 활용한 연수는 교원들의 연수희망 빈도와 학교 당면과제 해결 및 교육 현실에 부응하는 주제를 찾아 강사를 섭외하여 연수를 진행한다. 또 5분 연수회, 분임토의, 교과별연구협의, 동학년협의회, 교내연구발표회, 시찰·참관·현장체험 연수 등을 다양하게 계획하여 운영하기도 한다. 자체연수를 운영하는 경우 교사들이 적극적으로 참여할 수 있도록 수업의 지장이 없는 범위 내에서 최대한 행정 편의를 제공해 주어야 한다.

자체연수는 교무부장이나 연구부장이 주도적으로 준비하여 직원 연수일이나 직원종례 시간에 실시한다. 그런데 연수계획을 수립할 때 교사들의 의견을 충분히 수렴하지 못하여 교사들의 관심과 참여를 이끌어 내지 못하고 있는 경우가 많다. 연수의 내용은 뷔페식으로 다양하지만 수업개선 관련 내용보다 취미활동 중심의 내용이 더 활성화되고 있다. 자체연수의 한 방법으로 현장연수를 실시하기도 하는데 이는 단합대회의 성격을 띠게 되어 소속감과 즐거움을 준다. 그러나 자체연수에 대하여 교사들은 연수를 통해 배울 것이 없다고 생각하며 주로 듣기만 하고 토론은 하지 않는다. 연수 자체도 필요한 사람들만 들어야 한다고 생각한다. 그리고 자체연수는 정해진 근무시간 내에 이루어져야 한다고 생각하며 퇴근시간이 넘게까지 연수가 진행될 때 불만을 갖게 된다.

(6) 컨설팅장학

컨설팅장학은 기존의 전통적 장학인 담임장학이 학생과 학부모 및 학교 현장의 요구를 충분히 담아내지 못한 데서 도출된 대안적 장학의 형태이다. 컨설팅장학은 단순히 장학의 유형을 바꾸는 데 그 목적이 있는 것이 아니라 단위 학교의 자기 주도성을 키워나가며 이를 통해 공교육의 질적인 개선을 기대하는 현장 중심의 개혁안이라는 데 이견이 없을 것이다.

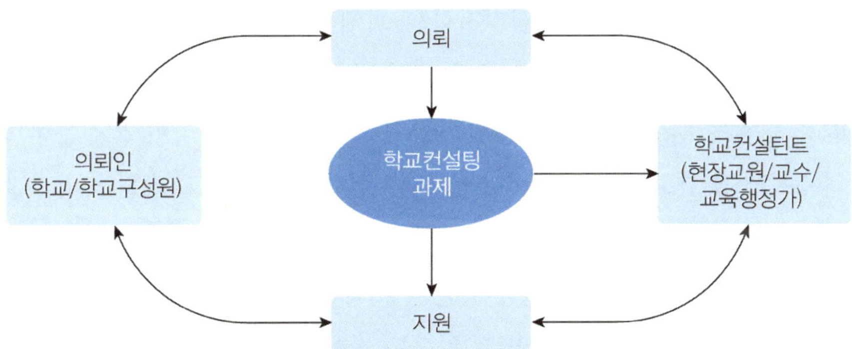

출처: 이병환 외(2011: 147)

그림 7-2 컨설팅장학의 운영 모형

컨설팅장학의 궁극적인 목적은 학교의 조직 문화를 학습조직으로 새롭게 변모시키고자 하는 노력의 일환이다. 다시 말해 컨설팅장학은 일선 학교 교원들에게 교육전문가로서의 자율적 역량을 충분히 발현시켜서 자생적 활력을 함양시키고 교육의 질 개선을 도모하려는 시도이다. 교육의 질 개선은 교원들이 주체의식을 가지고 신명 나게 역량을 발휘할 때 가능하다. 컨설팅장학에서 학교의 교원들은 장학의 객체가 아니라 주체로 자리매김하는 것이다.

컨설팅장학에서 가장 큰 문제점은 학교컨설팅이라는 다소 느슨한 개념 구조가 초·중등교육법 제7조와 동법 시행령 제8조에서 규정하고 있는 장학이라는 행정 행위와 만나는 데에서 비롯되는 양립할 수 없는 차이에 있다.

컨설팅장학의 법적 근거와 컨설팅장학 개념 간의 모순이 있고 특히 장학사가 장학 관련 법령에 의해 컨설팅장학을 실행한다는 점에서 예견된 혼란이 있을 수 있다. 컨설팅장학의 본 취지가 관리·감독 위주의 장학에서 벗어나 새로운 패러다임을 도모하고자 하는 일이라면, 단순히 학교컨설팅을 장학에 적용한 것이라는 개념만으로는 상당한 실행상의 문제를 야기하게 된다. 이것은 컨설팅장학을 교육청에서 기관장학의 형태로 받아들이면서 제기되는 문제점이기도 하다.

결국 학교구성원이나 교육행정기관의 정책입안자들이 컨설팅장학의 본래 취지에 대체로 동의한다면 위와 같은 문제에 대한 해답은 컨설팅장학의 시행 과정에서 하나씩 풀어나가야 할 공통의 과제라고 볼 수 있다.

이러한 점을 염두에 두고 컨설팅장학의 과제를 도출하면 다음과 같다.

첫째, 교원의 자발적 의뢰가 없다면 컨설팅장학은 성립하지 못하는 것인가?

자발성 원리는 컨설팅장학의 정체성을 규정하는 핵심 원리이자 전문직으로서 교직의 특수성을 대표하는 가치이다. 그러나 현실적으로 학교 교원들이 자발적으로 컨설팅장학을 의뢰하는 풍토는 아직 정착되지 않았다고 본다. 그 이유는 기존 전통적 장학에 대한 부정적인 인식이 잔존하고 있는 데다가 자발적인 컨설팅장학 의뢰 이후에 획득되는 유인가가 별로 없다는 점이다. 컨설턴트의 전문성을 신뢰하기 어려운 점도 있을 테고, 컨설팅장학의 의뢰로 인해 부가되는 행정적인 업무도 부담이 될 수도 있다.

대부분의 교육지원청에서는 컨설팅장학을 하나의 초·중등교육법에서 규정하고 있는 고유의 행정 행위로 인식하고 관내 학교에 컨설팅장학 최소 참여 횟수에 대한 내용을 규정하고 있는 상황에 비추어 볼 때 자발성은 포기할 수밖에 없다. 이 점은 학교컨설팅의 원리를 컨설팅장학의 원리에 그대로 차용하는 데에서 비롯되는 문제이다. 결국 컨설팅장학의 본격 시행에 앞서 보다 명료한 이론적 토대가 구축되지 못한 상태에서 급하게 시행된 제도의 허점이 여기에서도 드러나고 있다.

둘째, 컨설팅장학의 의뢰 영역에 대한 문제이다. 학교·급별, 지역별 차이는 있지만 대부분의 경우 교사들은 교육과정 및 수업컨설팅과 생활지도컨설팅 등 학교 관련 영역에 치우쳐져 있고 학교 단위 컨설팅 의뢰 과제는 학교경영컨설팅과 각종 시책에 관한 컨설팅이 주류를 이루고 있다. 교육지원청의 한정된 컨설턴트 인력풀을 활용하고 있는 현실적인 상황에서 컨설팅장학의 의뢰 영역이 단조롭고 반복적이면 현장 교원들의 컨설팅장학 의뢰 동기가 약화되기 쉽다. 게다가 수업컨설팅일지라도 초등학교는 학년별로 컨설팅장학을 신청하는 경우가 많고 중등학교는 교과별로 신청하는 경우가 많기 때문에 컨설팅장학을 통한 개별 교사의 역량 강화에는 한계가 있다.

셋째, 컨설팅장학의 담당자는 구체적으로 누구인가? 장학사는 컨설팅장학에서 어떠한 역할을 담당해야 하는가? 컨설팅장학의 전문성은 어떠한 전문성인가?

컨설팅장학에서는 전통적 장학과 달리 장학사(관)의 역할이 대단히 모호해졌다. 처음 컨설팅장학이 도입될 때에는 장학사(관)가 컨설팅장학을 이끌어가는 핵심적인 역할을 하고 나머지 각 분야별 컨설턴트가 협조하는 모양새를 제안하였으나, 대부분의 교육지원청에서는 장학사(관)가 직접 컨설턴트로 참여하지 않고 위촉된 관내 컨설턴트를 활용하여 컨설팅장학을 운영하고 그 결과를 보고받는 형식을 띠고 있다. 컨설팅장학이 하나의 행정행위이고 장학사(관)의 고유한 업무 영역이 장학 행정임을 감안한다면 이는 대단히 잘못된 관행임에 분명하다. 컨설팅장학이 고유한 목표가 준수되지 않고 편의주의로 흐른다면 이는 목적전도(Goal Displacement)

의 기이한 현상으로 즉각 시정되어야 할 부분이다.

넷째, 컨설팅장학은 조언만 가능한가? 장학의 어원은 상급자, 우수한 자의 지도·감독(supervision)을 뜻하고, 실제로도 지도·조언활동으로 이루어지는데, 장학의 지도적 성격은 완전히 배제되는가?

컨설팅장학은 학교컨설팅의 민주적인 원리를 차용하여 시행되었음은 주지의 사실이다. 행정 행위인 장학과 전문적인 조언을 목적으로 하는 컨설팅 사이에는 양립할 수 없는 갈등이 존재한다. 결론적으로 컨설팅과 장학의 불완전한 개념이 기계적으로 결합되었기 때문에 빚어지는 여러 가지 문제들이 있다는 점은 인정하더라도 두 개념 중에서 무게 중심이 어디에 있는가 하는 점을 고려해 봤을 때 내릴 수 있는 결론은 누가 보더라도 장학에 있다. 컨설팅장학은 장학에 대한 하나의 방식으로 차용되었다. 이렇게 볼 때 장학 행정을 통하여 단위 학교의 교육력 제고를 위하여 필요하다면 지도적 성격이 필요하다는 점은 쉽게 수긍이 될 수 있다. 장학은 목적이고 컨설팅은 수단이기 때문이다.

3 성공적인 자율장학 운영을 위한 과제

1) 학교장의 장학에 대한 인식 변화

교내 자율장학은 학교장이 중심이 되지만 교장 이외에도 교감, 부장교사 및 동료교사들이 장학을 담당할 수 있다. 자율장학과 관련된 교장, 교감, 부장교사의 업무를 열거하면 〈표 7-5〉와 같다.

표 7-5 교내 자율장학에서 교원의 업무

직위	장학 업무
교 장	• 교재 장학활동의 총괄 • 학교교육 기획 • 교수・학습계획을 위시한 학교 전반의 경영계획 평가 • 인사・시설・재정・사무의 총괄적 관리 • 국가시책 및 장학방침의 현장 구현 • 자원인사의 활용 및 지역사회와의 관계유지
교 감	• 장학활동을 위한 교장 보좌 • 교사들의 교수활동 지도・조언 • 장학업무의 조정 • 교수・학습의 향상을 위한 환경 및 분위기 조성 • 수석교사와 역할 분담
수석교사	• 교사의 교수・연구 활동 지원 • 협의 및 지도・조언 • 교수・학습활동 개선을 위한 건의 및 조정 • 위임사무의 수행 • 교수・학습활동의 개선을 위한 컨설팅

그런데 학교의 업무는 다른 행정기관의 업무체계와 달리 업무의 경계가 모호한 경우가 대부분인데 특히 자율장학은 더욱더 그러하다. 자율장학 활성화를 위한 교장의 역할은 교사 스스로 전문성 함양을 위하여 노력할 수 있는 분위기를 만들어 주고 협조하는 자세를 가지를 일이다. 특히 장학담당자로서 교감과 수석교사와 업무를 조정하며 역할을 분담해야 한다.

자율장학에서 장학담당자는 주로 학교장이나 교감 그리고 수석교사가 된다. 자율장학에서 교장도 장학담당자의 역할을 수행해야 한다. 자율장학 활성화를 위한 교장의 자질과 능력을 크게 두 가지로 볼 수 있다. 첫째, 학교와 학교 구성원들이 가지고 있는 문제 자체에 대한 지식, 기술 경험으로 '내용적 전문성'이다. 내용적 전문성은 자율장학의 영역에 따라 세분화될 수 있으며, 교장은 점차 자신의 특화된 전문 분야를 개발하고 지속적으로 발전시켜 나가게 된다. 둘째, 문제를 해결하는 과정, 절차 또는 도구에 관한 지식, 기술, 경험으로 '방법적 전문성'이다. 방법적 전문성은 자율장학의 영역에 관계없이 또는 모든 장학의 영역에 공통되는 지식, 기술로 자율장학의 경험과 사례를 통해서 지속적으로 개발될 수 있는 암묵적·실천적 지식이라고 할 수 있다.

이상에서 볼 수 있듯이 장학담당자로서 교장의 자질은 의뢰인의 문제에 대해 정확하고 전문적으로 조언해 줄 수 있는 역량과 함께 자율장학의 대상이 주로 학교 교원이라는 점을 고려하여 인간관계 형성 능력이 중시되고 있음을 알 수 있다.

자율장학의 성패는 장학담당자의 자질에 달려 있는데, 교내장학에서 장학담당자가 주로 교장과 교감 그리고 수석교사이고 보면 그들의 장학 전문성이 대단히 중요하다. 의뢰된 문제 자체에 대한 지식과 기술을 뜻하는 내용적 전문성(의뢰 분야에 대한 심오한 지식이나 기술)은 물론 문제를 해결하는 과정, 절차에 관한 지식과 경험을 뜻하는 방법적 전문성(인간관계 기술)을 동시에 갖추어야 한다. 또한 학교 지원에 대한 열정과 인내심을 견지하면서 학교의 교직원들과 꾸준히 소통하여야 한다. 자율장학은 여러 가지 현안이 혼재하는 경우가 많으므로 일시적인 처방에 그쳐서는 안 된다. 시간을 두고 현안에 점진적으로 접근해 나가야 한다(이병환 외, 2011).

2) 교육행정기관의 역할 변화

교원들이 자율장학에 적극적으로 참여하기 위하여 학교리더 못지않게 교육행정기관(특히 교육지원청)의 역할도 중요하다. 교육행정기관에서는 거시적인 안목에서 자율장학의 지원체제를 구축해야 한다. 먼저 다양한 학교컨설턴트를 발굴하거나 우수한 자원을 컨설턴트로 양성하여 컨설턴트 인력풀을 구축해야 한다(이병환 외, 2011). 특히 컨설팅장학에서는 교육청 산하의 학교와 기관에서 의뢰인들의 컨설팅 수요를 정확하게 파악해야 한다. 교육행정기관의 교육전문직들은 의뢰인과 컨설턴트를 서로 연결시켜주는 등 자율장학 관리자의 역할을 수행해야 한다. 자율장학이 학교를 중심으로 운영되지만 경우에 따라서 학교 밖의 자료인사(컨설턴트)가 참여할 수도 있다. 전문성을 갖춘 컨설턴트의 참여는 자율장학의 성공에 중요한 요인이다. 컨설팅장학 이외의 다른 자율장학 영역에서도 외부 전문가를 적극 활용해야 한다.

3) 장학에 대한 교원 모두의 전향적인 자세

학교는 학교가 가진 자율성을 최대한 발휘하여 구성원의 실태와 요구에 맞는 그 학교만의 장학을 개발할 필요가 있다. 자율장학의 결과에 대하여 교원이 만족을 느끼게 되면 교내 자율장학은 선순환 고리를 만들며 활성화될 것이다. 교내 자율장학이 추구하는 목적에 입각하여 학교 실태에 적합한 장학 방법을 개발하고 실행하려는 자세를 가질 필요가 있다.

교원은 학생 교육을 위해서 부단히 노력해야 한다. 교육전문가로서 교원은 자기 수양과 도덕성 제고에 힘쓸 뿐 아니라 교육의 원리와 방법을 꾸준히 연구하여 교육 현장에서의 직무수행에 최고의 효과를 거둘 수 있도록 노력할 의무가 있다. 교원의 전문적 자질 향상을 위한 부단한 노력은 교육전문가로서의 권위와 존경을 받게 할 요인이 될 것이며 효율적인 교육활동을 수행하는 데 기본이 될 것이다(이병환, 2021).

PLUS TIP | 타인(타자)이해의 전제

❙ 자기중심성에 의문을 던져보기 ❙

나는 자기중심적인 사람인가? 그동안 지나치게 나만의 가치판단을 강조하면서 상대방의 입장을 무시하거나 간과하지는 않았는가? 나는 옳고 상대방은 틀렸거나 부족하다고 생각하지는 않았는가? 자기중심성의 벽을 조금씩 깨면서 상대방을 감싸 안는 마음을 갖도록 노력해 보자.

유영만, <학습파워> 중에서

토의해 보기

01 장학이 필요한 이유는 무엇인지 구체적인 사례를 들어서 설명해 보자.

02 교내 자율장학의 구체적인 사례를 조사해 보고 단위 학교에서 정착되기 위하여 보완되어야 할 점에는 어떤 것이 있는지 논의해 보자.

03 교육행정이 일반행정과 다른 특성과 전문성을 가지고 있다고 하는데, 이를 장학의 의미와 관련하여 논의해 봅시다.

04 학교조직문화 개선을 위한 활동 중에서 교사 중심의 학습공동체 운영 사례를 조사해 보자.

05 담임장학과 컨설팅장학의 차이점을 비교해 보고 컨설팅장학 의뢰인이 되어서 교육지원청에 컨설팅장학 요청 계획서를 작성해 보자.

CHAPTER

08 학급경영

학급은 교사의 교수활동과 학생의 학습활동이 전개되는 교육활동의 기본 조직이며, 동시에 학생이 하루 대부분의 시간을 급우들과 함께 보내면서 인간관계를 맺고 심리적인 경험을 하는 생활의 장이기도 하다. 이러한 의미에서 학급을 어떻게 운영하고 관리하느냐 하는 학급경영에 대한 이해는 무엇보다 중요한 일이다.

또한 학생 중심의 교육과정 운영, 교과 수업의 전문성을 높일 수 환경의 요구, 학생 수준별 맞춤형 수업운영의 실천, 공교육의 만족도 제고 등의 환경 변화 속에서 학급 운영 및 관리에 대한 이해도 함께 요구되는 상황이 현재 학급경영의 변화양상이다.

1 학급경영의 기초

1) 학급경영의 개념과 원리

(1) 학급경영의 개념

학급경영이란 학급을 대상으로 교육목표 달성을 위한 교육계획 수립과 그 실행에 필요한 인적 · 물적 조건을 정비하고 학생을 지도하며, 교육활동을 평가하는 일련의 교육활동이다. 또한 교수 · 학습활동과 생활지도가 효율적으로 이루어질 수 있도록 도와주는 교육지원활동이라고 할 수 있다(윤정일 외, 2008).

학급경영은 학생의 학습과 생활지도를 위한 학교의 가장 기본적 구성단위인 학급에서 국가 수준의 교육목표, 학교의 교육목표, 교사 자신의 교육목표를 달성하기 위한 여러 가지 활동이다.

(2) 학급경영의 일반적 원칙과 실천적 원리

학급경영 활동을 창의적이며 효율적으로 수행하는 데 필요한 학급경영의 일반적 원칙과 실천적 원리는 다음과 같다.

학급경영의 일반적 원칙

다음의 네 가지 학급경영의 일반적 원칙은 학급경영 활동 그 자체에 이미 내재되어 있거나, 학급경영 활동을 효율적으로 수행하기 위해서 필요한 요건들을 바탕으로 도출한 것이다(박병량, 2003: 35-39).

- **교육적 학급경영**: 학생 개개인의 흥미, 적성, 능력, 창의성을 신장시킬 수 있어야 한다.
- **학생 이해의 학급경영**: 학생 발달단계에 따른 지적, 정서적, 신체적, 사회적 발달의 특징과 학습 능력, 준비도, 집단의 역할과 사회적 심리의 이해를 근거로 하여 학급이 운영되어야 한다.
- **민주적 학급경영**: 학급구성원의 인격이 존중되고 스스로 의사 결정할 수 있는 자유로운 학급 분위기를 조성해야 한다.
- **효율적 학급경영**: 학급 자원의 효율적 사용으로 학급구성원의 심리적 만족을 충족시키고 학급의 목표를 달성할 수 있도록 해야 한다.

학급경영의 실천적 원리

담임교사가 학생들과 함께 하는 두 학기 동안 학급을 바람직한 방향으로 이끌어 가기 위해 꼭 필요한 학급경영의 실천적 원리는 다음과 같다(박병량, 2003).

- **자유의 원리**: 학습자의 인격을 존중하고 개성이 신장될 수 있는 생활 조건을 확보해 주어야 한다.
- **협동의 원리**: 학급집단의 안전과 이익을 위하여 협동 생활을 할 수 있도록 생활 환경적 조건을 구비해 주어야 한다.
- **창조의 원리**: 학급내외 생활에서 과학적인 태도와 방법을 지도하고 실제 활동의 기회를 제공해 주어야 한다.
- **노작의 원리**: 학습활동이나 창의적 체험활동을 통해서 유·무형의 창작물이 표현되고 실현되도록 기회를 제공해 주어야 한다.
- **흥미의 원리**: 학습활동에 흥미를 갖도록 주변 환경을 조성하고 성공감과 자신감을 갖는 자율적인 활동을 할 수 있는 조건을 제공해 주어야 한다.
- **요구의 원리**: 당면한 사회적 요구, 학습자의 요구 등에 있어서 교육적 가치가 있다고 인정되는 내용은 충족되도록 배려해 주어야 한다.
- **접근의 원리**: 교사와 학생, 학생 상호 간에 거리감 없이 접근하여 서로 존중하고 신뢰하며 인격적으로 대할 때 교육의 성과는 효과를 올릴 수 있으며 학급 구성원과 학급이 발전·향상을 기할 수 있다.
- **발전의 원리**: 학급교사는 꾸준한 자기반성 및 평가를 비롯하여 학급경영 활동에 대해 지속적인 점검, 평가, 반성을 하여 보다 나은 방향으로 변화될 수 있도록 해야 한다.

2) 학급경영의 영역과 주요 활동

- **학급경영계획 영역**: 학생의 개인별 특성, 가정환경, 지역사회의 특성 분석을 통한 학급경영계획 수립

- **집단조직 및 중점 지도영역**: 임원 구성 및 배치, 소집단 편성, 학급의 특성에 맞는 학급규칙의 설정 및 시행, 학급분위기 조성 등
- **창의적 체험활동 영역**: 자율활동, 동아리활동, 봉사활동, 진로활동 등
- **생활지도 영역**: 인성·학업·진로·여가·건강지도 및 정보 제공, 급식지도, 안전생활지도, 청소지도 등
- **환경시설 관리 영역**: 물리적 환경정비, 시설관리, 비품관리, 게시물관리, 청소관리 등
- **사무관리 영역**: 학사물관리, 학생기록물관리 등
- **학부모와의 관계 영역**: 가정통신의 지속적 시행, 학부모의 협조를 도모하는 일 등
- **학급경영평가**: 학급경영계획의 평가, 학급경영의 실천평가, 평가결과의 피드백 등

3) 담임교사의 직무

(1) 담임교사의 역할

학급경영의 담당자는 담임교사이다. 날마다 학생과 접하면서 실제적인 교육활동을 전개하는 담임교사의 역할은 교무분장상의 어떠한 직무보다 중대한 의미를 지니고 있다.

학급경영을 효율적으로 잘 해내기 위해서 교사는 교육이념과 철학을 지니고 있어야 하며 교사로서의 정체감과 자부심이 있어야 한다. 그래야만 학급에서 하는 많은 활동들이 단순한 활동으로만 그치지 않고 교육적인 가치로 연결되어 학급경영을 효율적으로 이루어낼 수 있기 때문이다.

학급경영자로서 담임교사는 대체로 다음과 같은 역할을 수행한다.

첫째, 담임교사로서 역할을 자각하고 그에 따른 책임 수행에 노력해야 한다. 즉 담임교사는 교육자이면서 학교 조직의 일원으로서 학급 전반에 대한 책무를 기꺼

이 담당할 수 있어야 한다.

둘째, 학생을 깊이 이해하고 사랑해야 하며, 학생에 대한 이해는 객관적으로 공정하게 이루어져야 한다.

셋째, 교사로서 인격과 상식을 높이고 교육전문성 배양을 위한 노력에 힘써야 한다. 다양한 개성을 지닌 저마다의 학생을 이해하고 지도하기 위해서는 폭넓은 교양과 유연한 인간성을 가지는 것이 필요하다.

넷째, 학생에게 교육적으로 긍정적인 영향을 줄 수 있는 물리적, 심리적 학급환경 조성에 힘써야 한다.

(2) 담임교사가 처리해야 할 업무

학급경영에 필요한 담임교사의 업무에는 〈표 8-1〉과 같이 크게 학급운영, 교육과정, 학급관리, 생활지도 측면에서 살펴볼 수 있다.

표 8-1 담임교사의 업무

학급운영면	교육과정면
• 급훈의 선정과 실천지도 • 학급경영안 작성 및 활용 • 학급임원 선출지도 • 매일의 조·종례지도 • 학생 실태 조사 분석 및 기록 유지 • 학생 생활지도 내용의 기록과 활용 • 가정환경 파악과 가정과의 연락 유지 • 출석 관리(결석, 지각, 조퇴, 결과, 인정출석) • 전출·입학생 사무처리 및 관리	• 학습태도 분석 및 학습방법 지도 • 학교생활기록부 전산처리 및 관리 • 학교생활기록부 보조기록물 관리 (출석부, 봉사활동 누가기록부, 진단서 등) • 교육평가의 집계, 통계, 통지표 작성 • 창의적 체험활동지도(자율, 동아리, 봉사, 진로활동 지도)
학급관리면	**생활지도**
• 환경미화 및 청소지도 • 교실비품 관리지도	• 상담을 통한 인성 및 진로지도 • 보건위생, 안전생활지도 • 복장 및 예의지도

담임교사는 〈표 8-1〉에서 언급한 업무와 교수자로서 수업업무도 병행해야 하기 때문에 효율적인 학급경영 방법을 익히는 것은 중요한 일이다. 담임교사는 학급경영에 관한 기술, 생활지도와 상담기법, 인성교육프로그램의 습득에 관한 개인적인 경험과 배움에 많은 노력을 기울여야 한다. 이에 관련된 교사 연수 프로그램을 활용하는 것도 하나의 좋은 방법이다.

(3) 담임교사의 하루 일과

담임교사의 하루 일과를 정리·요약해 보면 [그림 8-1]과 같다.

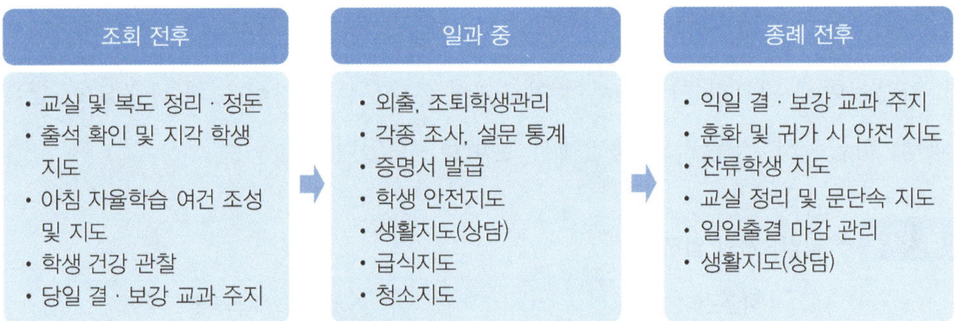

그림 8-1 담임교사의 하루 일과

학급경영과 담임 업무의 실제는 단위 학교의 교육과정과 관련하여 학급교실제와 교과교실제에서 운영상 많은 차이가 있다. 특히 고등학교 학점제 운영은 교과교실제를 근간으로 하기 때문에 교과교실제 내에서의 학생 생활지도에 관하여 교사들은 진지한 고민이 있어야 한다.

4) 학급경영계획 수립과 평가

새 학급이 배정되면 담임교사는 배정된 학급의 합리적인 경영을 위해 가장 먼저 학급경영계획을 수립해야 한다. 학급경영계획은 1년 동안의 학급경영을 구상하고 준비하는 활동이며, 학급을 합리적이고 효율적으로 운영하는 데 중요한 역할을 한다. 담임교사는 학급경영계획을 위한 기초자료를 수집하고 학급경영계획을 세운 뒤 이를 실천하고 평가하는 일을 지속적으로 점검하여야 한다.

(1) 학급경영계획을 위한 기초조사

학급경영계획을 수립하기 위해서 먼저 학생의 정보를 수집해야 한다. 가정환경조사서 등을 통해 학생 개개인에 대한 상세한 실태를 파악하여야 한다. 효율적인 학급경영을 하기 위해서는 학생 개개인의 개성과 적성·정서를 비롯하여 학급집단의 심리적 경향과 풍토, 분위기 등 집단의 특성까지도 정확하게 파악하여야 한다. 학급특성을 파악하기 위한 각종 기초조사를 할 때 다음과 같은 사항에 유의한다.

첫째, 학생이나 집단의 특성은 객관적이고 과학적 방법으로 조사되어야 한다.

둘째, 어느 한 종류의 조사나 검사에 의해서 얻어진 결과를 가지고 섣불리 해석하거나 평가해 버리는 오류를 범하지 않도록 한다.

셋째, 학생이나 집단의 특성은 고정적이라기보다는 계속 변화하는 것이므로 실태조사는 학년 초에 한 번으로 그칠 것이 아니라 계속적인 교육활동 과정에서 수시로 수집하고 그것을 분석하여야 한다.

넷째, 학급경영의 효과를 높이기 위해서는 학급의 특성을 개인성과 집단성의 두 가지 측면에서 파악해야 한다.

학급경영에 필요한 기초 조사 내용 및 방법은 〈표 8-2〉와 같다.

표 8-2 기초 조사 내용 및 방법

구분	내용	방법
교육목표	• 교육부 장학의 방향 • 시·도교육청과 교육지원청의 교육지표 및 주요시책 • 학교교육 목표	• 문헌법, 질문지법, 역사적 방법, 통계적 방법
사회환경	• 사회구조, 사회적 요구	• 역사적 방법, 문헌법, 통계적 방법, 질문지법, 면접법
가정환경	• 가족 상황, 경제 수준, 가족 문화	• 질문지법, 면접법
학생특성	• 지능, 신체 상황, 교우 관계, 흥미, 성숙도	• 관찰법, 자서전법 • 검사: 신체검사, 성숙도검사, 지능검사, 흥미조사, 성격검사, 교우관계 조사

(2) 학급경영계획의 수립과 방향

교육의 목표를 달성하기 위하여 학급 내의 인적, 물적, 사회적 환경을 바람직하게 정비하고 실천 가능한 구체적인 학급경영계획을 수립하고 실천함으로써 학생의 전인적 발달을 도모한다. 학급경영계획을 수립할 때는 다음과 같은 점을 염두에 두어야 한다.

- 국가·사회의 시대적 요구와 학교의 교육과정 목표를 구체적으로 반영한다.
- 학교·학년경영목표의 하위개념으로 실천적이고 행동적인 목표가 되게 한다.
- 학급의 전체적 특성과 학생들의 실태를 기반으로 하는 학생중심의 학급경영계획이 되도록 한다.
- 담임교사의 투철한 교육관과 시대적 요구를 담아 도덕적이고 창의적이며 건강한 인재 육성이 되도록 한다.

(3) 학급경영의 평가

학급경영평가의 의의

학급경영평가의 궁극적 목적은 학급경영 체제를 개선하여 발전시키는 데 있다. 담임교사는 학급경영 과정에서 투입 및 산출에 대한 평가와 분석을 통하여 학급경영 체제를 반성할 수 있고 향후 발전대책을 수립하게 된다. 학급경영의 자율성과 책무성을 높이기 위해서는 자체평가 체제가 바람직하다.

학급경영평가의 요목

학급경영평가의 요목은 학교의 교육목표를 구현하기 위한 교육방침 및 실천사항이어야 한다. 학교의 교육목표를 구체화한 학급 교육목표 및 방침의 구현 사항을 평가해야 하므로 목표와의 일관성을 유지해야 한다. 일반적으로 학급경영평가에 적용할 수 있는 평가영역과 요목은 다음과 같다.

표 8-3 학급경영평가 요목

평가영역	평가요목	
1. 학급경영의 기본 사항	• 학급의 독자적 특성	• 학급경영에 학생의 참여
2. 학급경영계획	• 학급경영계획의 수정 · 보완	
3. 학습지도	• 기본학습습관 형성 • 가정학습지도	• 학생의 학습 개별상담 지도 • 학습 기자재의 확보 및 정비
4. 창의적 체험활동	• 학생자치활동과 역할분담활동	
5. 생활지도	• 기본생활습관지도 • 요선도학생지도	• 예절생활지도
6. 기 타	• 학급 게시물 및 학급환경 관리	• 학급사무 처리

학급경영평가표

담임교사는 수시로 자체적인 학급경영평가를 해야 한다. 학급경영의 평가방법을 구체화하고, 평가와 반성을 통해 학급경영의 성과를 진단하며 계획의 수정과 보완 및 차기 학급경영에 활용할 수 있어야 한다. 〈표 8-4〉는 학급경영평가표의 예시이다.

표 8-4 학급경영평가표 예시

평가영역	평가관점	평가척도					평가결과			
		5	4	3	2	1	1/4	2/4	3/4	4/4
1. 기본관점 (10점)	① 학급의 독자적 특성이 조성되고 있는가?									
	② 학급의 일에 전 학생이 참여하고 있는가?									
2. 학급경영 계획 (10점)	① 학급경영계획은 학교의 교육계획과 일관성을 가지고 있는가?									
	② 학급경영계획은 부단히 재구성·보완되고 있는가?									
3. 교과학습 지도 (25점)	① 기본학습습관이 잘 이루어졌는가?									
	② 학생의 학습상담 활동이 잘 되고 있는가?									
	③ 부진학생지도가 잘 이루어졌는가?									
	④ 가정과 연계한 가정학습지도가 잘 이루어졌는가?									
	⑤ 학습기자재는 잘 정비되어 교수·학습에 효과적으로 쓰일 수 있는가?									
4. 창의적 체험활동 (15점)	① 학생 자치활동과 역할분담 활동은 효과적으로 운영되고 있는가?									
	② 4대 영역이 균형 있게 이루어지고 있는가?									
	③ 동아리활동 시간이 창의적이고 다양하게 이루어지고 있는가?									
5. 생활지도 (30점)	① 기본생활습관지도가 잘 이루어지고 있는가?									
	② 예절생활지도는 잘 이루어지고 있는가?									
	③ 요선도학생지도는 잘 이루어지고 있는가?									
	④ 교외생활지도는 잘 이루어지고 있는가?									
	⑤ 안전생활에 대한 지도가 잘 이루어졌는가?									
	⑥ 건전한 소비생활 교육은 잘 이루어지고 있는가?									
6. 기타 (10점)	① 게시물과 학급비품은 잘 정비되어 있는가?									
	② 학급사무 및 분장사무는 신속 정확하게 처리되고 있는가?									
계 (100점)										

2 학급경영의 실제

1) 학급 사무관리

(1) 학생 기초조사

학급담임을 맡고 나면 가장 먼저 학생에 대한 기초조사를 하고 이를 분석하여 학급경영의 과제를 도출해야 한다. 이때 수집된 자료는 학급경영계획을 위한 자료로서뿐만 아니라 학교생활기록부에 등록할 기초자료, 학생 생활지도 및 학부모 면담의 활용자료로서도 그 가치가 높다. 따라서 기초조사 수집에 담임교사는 보다 신중을 기해야 한다.

기초자료 조사서는 효율적인 학급경영을 위해 담임교사에게 필요한 내용으로 구성하면 된다. 이때 주의할 점은 다음과 같다.

- 자료 작성에 있어서 학부모·학생의 성실한 작성을 정중하게 부탁한다.
- 가정환경에 대한 정보를 정확하게 수집을 할 수 있도록 한다. 학생·학부모의 인권을 보호하는 차원에서 특별한 경우 외에는 주민등록등본 제출을 요구할 수 없어 기초자료 조사서는 학생정보 파악에 매우 중요한 자료이다. 특히, 초·중·고교 1학년 신입생의 담임교사는 기초자료 수집에 신중을 기해야 한다.
- 담임교사는 작성된 내용과 정보에 대해 비밀을 보장하여야 한다. 성장기의 학생들은 자신의 가정환경이나 결손 부분이 외부에 알려지는 것에 대해 민감하기 때문에 담임교사는 학생들의 정보를 조심스럽게 다뤄야 하며 비밀을 유지해야 한다.
- 기초자료 조사서는 학생생활기록부에 필요한 등록내용이나 생활지도 및 상담에 기초가 되는 자료들이 포함되도록 담임교사가 나름대로 구성하여 사용하면 된다.

표 8-5 가정환경조사서 예시(중학교)

<table>
<tr><td colspan="8">가 정 환 경 조 사 서
(　　　　　　)학교　(　　　)학년　(　　　)반　(　　　)번　성명(　　　　　　)</td></tr>
<tr><td colspan="8">본 가정환경조사서는 학생의 학교교육을 위한 기초자료로 활용될 예정이오며, 그 외의 목적으로는 절대 사용되지 않음을 알려드리니 구체적이고 사실적인 기재를 부탁드립니다.
20　　. 3.　.
담임교사 ㅇㅇㅇ</td></tr>
<tr><td colspan="2">주민등록번호</td><td colspan="2"></td><td>전화번호</td><td></td><td>성별</td><td></td></tr>
<tr><td>성명</td><td colspan="3">(한자):</td><td>휴대폰</td><td></td><td>졸업학교</td><td></td></tr>
<tr><td>주소</td><td colspan="7"></td></tr>
<tr><td colspan="2" rowspan="2">보호자 성명</td><td colspan="2" rowspan="2"></td><td rowspan="2">관계</td><td colspan="3">학생의 부, 모, 조부, 조모, 기타(　　)</td></tr>
<tr><td colspan="3">해당되는 곳에 ㅇ표하기</td></tr>
<tr><td rowspan="19">가
족
사
항</td><td colspan="4">부</td><td colspan="3">모</td></tr>
<tr><td>성명</td><td colspan="3"></td><td>성명</td><td colspan="2"></td></tr>
<tr><td>나이</td><td colspan="3"></td><td>나이</td><td colspan="2"></td></tr>
<tr><td>직업</td><td colspan="3"></td><td>직업</td><td colspan="2"></td></tr>
<tr><td>학력</td><td colspan="3"></td><td>학력</td><td colspan="2"></td></tr>
<tr><td>종교</td><td colspan="3"></td><td>종교</td><td colspan="2"></td></tr>
<tr><td>전화번호</td><td colspan="3"></td><td>전화번호</td><td colspan="2"></td></tr>
<tr><td>휴대전화</td><td colspan="3"></td><td>휴대전화</td><td colspan="2"></td></tr>
<tr><td colspan="7">그 외 가 족</td></tr>
<tr><td>관계</td><td colspan="2">이름</td><td>나이</td><td>직업 및 학교</td><td colspan="2">본교재학 유무(학년반)</td></tr>
<tr><td>함께 사는 조부</td><td colspan="2"></td><td></td><td></td><td colspan="2"></td></tr>
<tr><td>함께 사는 조모</td><td colspan="2"></td><td></td><td></td><td colspan="2"></td></tr>
<tr><td rowspan="2">형(오빠)</td><td colspan="2"></td><td></td><td rowspan="2"></td><td colspan="2" rowspan="2"></td></tr>
<tr><td colspan="2"></td><td></td></tr>
<tr><td rowspan="2">누나(언니)</td><td colspan="2"></td><td></td><td rowspan="2"></td><td colspan="2" rowspan="2"></td></tr>
<tr><td colspan="2"></td><td></td></tr>
<tr><td rowspan="2">남(여)동생</td><td colspan="2"></td><td></td><td rowspan="2"></td><td colspan="2" rowspan="2"></td></tr>
<tr><td colspan="2"></td><td></td></tr>
<tr><td colspan="8">(가족관계의 특이사항): 부모님 이혼, 부모님 사별, 기초수급 가정, 한부모 가정, 소년가장, 조손가정 (경제적 지원요청): 학교운영비 감면 요청, 학교급식대금 감면 요청 <해당란에 ㅇ표하기></td></tr>
<tr><td colspan="2">학생취미</td><td colspan="2">학생특기</td><td rowspan="2">학생의
장래희망
(직업)</td><td>학생</td><td colspan="2">보호자</td></tr>
<tr><td colspan="2"></td><td colspan="2"></td><td></td><td colspan="2"></td></tr>
<tr><td colspan="2">건강사항</td><td colspan="6">※ 주의해야 할 질병이나 신체상 특이점:</td></tr>
<tr><td colspan="8">(담임교사에게 당부의 말씀):</td></tr>
</table>

표 8-6 나의 소개서 예시(중학교)

저를 소개합니다

(　　　)학교 (　　　)학년 (　　　)반 (　　　) 번 성명(　　　　　　)

나의 소개서는 여러분의 학교교육을 위한 기초자료로 활용될 예정이오며, 그 외의 목적으로는 절대 사용되지 않으며 비밀이 유지됨을 알려드리며 사실대로 써 주시기를 부탁드립니다.

20　.　.　.

담임교사 ㅇㅇㅇ

1. 제가 생각하는 저희 부모님은 이런 분이십니다.
(부모님과 자신과의 친밀도로 써보기 바라요)

아버지	어머니

2. 저의 성장과정을 요약하면

3. 저는 이런 것은 잘할 수 있습니다.

4. 저는 이런 나쁜 습관이나 버릇을 고치고 싶어요.

5. 저는 일 년 후에 이렇게 변해 있을 거예요.

6. 저는 담임선생님이 이런 분이셨으면 합니다.

7. 선생님께만 들려드리고 싶은 이야기

8. 내가 좋아하는 나와 친한 친구들

관계	이름	전화번호(휴대전화)	반, 학교이름
우리 반			
다른 반			
다른 학교 (학원 친구)			

(2) 학급경영계획서 작성

근래에는 담임교사가 학급경영계획서를 작성・제출하거나 학급경영부의 정기적인 점검을 받지 않는다. 하지만 담임교사는 학년 초에 학급을 배정받고 나면 누구든지 학급경영계획을 수립한다. 배부받은 학급경영부에 학급경영계획과 실천과제 등을 꼼꼼하게 기록하거나 교사의 업무용 컴퓨터를 이용하여 담임교사에게 필요한 자료들을 수집하여 작성・관리하기도 한다.

학급경영계획서의 내용과 방법

학교에서 배부받은 학급경영부는 대부분 〈표 8-7〉과 같은 내용으로 구성되어 있어 이를 활용하여 작성하면 된다.

표 8-7 학급경영계획서의 내용과 방법

영역	내용	방법
학급실태	• 학생 및 가정실태	• 가정환경조사서, 전 학년도 학교생활기록부 참조
학급경영의 기본 방향	• 학급경영관 • 학급교육목표 • 학급경영방침 및 구현 계획 • 노력중점 및 학급특색 구현 계획	• 학급담임 교사의 교육관에 입각하여 수립
학급경영 조직	• 임원조직도 및 비상연락망	• 학기별 관리(수시점검)
교육과정 운영	• 기초・기본학력 실태 및 대책 • 교과별 성취 수준 • 가정학습 수행 실태 및 대책	• 누가기록
창의적 체험활동 운영	• 창의적 체험활동 지도계획	• 학교교육과정에 근거
학생 생활지도	• 생활지도 내용 및 지도계획	• 누가기록
학급시설 및 환경관리	• 중요시설 및 비품관리계획 • 학급환경 구성계획	• 점검 및 관리(수시)
학급경영평가	• 학급경영 전반	• 자체평가(수시)

각 학교에서는 약식으로 되어있는 학급경영계획서를 활용하는데 담임교사는 이를 작성하여 제출하면 된다. 〈표 8-8〉은 학급경영계획서(약식)의 예시이다.

표 8-8 학급경영계획서(약식)

ㅇㅇ중학교 제 학년 반 담임 (인)

<table>
<tr><td>경영목표</td><td colspan="6"></td></tr>
<tr><td>경영방침</td><td colspan="6"></td></tr>
<tr><td>역점지도
계획</td><td colspan="6"></td></tr>
<tr><td>1학급 1특색
운영주제</td><td colspan="2"></td><td>세부
실천과제</td><td></td><td>운영
방법</td><td></td></tr>
<tr><td>1교 1덕목
실천주제</td><td colspan="3"></td><td>운영방법</td><td colspan="2"></td></tr>
<tr><td rowspan="2">학급
실태 분석</td><td>재적수</td><td>명</td><td colspan="2">특별지도 대상학생</td><td colspan="2"></td></tr>
<tr><td>지도방안</td><td colspan="5"></td></tr>
<tr><td>학력관리
방안</td><td colspan="6"></td></tr>
<tr><td>생활지도
방안</td><td colspan="6"></td></tr>
<tr><td>학급제작
대회출전</td><td colspan="6"></td></tr>
<tr><td>특기사항</td><td colspan="6"></td></tr>
</table>

(3) 나이스(NEIS)시스템 사용하기

각 시·도교육청의 업무포탈에 접속한 후 나이스를 활용하여 학생들의 학교생활에 관한 전반적인 내용을 학교생활기록부에 수시로 작성해야 한다. 학교생활기록부는 담임교사가 반드시 작성해야 할 법적 문서이다.

교과활동 영역과 창의적 체험활동 영역의 평가는 당해 업무담당 교사가 기록하며 이를 제외한 대부분의 기록은 담임교사가 한다. 학생들의 학교·학급활동, 자격증, 봉사활동 등의 기록은 발생 시 수시로 작성하여 누가기록을 하며, 진로지도·상담활동은 수시로 작성·관리한다. 또한 학생건강검사, 학생건강체력평가(PAPS: Physical Activity Promotion System) 등을 통한 학생건강관리 기초자료 등을 입력하여야 한다.

(4) 각종 행정업무

담임교사는 저소득층 지원, 수익자 부담경비 관련 업무, 전·입학처리, 모범(선·효행)학생 추천, 장학생 추천, 교육행정기관에서 요청한 교육활동 관련 설문지 조사 및 통계, 급식 관련 설문지 조사 및 통계, 학급운영비 지출품의 등을 처리해야 한다.

2) 일상적인 학급경영 업무

(1) 학년 초 업무

첫 만남

배정받은 학급에서 학생들과의 첫 만남은 학생은 물론 교사 역시 설레는 순간이다. 첫 만남에 일정한 방식은 없지만 담임교사는 나름대로 자신의 교육관과 학생관에 대해 너무 심각하지 않은 범위 내에서 소개해 준다. 첫날은 학생들이 학교나 학급에 중압감을 느끼지 않도록 출석부의 이름을 불러주거나 배정된 학급시간표를 소개하고 좌석을 배치해 준다.

그리고 등교 시간과 학년 초에 필요한 학교생활 규정을 간략하게 알려준다. 학교생활 규정은 학생부에서 자세히 알려준다는 말도 해 준다.

대개 첫날부터 수업이 진행되는 중등학교와 달리 초등학교 학생이나 새로 입학한 중학교 1학년, 고등학교 1학년의 경우에는 급우 간에 자신을 소개하는 시간을 짧게 갖는 것도 무방하다.

연간 행사 예정표 배부

대부분의 학교에서는 학년 초에 연간 행사 예정표를 학부모에게 미리 배부하여 1년 동안의 교육과정 운영과 수련회, 지필고사, 체험학습, 창의적 체험활동 등의 행사에 대해 알려 준다.

급훈의 설정

급훈은 담임교사의 교육관과 학생들의 의지를 담아 학급 전체가 지향해야 할 방향을 제시하는 지침이고 덕목이다. 그러므로 급훈은 학급이 공동으로 추구해야 할 덕목이나 가치를 담은 것이 좋다. 급훈은 학급환경을 꾸미기 위한 단순한 장식물이 아니다. 일부 학급에서 급훈을 희화화(戱畵化)하거나 경쟁을 조장하는 급훈을 사용하는 경우가 있는데 이는 바람직하지 않다.

급훈을 정하는 방법은 첫째, 담임교사가 자신의 교육철학과 가치관을 바탕으로 적절한 내용을 결정하는 방법, 둘째, 담임교사가 몇 가지 안을 제시하고 학생들이 선택하는 방법, 셋째, 학생들에게 공모를 해서 담임교사가 그중 하나를 선택하는 방법, 넷째, 학급회의에서 학생들이 결정하는 방법 등을 들 수 있다.

더 알아보기 **급훈의 예**

- 자신감으로 말하고 열정으로 실천하자.
- 1%를 나누면 공동체가 보인다.
- 사랑을 실천하는 3반
- 지금 잠을 자면 꿈을 꾸지만 지금 공부하면 꿈을 이룬다.
- 오늘 걷지 않으면, 내일은 뛰어야 한다.
- 오늘 보낸 하루는 내일 다시 돌아오지 않는다.
- 불가능이란 노력하지 않는 자의 변명이다.
- no pains, no gains

학급규칙 정하기

학급규칙은 학생들이 학급 내에서 어떻게 행동해야 하는가를 명시한 지침이다. 학급을 원활하게 운영하려면 합리적인 학급규칙을 정하고 그것을 모든 학생들이 지켜야 한다. 일반적으로 사용하는 학급규칙의 예를 들어본다.

더 알아보기

- 예의 바르게 행동한다.
- 다른 학생의 의견을 존중한다.
- 다른 학생을 괴롭히지 않는다.
- 지각을 하지 않는다.
- 다른 사람에게 도움이 되는 행동을 한다.
- 교사나 다른 학생을 방해하지 않는다.
- 무단결석을 하지 않는다.
- 수업시간에 떠들지 않는다.

학급규칙을 학생들에게 소개할 때에는 규칙의 긍정적인 측면을 강조해야 한다. 그래야 학급규칙을 통해 학생들을 규제한다는 인상을 주지 않고 올바르게 행동하는 방법을 가르치는 효과를 얻을 수 있다. 학급규칙은 학급에서 공동생활하는 데 필요한 기본지침이므로 교사가 일방적으로 정하지 말고, 학생들과 협의하여 정하는 것이 좋다. 그러므로 학급회의를 통해 학급규칙을 정하도록 하는 것이 바람직하다.

학급규칙이 정해지면 학생들이 쉽게 이해할 수 있도록 작성한 다음 적당한 곳에 게시하는 것이 좋다. 또 학생들에게 학급규칙의 필요성과 구체적 예를 설명해 주고, 학급회의시간을 이용해서 학급규칙이 잘 지켜지고 있는가에 대한 반성을 하도록 하는 것이 좋다. 필요에 따라 학급규칙을 수정하거나 추가할 수도 있다.

학급조직 및 학생회 자치회 조직

학교와 학급에서 이루어지는 모든 조직의 구성은 비록 사소한 모둠을 구성하는 일일지라도 학생들로 하여금 민주적인 절차와 과정을 체험할 수 있도록 해 주어야 한다. 임원을 선출할 때는 학교 일정을 고려하여 선거관리위원회 구성, 선거 공고, 후보자 등록, 후보자 소개, 후보자의 선거공약과 홍보활동, 선거 등의 일련의 과정에 의해 진행될 수 있도록 한다. 저학년 학생들의 경우 임원 선출과정에 대한 관심이 매우 높으므로 소외되는 학생이 없이 신중하게 이루어지도록 해야 한다.

학급과 학교의 조직 생활에서 이루어지는 소중한 경험들은 학생들에게 장차 시민공동체의 구성원으로서 자질을 닦는 초석이 되므로 담임교사의 세심하고 자상한 배려가 필요힌 부분이다.

좌석배치(짝 정하기) 및 청소구역 배정

가급적이면 학생들의 의견을 수렴하는 것이 좋지만 담임교사는 학급의 질서나 학급 분위기, 학생 간의 심리적 또는 역학적인 구조를 고려하여 합리적인 방법으로 정한다. 담임교사는 자체적인 학급경영의 평가를 통해 수시로 좌석배치나 짝에 대해 점검한다. 청소구역 배정도 학급구성원들에게 모든 청소활동을 경험해 볼 수 있게 하거나, 지나치게 청소활동이 소극적인 학생에게 1인 1구역을 배정하여 청소활동을 통한 성실성과 책임감을 부여하는 방법도 있다.

주번 정하기

학급에 봉사하는 마음으로 주번 활동에 임할 수 있게 한다.

환경구성

학년 초의 학급구성은 학생들의 의견을 수렴하여 계획해 본다. 그러나 학생의 의견을 지나치게 고려하는 경우 학급환경이 자칫 산만하게 구성되어 교실 내 청결이나 안정감을 저해할 수도 있으므로 담임교사가 잘 조율하여 단정하고 안정감 있는 교실 환경이 될 수 있게 한다. 물리적인 교실환경은 학생들의 정서와 심리적 안정에 많은 영향을 준다.

(2) 생활지도

아침 자율학습 운영

매일 처음으로 학생들과 만남이 이루어지는 시간이다. 반갑게 인사를 하고 학생들이 하루생활을 긍정적으로 열어갈 수 있도록 정서적으로 배려해 준다. 이 시간은 담임교사가 비교적 자율적으로 이용할 수 있는 시간으로 적절히 잘 활용할 수 있는 방안을 구상할 수 있어야 한다. 학생의 생활지도와 상담시간, 학급 자체활동 시간, 독서시간으로도 이용할 수 있다. 학생의 입장에서도 수업 전에 자기조절이 될 수 있는 시간이므로 학생들 스스로 유익한 시간으로 활용될 수 있도록 해 주는 것도 좋다.

조 · 종례

매일의 일상 업무로서 매우 짧은 시간에 이루어진다. 대부분은 교육활동과 관련된 전달사항을 알려주는 시간으로 이루어지나 담임의 교육관에 입각해 학생들의 성장과 발달을 유도할 수 있는 시간으로 활용할 수도 있다. 예를 들면 일별 · 월별 역사적 사건이 있는 날에는 의미 있는 훈화나 일상의 좋은 이야기를 통해 학생들을 지지해 주고 긍정적인 마인드를 지닐 수 있도록 한다.

청소지도

학생들의 기본생활습관지도와 관련된 매우 값진 시간이다. 청소년기는 학생들에게 발달과정상에서 근면성 습득이라는 과업을 달성해 주는 소중한 시간이므로 교사도 학생들과 함께 즐거운 마음으로 청소활동에 임장(臨場) 지도한다.

학생상담 · 진로상담

담임교사의 상담활동은 1년 동안 지속되는 활동이다. 항상 학급학생의 발달과 성장을 도울 수 있는 조력자의 모습으로 임해야 한다. 상담활동을 통한 자료수집 결과나 관찰 · 면담 자료는 누가 기록해 두어 생활지도나 학부모 상담 자료로 활용할 수 있도록 한다. 진로상담은 교과내용과 연계하여 지도하거나 학급활동 시간을 통해 이루어지므로 담임교사는 학생들에게 진로탐색의 기회와 자료를 제공해 준다.

부적응 · 반사회성 경향의 학생상담

특별한 조력을 필요로 하는 학생들의 상담은 담임교사에게 정신적, 신체적, 시간적으로 상당한 노력을 요구하는 업무이다. 상당한 시간을 부적응 학생이나 문제성을 지닌 학생을 상담하는 데 사용하지만 상담을 통해서도 쉽게 교정되지 않는 것이 이들의 특성이다. 담임교사는 학생지도와 관련하여 학부모와 연계하여 지도하거나 해당 학생의 학부모 상담을 요청하거나 교내에 설치되어 있는 Wee 클래스(상담교사 상주)나 지역사회 유관기관의 상담전문가에게 협조를 요청하여 지도할 수 있다. 특히 상담이 절대적으로 필요한 특별한 학생들의 경우 '특별교육 이수' 혹은 '출석정지'의 기간에는 교육감이 지정하는 기관(Wee 센터, 대안위탁교육기관 등)에 위탁하여 상담 · 치료 등 특별교육을 제공받을 수 있도록 한다. 담임교사가 상담 관련 교원연수를 통해 전문적인 상담 기술이나 기법을 습득하는 것도 학생생활지도에 매우 유용한 일이다.

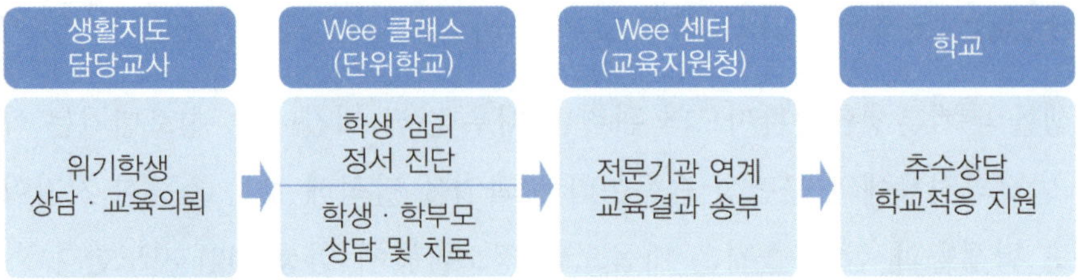

그림 8-2 Wee 프로젝트 활성화를 통한 학생상담활동 지원

(3) 행사활동 지도

학교(학년부) 행사활동

학교와 학년부의 행사활동의 목적과 기본방침을 이해하고 행사활동 시 담임교사의 역할과 담당업무 내용을 미리 숙지하고 당일 행사에 임한다. 담임교사는 교내에서 이루어지는 각종 행사활동시 안전사고 지도에 각별히 유의해야 한다.

학교 행사활동으로는 입학식, 교내체육대회, 야영수련활동, 현장체험학습, 소풍활동, 학생건강 체력평가, 학생건강검사, 과학의 날 행사, 학기별 중간 · 기말고사, 교내봉사활동, 교내축제, 졸업식, 신입생 반편성 배치고사 등이 있다.

학급 행사활동

담임의 학급경영관에 따라 다양한 학급 행사를 실시하기도 한다. 학급 행사활동의 예로서 학급구성원의 생일잔치, 학급 친목회, 학급 문집 만들기, 학급 앨범제작, 학급 모둠일기 쓰기 등이 있다. 학급의 행사를 진행할 때 담임교사는 소수에게 치우침이 없이 모든 구성원이 참여할 수 있고 일의 처리나 절차가 민주적인 방식으로 이루어질 수 있도록 조력하여야 한다(이병환, 2021).

Hint **학생이 질문한 내용을 교사가 잘 모를 때는 어떻게 처리합니까?**

학생이 묻는 것을 교사가 잘 모를 경우는 두 가지가 있습니다. 한 가지는 묻는 낱말의 개념을 모르는 경우이고 또 하나는 묻는 사실에 대한 답변을 모르는 것입니다.

전자의 경우에는 〈잠시 기다려 봐. 선생님도 ○○가 묻는 말은 사전에서 찾아보아야 하겠는 걸…〉 하고 사전을 찾아보아야 합니다. 이럴 때 교사는 학생들이 선생님이 그것도 모르느냐고 생각할까 봐 적당히 넘어가는 것보다 사전에서 찾아보고 대답해 주면 〈선생님도 잘 모르시면 사전을 찾아보시는구나!〉 하고 오히려 사전을 활용하는 학습 태도를 형성시킬 수 있는 것입니다.

후자의 경우 〈이제 ○○가 질문한 내용을 여러분 중에 대답해 볼 사람!〉 하고 다른 학생에게 물러보아서 그 발표를 종합하여 교사가 정리해 주는 방법이 좋습니다. 만약 학생들도 잘 모르고 교사도 잘 모를 경우에는 〈이제 ○○가 질문한 내용을 다음 시간까지 우리 모두가 찾아보고 다시 연구해 보자!〉라고 지시하고 다음 시간까지 교사는 대답할 수 있도록 조사해 오는 것이 좋습니다. 다음 시간에 꼭 학생들에게 물어보고 잘 모를 때는 교사가 대답해 주어야 합니다.

PLUS TIP | 교사 이해

❙ 알렉사 선생님께 이 책을 바친다. ❙

"어떤 선생님도 저능아로 낙인찍힌 나에게 관심을 기울이지 않았다. 그러나 4학년 때 대학을 갓 졸업하고 담임으로 부임하신 알렉사 선생님은 달랐다. 그녀는 생활기록부 내용을 무시했다. '넌 잘할 수 있다.'라고 말하면서 다른 선생님들 보다 더 많은 것을 기대하고 요구했다. 나는 선생님을 기쁘게 해 주고 싶었다. 선생님이 기대한 것 이상으로 피나는 노력을 해서 난생처음으로 전 과목 A학점을 받았다.

중학교에 들어간 나는 IQ를 연구하는 심리학자가 되기로 결심했다. 그리고 예일대학교의 심리학 교수가 되었다. 초등학교 4학년 때 만약 다른 분이 담임으로 왔다면 나는 예일대학교 연구실을 차지한 교수가 아니라 그 방을 청소하는 사람이 되었을지도 모른다."

이 사람은 오늘날 지능 분야에서 세계 최고의 학자로 인정받고 있는 로버트 스턴버그 박사다. 그가 쓴 책 <성공지능>의 첫 장은 단 한 문장의 내용을 담고 있다.

"내 인생의 방향을 바꾸어 주신 알렉사 선생님께 이 책을 바친다."

이민규, <끌리는 사람은 1%가 다르다> 중에서

토의해 보기

01 학급은 교사와 학생의 만남의 장이다. 만일 여러분이 어느 학교의 담임교사로 부임하였다면 어떤 각오로 학생들을 만나겠는가? 학생들과 상의해서 학급규칙을 만든다면 어떤 내용이 될 것인가?

02 학창시절의 기억을 되살려 가장 기억에 남는 선생님의 학급경영 능력과 특징을 점검하여 보고 이를 학급경영 원리에 비추어 설명하여라.

03 성공적인 학급경영을 위한 학급담임 교사의 역할을 구체적으로 제시하고 예를 들어 설명하여라.

04 학급경영 평가의 영역과 내용을 정리하여 설명하여라.

CHAPTER 09

생활지도와 학교상담

생활지도는 교과지도와 더불어 학생의 건전한 성장과 발달을 돕는 학생지도 영역이다. 지금 우리 사회는 전반적으로 인간의 자율적 성장과 개인의 인권 및 개성의 다양성을 중시하는 방향으로 나아가고 있고 가정과 사회의 구조와 기능이 급격하게 변화하고 있는 추세이다. 이러한 변화 속에서 아동 · 청소년들의 성장과 발달상에도 많은 문제들이 야기되고 있다. 이는 학교에서 생활지도의 필요성을 더욱 강조하게 되는 원인이 되고 있다. 따라서 교사는 학생을 위한 조력자로서 생활지도와 생활지도의 가장 핵심적 활동인 상담에 대하여 실제적인 관심을 가져야 한다.

1 생활지도의 이론적 기초

1) 생활지도의 개념

생활지도에 대해서 비행 학생을 지도하는 활동 또는 학생 사안을 처리하는 활동, 학교규칙을 지키도록 지도하고 이를 어긴 학생을 체벌하거나 처벌하는 활동,

학생들의 집단적 현실 참여를 억제하도록 지도하는 활동이라고 잘못 생각하는 경우가 있다.

생활지도라는 용어는 크게 두 가지 의미로 살펴볼 수 있다.

첫째, 미국의 가이던스(guidance)에 대한 번역어로서 학생들의 학업, 진로, 인성 등의 영역에서 발달, 의사결정, 문제해결 등의 과정을 돕는 활동이다. 이때의 생활지도는 대체로 학생이해 활동으로서 전문적인 활동영역이나 활동내용 등을 포함한다.

둘째, 학생의 생활 및 행동지도 등을 총칭하는 의미로써 생활지도라는 용어를 사용한다. 학교교육을 크게 교과지도와 생활지도로 양분하는 학자들에 의하면 교과지도 이외의 모든 교육을 생활지도라고 지칭한다. 이때의 생활지도는 특화된 전문 활동을 반드시 포함하지는 않으며 행동습관, 청결과 위생, 예절 등 학생생활의 거의 모든 영역에 관여되기 때문에 비전문적이지만 그 영역은 매우 넓고 중요하다. 이의 구분에 의하면 생활지도에는 전문적인 훈련을 요하는 부분이 있어서 일반 교사들이 담당하기 어려운 부분도 있으나 기본적으로 모든 교사가 맡아야 하는 교육활동으로 보아야 한다(수업목표 외, 2009).

2) 생활지도의 원리

생활지도에 적용되는 일반적인 원리가 있다. 이러한 원리는 생활지도 활동의 철학적인 준거를 형성하게 하고 생활지도를 효과적으로 수행하도록 하는 지침이 된다(이재창, 1998).

① **생활지도는 모든 학생을 대상으로 한다**: 적응상의 문제를 보이는 특정한 집단의 학생만을 대상으로 하는 것이 아니라 정상적인 전체 학생을 대상으로 해야 한다.

② **생활지도는 모든 연령층의 학생을 대상으로 한다**: 초등학교에서부터 대학에 이르기까지 전 연령층을 대상으로 한다.

③ **생활지도는 전인적 발달에 초점을 둔다:** 지적인 발달뿐 아니라 신체적·정서적·사회적 발달을 포함한 개인의 성장·발달에 초점을 둔다.

④ **생활지도는 개인의 존엄성과 개성의 발달에 초점을 둔다:** 개인은 하나의 인간으로서 존재 가치를 갖고 자기만의 독특한 특성을 지니고 있으며 이러한 개성이 계발되고 존중되어야 한다.

⑤ **생활지도는 치료보다는 예방에 역점을 둔다:** 생활지도가 개인의 전인적 발달에 초점을 두고 정상 학생들을 대상으로 하는 것이기 때문에 이미 발생한 문제의 치료보다는 문제 발생을 예방하는 데 역점을 두어야 하는 것이다.

⑥ **생활지도는 처벌이나 제지보다는 성장을 촉진한다:** 생활지도를 문제학생을 처벌하는 것으로 인식하는 교사, 학부모, 교육행정가의 부정적인 태도는 개인의 존엄성을 무시하는 처사이며 개인의 건전한 행동 변화를 가져오기 어렵다. 학생을 처벌하기보다는 성장을 촉진하는 적극적인 활동이 되어야 한다.

⑦ **생활지도는 과학적인 근거에 기초를 둔다:** 학생을 제대로 이해하기 위해서는 여러 가지 표준화된 검사를 활용하는 것이 필요하다.

⑧ **생활지도는 학교교육의 통합된 일부이다:** 일반적으로 생활지도는 교과교육에 여유가 생겼을 때 실시하는 것으로 인식되는 경우가 많은데 생활지도는 교과지도와 아울러 학교교육의 필수적인 부분이다.

3) 생활지도의 주요 활동

(1) 학생조사(이해)활동

학생에 대한 정확한 이해와 지도에 필요한 기초 자료를 수집하는 과정으로 표준화검사는 물론 관찰법, 질문지법, 면접법 등의 비표준화검사 등 다양한 접근이 요구된다. 교사는 학생 간 개인차의 존재를 인식하고 그 개인차를 이해하기 위하여 조사활동을 한다. 조사활동의 기본적인 방법으로는 가정환경 조사, 학교생활기록부 확인, 학생 · 학부모 · 교우 면담, 심리검사, 사회성 측정, 자서전 · 일기 쓰기 등 다양하다. 조사결과는 누가 기록하여 교육적으로 활용될 수 있도록 하여야 할 것이다.

(2) 정보제공활동

학생이 필요로 하는 각종 정보를 제공하는 활동이다. 담임(담당)교사는 필요한 정보를 수집해서 학생과 학부모 및 그 외의 교사들에게 제공하는 활동을 한다. 정보의 주요 영역으로는 교칙, 교과목, 학습방법 등 학교교육과 관련된 교육정보, 직업세계 등 진로와 관련된 직업(진로)정보, 개개인의 인성과 인간관계 등 개인 · 사회 정보가 있다.

(3) 상담활동

생활지도는 학교 교육활동의 중요한 영역 중의 하나이며 상담활동은 생활지도의 중요한 방법 중의 하나라고 할 수 있다. 따라서 생활지도와 상담활동은 별개의 영역으로 분리할 수 없는 관계에 있다고 할 것이다. 상담활동은 생활지도의 핵심적 활동으로서 상담자가 내담자에게 자신과 환경에 대한 이해의 폭을 넓혀주고 합리적 행동양식을 증진시키거나 의사 결정을 내릴 수 있도록 도와주는 활동이다. 주로 담임교사가 상담 활동을 맡고 있으나 차츰 학교별로 상담교사가 상주하는 'Wee 클래스'가 설치되어 보다 전문적이고 체계적인 상담활동을 전개하고 있으며, 학생 스스로 상담교사를 찾아가는 상담활동이 이루어지고 있다. 또한 각 시 · 군 · 구 교육지원청에 'Wee 센터'를 설치 · 운영하여 학교상담활동을 보완하는 역할 및 상담 관련 프로그램을 제공해 주고 있다. 많은 학교에서는 '학생상담 자원봉사자'를 두어 학생상담에 조력하며 학교보건교사도 건강 중심의 상담활동에 참여하고 있다.

(4) 정치(定置)활동

취업 지도, 진로 지도, 학과선택 지도에서 자신의 희망과 능력에 적절한 위치를 현명하게 선택할 수 있도록 도와주는 활동이다. 교육적 정치활동은 학교와 학과 선택, 동아리활동의 선택 및 부서배치를 돕는 것을 말하며, 직업적 정치활동은 직업선택과 진로결정, 부직(副職) 알선을 도와주는 활동이다. 학생들이 겪는 선택의 어려움을 해결해 주고 나아가 선택한 사항들을 잘 실행할 수 있는 계기를 마련해 주는 활동이 정치활동이다. 원활한 정치활동을 위해서는 개별 면담이나 오리엔테이션 등 집단지도가 수행되기도 한다.

(5) 추수활동

생활지도를 받은 학생에 대한 사후 점검을 통하여 학생이 건전하게 적응하면서 생활하고 있는가를 살펴보고 그 대책을 강구하는 활동이다. 적합한 환경에 정치되었다 하더라도 지속적인 지도나 정보가 요구되기도 하고, 상담교사와 긴밀한 관계를 유지해야 할 필요가 있기도 하다. 특히 비행학생의 문제해결을 위해서는 지속적인 추수활동이 필요하다.

2 학생 및 학부모 상담

학교상담을 어떤 시각으로 보는가에 따라서 상담의 유형을 다양하게 분류할 수 있지만 내담자의 유형에 따라서 개인상담, 집단상담, 학부모 상담으로 구분할 수 있다.

1) 개인상담

개인상담은 생활지도의 가장 대표적인 방법이다. 학생은 교사와의 좋은 관계 속에서 인지, 정서, 행동적인 면에서 스스로 성장하고 변화해 나가겠다는 결심을 하게 되며, 또한 실제로 변화를 위한 노력을 기울이게 된다. 따라서 관계는 개인상담을 수행하는 데 있어서 가장 기본이 되는 중요한 요인이다. 학생과 좋은 관계를 맺고 상담을 효과적으로 이끄는 데 필요한 기본원리를 살펴보면 다음과 같다.

(1) 개인상담의 기본원리

① 공감적 이해

공감적 이해란 교사가 자신이 직접 경험하지 않고도 내담자의 감정과 태도 및 신념을 거의 같은 수준으로 정확하게 이해하는 것을 말한다. 공감적 이해는 학생으로 하여금 교사가 자신을 이해하고 있다고 믿게 만들며 또한 교사와 정서적으로 연결되어 있다고 느끼도록 한다.

② 무조건적 존중

교사는 내담자를 하나의 전인적 인간으로 보고 그들을 무조건적으로 존중할 수 있어야 한다. 교사의 무조건적 존중 속에서 학생은 방어의 벽을 허물고 안전한 관계 속에서 자기탐색을 활발하게 할 수 있게 된다.

③ 진솔성

교사는 학생을 진솔하고 성실하며 일관성 있게 대해야 한다. 그렇게 하기 위해서는 교사 스스로 자신의 가치관과 신념이 무엇이며 자신의 태도와 가치관이 학생에게 어떤 영향을 주고 있는지를 잘 파악하여야 한다.

(2) 개인상담의 과정

학생상담을 효과적으로 수행하기 위해서는 먼저 학생이 상담에 대해 정확히 인식하도록 하는 것이 중요하다. 또한 교사는 학생과 좋은 상담관계를 형성하고 유지할 수 있어야 하며, 상담기법과 절차에 대해서도 잘 알고 있어야 한다. 학교현장에서 수행되는 개인상담의 과정과 절차를 간략히 소개하면 다음과 같다.

① 상담에 대해 올바른 인식 심어주기

학생상담은 자발적으로 상담자를 찾아오는 성인들의 경우와 달리, 주로 교사의 호출에 의해 이루어진다. 일반적으로 상담은 문제가 있는 학생들이 받는 것이라는 선입견을 가지고 있는 학생들이 많기 때문에 교사가 상담이 필요해서 호출하면 학생들은 대개 이를 처벌로 받아들이고 긴장하게 된다. 따라서 교사는 학생이 느끼는 불안감을 수용해 주고, 상담에 대해 학생이 갖고 있는 선입견을 우선적으로 다뤄주어야 한다. 또한 교사는 상담의 이유, 상담의 방법 등에 대해 설명해 줌으로써 학생이 갖고 있는 막연함과 불안감을 낮추도록 노력해야 한다.

② 좋은 관계 형성하기

학생과 좋은 관계를 맺기 위해서는 처음부터 문제점을 언급하기보다는 덜 민감한 주제들(예: 친구, 애완동물, 날씨, 취미, 여가 활동 등)부터 꺼내는 것이 도움이 된다. 학생이 상담에 대해 강한 저항을 보일 때는 학생의 기분을 잘 들어주고 인정해 주면서 서서히 접근하도록 하는 것이 좋다. 이때 언어적 의사소통뿐만 아니라 그림 그리기나 글쓰기, 게임, 놀이 등의 매체를 사용하면 도움이 된다. 학생이 교사에 대해 편안하게 느끼고 어느 정도 친밀한 관계가 형성되면, 상담에서 다루게 될 문제를 언급하고 학생의 문제를 이해하기 위한 대화를 시작한다.

③ 해결중심적 상담과정

학교장면에서 이루어지는 상담은 단기적, 즉시적 개입을 요구하기 때문에 해결중심적(solution-focused)으로 접근하는 것이 효과적이다. 따라서 교사는 학생의 문제와 그 원인을 파악한 후, 학생과 함께 목표를 설정하고 구체적인 해결방안과 실천방안을 모색할 필요가 있다. 해결중심적 상담의 과정은 다음과 같다.

- 문제 파악
- 목표(긍정적인 변화)에 대한 공동 탐색
- 목표 도달 전략 및 구체적인 계획 세우기
- 해결이 어려울 경우의 대안 모색
- 새로운 시도에 대한 격려
- 필요시 다음 상담 약속
- 추수지도

(3) 효과적인 상담을 위한 대화기법

개인상담은 대부분 면담을 통해서 이루어진다. 면담은 교사와 학생 간의 의사 및 감정 소통의 과정이라고 볼 수 있다. 학생과 효과적으로 의사소통하고, 나아가 학생이 스스로 문제를 해결하도록 돕기 위해서는 적절한 대화기법을 활용해야 한다. 대화기법은 교사의 개성, 학생의 문제, 또는 면담이 이루어지는 상황의 성격에 따라 다양할 수밖에 없다. 다음은 오랫동안 여러 사람들의 경험에 의해 유용한 면담기법으로 인정되고 있는 기본적인 대화기법들이다.

① 탐색적 질문

탐색적 질문이란 학생의 문제를 이해하는 데 필요한 정보를 얻거나, 학생의 사고, 느낌, 행동방식을 구체적으로 확인하고 학생이 말하는 내용을 분명히 하기 위한 질문이다. 여기서 주의할 점은 탐색적 질문은 학생 문제에 대한 상담자의 파악을 위해서라기보다 학생의 자기이해와 문제해결의 방향 모색을 촉진하는 데 더 의미가 있다는 점이다. 즉, 교사가 모르는 것을 알기 위한 질문보다 내담자 스스로 자기를 더 이해, 정리하도록 촉진시키는 목적으로 사용되는 것이 바람직하다. 질문을 할 때는 폐쇄적인 질문보다는 개방적인 질문을, 직접질문보다는 간접질문을 사용하도록 한다. 또한 이중질문보다는 한 가지 개방질문을 사용하도록 하며, '왜'라는 질문보다는 '어떻게'라는 질문을 사용하도록 한다.

개방적 질문의 예	폐쇄적 질문의 예
"시험 끝나고 나니 기분이 어때?"	"시험 끝나고 나니 기분이 좋지?"
간접적 질문의 예	**직접적 질문의 예**
"~에 대해 어떻게 생각하는지 궁금하구나"	"~에 대한 네 생각을 말해 보겠니?"
단일 질문의 예	**이중 질문의 예**
"어떤 음료수를 줄까?"	"녹차 마실래 아니면 주스 마실래?"
왜를 사용한 질문의 예	
"왜 늦었지?, 왜 숙제를 안 했니?", "왜 가만히 있니?"	

② 이야기를 격려하는 최소한의 반응

학생이 일단 이야기를 시작한 다음에는 그가 이야기를 계속하도록 인도하는 것이 중요하다. 학생이 이야기를 계속하도록 유도하기 위해서는 단순히 고개를 끄덕이거나, 간단히 "응"이나 "그래?", "그런 다음에는?", "좀 더 얘기해 주겠니?" 등의 한두 마디로도 충분하다. 이러한 최소반응들이 학생이 말을 마친 뒤에 똑바로 이어지면, 학생은 자기의 문제를 좀 더 깊은 수준까지 더 설명하는 방향으로 유도된다.

"아 그래?", "그래서?", "그런 다음에는?"
"좀 더 이야기해 볼까?"
"응", 혹은 고개를 끄덕임

③ 감정의 반영

학생이 겪고 있는 당면 관심사를 자발적으로 얘기하도록 유도할 때 가장 효과적인 방법은 잘 경청한 후, 학생이 느끼고 있는 감정에 반응하는 것이다. 즉, 상담자는 "네가 느끼고 보는 방식대로 내가 너의 세계를 정확히 파악할 수 있다"는 것을 학생에게 전달하는 것이다. 감정을 반영하기 위해서는 ① 학생이 말한 내용에 귀를 기울이기보다는 그 내용 뒤에 숨긴 감정을 파악하여 반영하도록 한다. ② 학생이 직접적으로 언급하지 않는 감정까지도 재빨리 파악하여 반영한다. ③ 또 비언어적 메시지를 통해서도 학생의 감정을 파악할 수 있다(예, 숨소리나 말의 속도가 변했을 때, 한숨, 말을 더듬거리는 것, 어떤 특정 단어를 힘주어 말하는 것, 입술, 눈동자의 변화 등).

학생: 아무래도 제 실력으로 A대학은 어려울 것 같아요. 그냥 속 편하게 B대학이나 갈까 봐요.
교사: A대학을 가자니 자신이 없고, B대학에 가자니 성에 안 차고, 그래서 갈등이구나.
학생: 제 단짝 친구가 다른 애들한테 제 흉을 보고 다닌대요.
교사: 그 친구가 그런 행동을 해서 속상하겠구나.

④ 바꾸어 말하기(재언급)

감정의 반영이 대화 뒤 숨긴 '느낌'에 강조점을 두는 반면, 바꾸어 말하기는 대화의 '내용', 즉 인지적 측면에 강조점을 둔다. 바꾸어 말하기는 세 가지 목적이 있다. 즉, ㉠ 교사가 학생을 이해하고 있다는 것을 전달해 주며, ㉡ 학생의 이야기를 좀 더 간결한 방식으로 요약해 주며, ㉢ 학생의 말을 교사가 올바로 이해하고 있는지를 확인해 보기 위한 것이다.

학생: 그 친구를 도무지 알 수가 없어요. 어떤 때는 아주 친절하다가도 어떤 때는 버럭 화를 내거든요.
교사: 그 친구가 일관성이 없는 것 같구나.
학생: 우리는 왜 항상 선생님이 원하는 것만 해야 하죠?
교사: 그러니까 선생님이 항상 자신의 방식만 고집하신단 말이지?

⑤ 직면

직면은 학생이 보이는 어떤 모순점이나 불일치점이 있을 때, 그것을 되물어 주는 것이다. 즉, 모순이나 불일치점은 말과 행동 사이, 학생이 언급한 두 가지 말 사이, 행동과 행동 사이, 현실적 자아와 이상적 자아 사이, 언어적 행동과 비언어적 행동 사이, 환상과 현실 사이 등 여러 가지 면에서 나타날 수 있다.

> **학생:** 오늘은 기분이 좋아요.
> **교사:** 말로는 기분이 좋다고 하지만 표정은 슬퍼 보이는데…

(4) 개인상담을 할 때 유의할 점

학교현장에서 학생을 대상으로 개인상담을 수행할 때 유의할 점을 살펴보면 다음과 같다.

① 도움에 대한 동기에 있어서의 차이 고려

학생들은 보호자에 의해 의뢰되거나 교사가 먼저 상담을 권하는 경우가 많아서 상담에 대한 동기도 낮고, 저항을 나타내기도 한다. 따라서 교사는 학생과의 신뢰로운 관계를 형성하는 데 주력하여 상담에 대한 거부감을 없애주도록 해야 한다.

② 발달과제상의 문제와 병리적 문제에 대한 차이 인식

학생들의 문제는 대부분 심각한 병리적 문제이기보다는 발달과제를 해결해 가는 과정상의 문제일 경우가 많으며, 상담을 빨리 시작할수록 변화의 가능성도 높아진다. 따라서 교사는 학생들이 나타날 수 있는 발달과정상의 문제에 대해 사전 지식을 갖고 있어야 하며, 관심을 갖고 도움을 주면 긍정적인 변화를 가져올 수 있다는 태도를 갖는 것이 중요하다. 또한 발달과정상의 문제와 실제적 병리현상 간의 차이에도 민감하여 개입 시기를 늦추지 않고 전문가에게 의뢰할 수 있는 적극성이 요구된다.

③ 환경의 영향 고려

청소년들은 성인에 비해 환경의 영향을 많이 받고 의존적인 입장에 놓여 있다. 따라서 교사는 학생의 문제를 평가하는 과정에서나 또는 상담 과정 중에 학생이 처해있는 환경이나 환경 내 중요한 인물들을 동시에 고려하여야 한다.

④ 비언어적 단서의 중요성

청소년은 성인에 비해 언어로 자신을 표현하는데 미숙함을 보일 수 있으며, 또한 자신을 언어로 충분히 표현하기보다는 알아주기를 기대하는 편이다. 따라서 교사는 학생들이 나타내는 비언어적 단서에 민감하도록 해야 한다.

⑤ 비밀 보장

상담 중에 알게 된 비밀은 그것이 다른 사람이나 내담자 자신에게 큰 위험요소가 되지 않는 한 가능한 지켜주도록 해야 한다. 그러나 학교 안에서 이루어지는 개인상담에서는 학교라는 특수한 상황으로 인해 학교 밖에서 이루어지는 개인상담에 비해 비밀 보장을 유지하는 데 어려움이 있다. 따라서 교사는 이러한 한계점을 명확히 인식하고 이것이 학생과의 상담관계를 방해하지 않도록 유의하여야 한다.

⑥ 학교 내외의 다양한 자원 및 지원체계 활용

학생이 나타내는 문제가 보다 심층적이고 장기적인 상담을 요구할 때는 일반 교사들이 담당하기에는 어려움이 있다. 따라서 교사는 학교 내의 지원체계와의 긴밀한 협력 속에서 생활지도를 수행해야 하며, 필요할 경우에는 지역사회 내의 다양한 자원을 활용하여야 한다.

2) 집단상담

(1) 집단상담의 특징

집단상담은 한 사람의 상담자가 몇 명의 내담자를 상대로 각 내담자의 관심사와 대인관계, 사고 및 행동양식을 변화시키려는 노력으로 정의된다. 집단상담은 한 명의 교사가 여러 명의 학생을 동시에 지도할 수 있기 때문에 개인상담에 비해 시간과 비용 면에서 매우 효율적이라는 장점을 갖고 있다. 또한 집단상담에서는 학생들이 교사와의 관계뿐만 아니라, 학생들 간의 복합적이고 역동적인 관계를 통해 보다 풍부하고 다양한 경험을 할 수 있다.

(2) 집단상담의 목표

집단상담의 목표는 학생의 자기이해와 대인관계 능력을 향상시키고 생활환경에 보다 잘 적응하도록 돕는 데 있다. 김계현 등(2009)은 학교현장에서 집단상담을 실시할 때 교사는 다음과 같은 목표를 달성할 수 있다고 하였다.

- 학생에 대한 이해 촉진
- 교사－학생 간의 인간관계 형성
- 학생들의 교우관계 증진
- 학생 문제행동의 행동수정

(3) 집단상담 실시 절차

학교현장에서 집단상담을 실시할 때는 주로 구조화 집단상담이 적용된다. 구조화 집단상담은 흔히 '집단상담 프로그램'으로 표현되는데, 미리 선별된 활동을 정해진 틀과 순서에 맞추어 학생에게 제시하고 그것에 따라 활동할 수 있도록 짜여 있기 때문에 진행이 용이하고 교사의 부담을 덜어준다. 학교현장에서 구조화 집단상담을 시행하기 위해서는 대상 선정, 프로그램의 선택, 운영 계획 등 사전 작업이 필요하다. 구조화 집단상담을 준비하고 운영할 때 고려해야 할 사항을 살펴보면 다음과 같다.

① 집단의 구성

집단상담을 실시하기에 앞서 참가할 학생들을 선발하여 집단을 구성한다. 집단의 크기는 일반적으로 8명에서 12명 사이가 적당하다. 집단을 구성할 때 학생의 성별, 연령, 교육정도 등을 고려하여 동질적으로 혹은 이질적으로 구성할 수 있다. 이에 모든 학생들이 집단상담에 적합한 것은 아니므로 학생이 나타내고 있는 문제와 대인관계의 특성, 사회적 기술 등을 고려하여 참여 여부를 결정하도록 한다.

② 집단상담 프로그램의 선택

집단상담 프로그램은 교사가 직접 구성할 수도 있지만, 이미 구성된 프로그램들 중에서 집단 구성원의 특성과 집단상담을 통해 달성하고자 하는 목표에 적합한 것을 선택할 수도 있다. 이때 교사는 집단상담에 대한 자신의 집단상담 경험과 전문성 정도를 고려하여 선택하도록 한다. 집단상담 경험이 부족할 때는 지도자용 지침서가 있는 프로그램을 선택하도록 하고, 어느 정도 익숙해지고 경험이 쌓이게 되면 기존의 프로그램이나 집단상담 활동집을 학급상황에 맞게 수정하여 사용할 수도 있다.

③ 집단상담의 실시

일반적으로 중등학교 현장에서는 교과지도에 많은 시간이 투자되기 때문에 집단상담을 실시할 수 있는 시간을 마련하기가 쉽지 않다. 따라서 각 학교의 상황에 따라 적절한 시간을 선택하여 융통성 있게 실시하도록 한다. 집단상담을 실시하고는 싶으나 수업 및 업무에 대한 부담으로 직접 실시할 수 없을 때에는 상담자원봉사자나 주변의 상담 관련 기관 등 외부의 자원을 활용하는 것도 좋은 방법이다.

④ 집단상담의 평가

집단상담을 실시한 후에는 비록 간단한 방법이라도 효과와 만족도를 평가하는 것이 바람직하다. 집단상담의 효과 및 만족도를 평가하는 방법으로는 설문지, 관찰, 학생들이 직접 경험한 내용을 적은 경험보고서 등이 활용될 수 있다. 이렇게 분석된 평가결과는 집단상담에 참여한 학생들의 변화를 알아볼 수 있게 해 주며, 다음에 운영될 집단상담을 계획하는 데에도 도움이 된다.

(4) 집단상담을 운영할 때 유의할 점

집단상담을 학교현장에서 운영할 때에는 학교라는 환경과 특수성을 고려하여야 한다. 학교현장에서 집단상담을 운영할 때 유의할 점을 몇 가지 살펴보면 다음과 같다(김계현 외, 2009).

- 학교에서의 집단상담은 치료적인 목적보다 예방적인 목적으로 사용되는 것이 좋다.
- 기존의 프로그램을 그대로 사용하기보다 자신의 학급에 맞게 수정하거나 개발한다.
- 프로그램을 구성할 때 학생의 흥미를 유발할 수 있는 활동으로 구성하도록 한다.
- 교사는 활동의 목적이나 의미, 내용, 기대효과 등을 정확히 알고 실시하도록 한다.
- 집단상담 과정과 전개과정에 적합한 활동을 선택하여 실시하도록 한다.

3) 학부모 상담

(1) 학부모 상담의 어려움

학생이 나타내는 문제가 환경적인 요인과 관련될 때, 혹은 성공적인 상담을 위해 부모의 참여가 필요하다고 판단될 때 학부모 상담을 고려하게 된다. 학부모 상담은 부모를 대상으로 이루어지지만 궁극적인 목적은 자녀의 성장과 발달 및 문제해결에 있다. 학부모는 상담을 통해 자녀의 문제에 대한 이해를 넓힐 뿐만 아니라, 학부모가 자녀의 문제에 영향을 미치고 있음을 인식하게 된다. 학부모 상담을 통해 학부모가 자녀의 문제에 영향을 미치고 있음을 인식하게 된다. 학부모 상담을 통해 학부모는 자녀의 문제에 대해 객관적으로 바라볼 수 있게 되며, 나아가 자녀의 문제 해결을 위해 능동적으로 변화를 시도하는데 협력할 수 있게 된다.

그러나 학부모 상담은 분명 학생을 위해 도움이 되는 활동임에도 불구하고, 교사나 학부모 양쪽 모두에게 부담스럽게 느껴지는 게 사실이다. 교사의 입장에서는 학부모에게 학생에 대한 정보를 제공해야 한다는 생각 때문에 부담스럽고, 혹은 다양한 학부모를 접하면서 문화적 충격을 받게 되는 경우가 많으며, 자녀의 문제에 대해 방어적인 학부모를 만날 때는 어떻게 접근해야 할지 몰라 당황하게 된다. 한편 학부모의 입장에서는 찾아가고 싶으나 어떤 절차를 밟아야 하는지 몰라 망설이게 되는 경우가 많으며, 호출을 당할 경우에는 자녀의 부족함을 잘 알고 있기 때문에 부끄러움을 느끼며, 자녀의 문제에 직면하는 것에 대해 두려움을 느낀다.

(2) 학부모 상담의 과정

학부모 상담은 학부모가 스스로 상담을 청해왔던 교사의 호출에 의해 상담이 이루어졌던 학부모에게는 부담스런 경험이다. 따라서 교사는 학부모의 불편한 마음을 공감해 주어 편안한 분위기에서 상담이 이루어지도록 노력해야 한다. 학부모를 만나서 상담을 진행하는 일반적인 과정과 각 과정에서 이루어지는 활동을 살펴보면 다음과 같다.

① 학부모 맞아들이기

상담에 응하는 학부모의 마음은 대개 불편한 상태에 있으므로, 교사는 학부모가 편안한 마음으로 상담에 임할 수 있도록 맞아들여 주어야 한다. 이때 교사는 학부모의 방문에 감사하는 마음을 표현함으로써 학부모와 함께 학생을 위해 노력하겠다는 것을 간접적으로 전달하도록 한다. 교사의 이러한 태도는 학부모의 불편한 심경을 누그러뜨리고 학부모와 교사 간에 긍정적인 파트너십을 형성하도록 하는 데도 도움을 준다.

② 부모의 심정 이해하기

교사가 먼저 상담을 요청했던, 학부모가 먼저 교사를 찾아왔던, 교사는 수용적인 자세로 학부모의 말을 경청하고 공감적으로 이해하려는 태도를 갖는 것이 중요하다. 교사는 학부모의 말을 경청하면서 특히 학부모가 자녀의 문제에 대해 어떤 감정을 갖고 있는지, 문제 해결을 위해 그동안 어떤 노력을 해 왔는지 파악하도록 노력한다. 이때 교사는 학생의 문제에만 초점을 맞추기보다 학생이 갖고 있는 장점 및 가능성도 함께 알려줌으로써 불안한 부모의 심경을 누그러뜨려 주도록 하는 것이 중요하다.

③ 상담목표 설정하기

모든 상담은 목표가 있을 때 더욱 효과적으로 이루어진다. 교사는 학부모에게 "○○에게 어떤 변화가 일어나면 좋겠습니까?", "그렇게 되기 위해서 부모님께서 어떻게 해보시겠습니까?" 등과 같은 질문을 함으로써 학부모 상담의 목표를 설정하도록 한다. 상담목표를 설정할 때는 부정적인 측면을 감소시키는 쪽으로 목표를 잡기보다는 긍정적인 측면이 증가하는 쪽으로 목표를 설정하는 것이 좋다.

④ 학부모와 학생의 변화를 위해 개입하기

학부모 상담이 학생의 변화를 위해 이루어지지만 변화가 필요한 사람은 학생 자신뿐만이 아닌 경우가 많다. 따라서 학부모 상담에서는 학생과 아울러 학부모의 변화를 촉진하기 위한 개입에 관심을 가져야 한다. 학부모가 자녀 혹은 자녀의 문제에 대해 잘못 이해하고 있거나 왜곡된 생각을 갖고 있는 경우에는 이를 수정할 수 있도록 돕고, 혹은 부모-자녀 간의 의사소통에 문제가 있는 경우라면 바람직한 의사소통 방식에 대해 부모가 깨닫고 새로운 방식으로 자녀를 대할 수 있도록 돕는다. 이때 교사는 학부모가 기울이는 시도와 노력에 대해 관심과 격려를 나타냄으로써 학부모가 존중받고 있다는 느낌을 가질 수 있도록 하며, 나아가 학부모가 보다 긍정적인 자세로 노력하고자 하는 의지를 갖도록 하는 것이 중요하다.

(3) 학부모 상담 시 유의할 점

학부모 상담을 효과적으로 수행하고 나아가 학생에게 바람직한 변화가 일어날 수 있도록 하기 위해 유의할 점은 다음과 같다.

- 부모가 자녀의 문제뿐만 아니라 장점 및 강점도 인식하도록 돕는다.
- 자녀의 문제를 언급할 경우, 행동에 초점을 두며 인간 전체를 비난하지 않도록 유의한다.
- 해결해야 할 문제의 초점을 정하고 접근함으로써 사건을 더 크게 키우지 않도록 한다.
- 학부모의 체면과 입장을 고려하고, 부모의 심정에 대해 공감 반응을 전달한다.
- 세심하고 예의 바른 태도를 보이도록 한다.
- 부모의 방어적 태도로 인해 정서적 동요가 일어나지 않도록 유의한다.
- 학생을 전문가에게 의뢰하고자 할 때는 가능한 사전에 전문가로부터 자문을 구한 후 그 결과를 근거로 의뢰한다.

- 부모로부터 지도에 대한 협조를 구하기 전에 상담자의 계획을 먼저 언급한다.
- 부모, 교사, 학생 사이에서 객관성을 유지하는 평행적 대화를 하도록 한다.

(4) 학부모 상담에서의 연계 활동

전문적으로 상담교육을 이수하지 않고 학부모 상담 활동을 하다 보면 때로는 상담자로서의 역할을 수행하는 데 있어서 한계에 부딪히게 된다. 이때 교외 자원을 적극적으로 활용한다면 이러한 한계를 극복할 수 있다. 지역사회 내의 다양한 기관이나 서비스를 연계하면 상호 정보교환이 가능하며, 학생과 학부모에게도 질 높은 상담과 도움을 제공할 수 있다. 따라서 교사는 지역 내 전문가 및 관련 기관 현황을 파악한 후 문서화하여 정리해 놓고, 각 기관들과의 관계를 원만히 유지할 필요가 있다. 교사가 활용할 수 있는 주요 지역사회 연계 자원들은 다음과 같다(박아청 외, 2010).

- 심리상담 서비스: 청소년상담복지센터, 성폭력상담소, 아동학대예방센터
- 의료건강 서비스: 지역 내 병원, 의원
- 학업지원 서비스: 교육청, 공부방, 지역아동센터
- 진로 및 취업 관련 서비스: 고용안정센터, 직업전문학교
- 사회적 보호 서비스: 사회복지관, 청소년 쉼터, 여성보호센터
- 법률자문 서비스: 경찰서, 변호사
- 여가 및 문화 서비스: 청소년수련시설, 청소년 문화의 집
- 가족문제: 가정문제상담소, 가정폭력상담소, 가정법률상담소
- 약물사용 문제: 마약퇴치운동본부, 금연학교

4) 상담의 일반적 유형

상담의 일반적 유형에 따라 위기상담, 촉진상담, 예방상담, 발달상담 등으로 구분할 수 있다. 그 내용을 정리하면 〈표 9-1〉과 같다.

표 9-1 상담의 일반적 유형

형태	시간	상담문제	상담자 활동
위기 상담	즉시	• 자살기도 • 약물불안 • 실연	• 개인적 지지 • 직접적 개입 • 더 필요한 지지의 집중 • 개인상담이나 의료기관 등에 의뢰
촉진 상담	단기간에서 장기간에 이르기까지 다양	• 직업정치 • 학업문제 • 결혼에의 적응	• 개인상담 • 내용과 감정의 반영 • 정보 제공 • 해석 • 직면 • 행동 지시 등을 포함
예방 상담	문제별로 일정한 기간	• 성교육 • 자아와 진로의식 • 약물인식	• 정보 제공 • 적합한 프로그램의 의뢰 • 프로그램 내용과 과정에 관한 개인 상담
발달 상담	일생 동안 계속	• 초등학교에서 긍정적인 자아개념 발달 • 중년에서의 진로변경 • 죽음의 수용	• 가치관의 명료화 • 의사결정 검토 • 인물과 환경적 정치에 관련된 개인적 발달에 관한 개인상담

3 생활지도의 실제

1) 학생 생활지도의 법적 근거와 규정

(1) 학교규칙 제정의 법적 근거

학교규칙(學校規則, School Code)이란 특정한 학습공간에서의 교육을 규정하는 원칙과 기준으로서 일반적으로 줄여서 학칙으로 불린다. 학칙은 학교에서의 행동이나 사고를 규정하는 규칙이나 실행원리이며 권력의 분배를 결정하는 기능을 담당한다. 학칙의 일부로서 흔히 말하는 교칙은 학교에서 학생들이 '해야 할 것'과 '하지 말아야 할 것'을 결정하는 기준이 되기도 하고 학교의 질서를 유지하기 위하여 학생을 감독하는 기능을 담당한다고 할 수 있다. 학교규칙은 각 학교마다 제정된 학생생활규정에 명시되어 있으며 학생생활규정은 매해 학년 초에 각 시·도교육청으로부터 하달된 학생 생활지도 기본계획 지침에 의거하여 수정·보완된다.

생활지도에 관한 학교규칙의 제정과 관련된 법률적 근거는 다음과 같다.

교육기본법 제12조(학습자) ③ 학생은 학습자로서의 윤리의식을 확립하고 학교의 규칙을 준수하여야 하며, 교원의 교육 연구 활동을 방해하거나 학내의 질서를 문란하게 하여서는 아니 된다.

교사는 학생 생활지도 과정에서 항상 학생들의 기본적 인권이 존중·보호되고 있는가에 대해 주의를 기울여야 하며, 교사로 인해 학생이 인격적으로 모욕되거나 상해가 발생한다면 교사는 징계나 불이익 처분을 받을 수 있다.

(2) 학교규칙 법적 근거

학생징계

학교장의 학생지도권의 권한과 절차에 관한 법률적 근거는 다음과 같다.

초·중등교육법 제18조(학생의 징계)
① 학교의 장은 교육상 필요한 때에는 법령 및 학칙이 정하는 바에 의하여 학생을 징계하거나 기타의 방법으로 지도할 수 있다. 다만 의무교육과정에 있는 학생을 퇴학시킬 수 없다.
② 학교의 장은 학생을 징계하고자 하는 경우 해당 학생 또는 학부모에게 의견 진술의 기회를 부여하는 등 적정한 절차를 거쳐야 한다.

학생징계의 종류에 관한 법률적 근거는 다음과 같다.

초·중등교육법시행령 제31조(학생의 징계 등)
① 법 제18조 제1항 본문의 규정에 의하여 학교의 장은 교육상 필요하다고 인정한 때에는 학생에 대하여 다음 각 호의 어느 하나의 징계를 할 수 있다.
1. 학교 내의 봉사
2. 사회봉사
3. 특별교육 이수
4. 1회 10일 이내, 연간 30일 이내의 출석정지
5. 퇴학처분

② 학교의 장은 제1항의 규정에 의한 징계를 할 때에는 학생의 인격이 존중되는 교육적인 방법으로 하여야 하며 그 사유의 경중에 따라 징계의 종류를 단계별로 적용하여 학생에게 개전의 기회를 주어야 한다.
③ 학교의 장은 제1항에 따른 징계를 할 때에는 학생의 보호자와 학생의 지도에 관하여 상담을 할 수 있다.
④ 교육감은 제1항 제3호 및 제4호의 특별교육 이수 및 출석정지의 징계를 받은 학생을 교육하는데 필요한 교육방법을 마련·운영하고, 이에 따른 교원 및 시설·설비의 확보 등 필요한 조치를 하여야 한다.
⑤ 제1항 제5호의 퇴학처분은 의무교육과정에 있는 학생 외의 자로서 다음 각 호의 어느 하나에 해당하는 자에 한하여 행하여야 한다.
1. 품행이 불량하여 개전의 가망이 없다고 인정된 자
2. 정당한 이유 없이 결석이 잦은 자
3. 기타 학칙에 위반한 자

⑥ 학교의 장은 퇴학 처분을 하기 전에 일정기간 동안 가정학습을 하게 할 수 있다.
⑦ 학교의 장은 퇴학 처분을 한 때에는 당해 학생 및 보호자와 진로상담을 하여야 하며, 지역사회와 협력하여 다른 학교 또는 직업교육훈련기관 등을 알선하는 데 노력하여야 한다.
⑧ 학교의 장은 법 제18조 제1항에 따라 지도를 할 때에는 학칙으로 정하는 바에 따라 훈육·훈계 등의 방법으로 하되, 도구나 신체 등을 이용하여 학생의 신체에 고통을 가하는 방법을 사용해서는 아니 된다.

체벌

체벌이란 교사가 물리적 도구나 손과 발 등 신체의 일부분을 이용하여 학생에게 신체적 고통을 주는 행위로서 학생지도의 하나의 방법이며 직접적 체벌과 간접적 체벌을 모두 포함한다.

- **직접적 체벌**: 교사가 학생에게 물리적 도구나 신체의 일부를 이용하여 직접 신체적 고통을 가하는 행위
- **간접적 체벌**: 교사가 학생에게 간접적인 방법으로 신체적 고통을 가하는 지도 행위

의무교육단계인 초·중학교에서는 현실적으로 퇴학 조치가 불가능한 데다 각급 학교의 체벌 전면 금지의 상황은 일선 학교의 교사에게 생활지도의 어려움을 배가시키고 있다. 교사는 이러한 현실을 직시하여 효과적인 생활지도 방법을 지속적으로 모색해야 한다.

교사는 생활지도 과정에서 학생의 기본적 인권을 최대한 존중하고 보호하려는 마음자세를 지녀야 한다. 학생의 생활지도에 임할 때 교사로서의 한계를 넘어서는 상황이 있는 것도 엄연한 현실이다. 특히 중학교나 특성화고등학교의 경우에 학생 생활지도의 어려움이 상대적으로 크며, 학생들이 지닌 문제도 다양할 뿐 아니라 일시적인 지도로 해결할 수 없는 일들도 많다. 그러나 학생들을 가르쳐 바르게 세우는 일을 책임진 교사로서 학생들을 지도해야 하는 일은 피할 수 없는 일이다. 청소년의 발달과정상의 특성을 감안하여 교사는 학생의 입장을 먼저 이해하려고 노력해야 하며, 학생을 인격적으로 대하여 학생 스스로 자각할 수 있는 기회를 주고 무엇보다 기다려주는 자세를 가져야 한다.

2) 학교폭력의 예방 및 대책

(1) 학교폭력의 개념과 관련 법률

최근 들어 학교폭력은 심각한 사회문제로까지 대두되고 있다. 「학교폭력 예방 및 대책에 관한 법률」에 정의된 학교폭력이란 학교 내외에서 학생 간에 발생한 상해, 폭행, 감금, 협박, 약취·유인, 명예훼손·모욕, 공갈, 강요 및 성폭력, 따돌림, 정보통신망을 이용한 음란·폭력 정보 등에 의하여 신체·정신 또는 재산상의

피해를 수반하는 행위를 말한다.

연령대별 빈도는 중학교, 고등학교, 초등학교 순으로 나타나고 있다. 현재의 학교폭력은 흉포화, 집단화 등의 경향을 띠고 있으며 가해 청소년들이 대부분 죄의식을 갖고 있지 않는데 그 문제의 심각성이 크다. 학교폭력 문제의 효과적인 대처를 위해 2004년도에 「학교폭력 예방 및 대책에 관한 법률」이 제정되어 시행되고 있다. 동법의 주요내용을 보면 다음과 같다.

• 제6조(기본계획의 수립 등)
① 교육부장관은 학교폭력의 예방 및 대책에 관한 기본계획을 수립·시행하여야 한다.
② 교육부장관은 학교폭력 예방 및 대책에 관한 기본 계획을 5년마다 수립하여야 한다. 이 경우 교육부장관은 관계 중앙행정기관 등의 의견을 수렴하여야 한다.

• 제11조(교육감의 임무): ① 교육감은 시·도교육청에 학교폭력의 예방과 대책을 담당하는 전담부서를 설치·운영하여야 한다.
② 교육감은 관할 구역 안에서 학교폭력이 발생한 때에는 해당 학교의 장 및 관련 학교의 장에게 그 경과 및 결과의 보고를 요구할 수 있다.
④ 교육감은 학교의 장으로 하여금 학교폭력의 예방 및 대책에 관한 실시계획을 수립·시행하도록 하여야 한다.

• 제12조(학교폭력대책심의위원회의 설치 · 기능)
① 학교폭력의 예방 및 대책에 관련된 사항을 심의하기 위하여 교육지원청에 학교폭력대책심의위원회(이하 '심의위원회'라 한다)를 둔다.
② 심의위원회는 학교폭력의 예방 및 대책, 피해학생의 보호, 가해학생에 대한 교육 및 징계, 피해학생과 가해학생 간의 분쟁조정 등의 사항을 심의한다.

• 제13조(심의위원회의 구성 · 운영)
① 심의위원회는 10명 이상 50명 이내의 위원으로 구성하되, 전체 위원의 3분의 1 이상을 해당 교육지원청 관할 구역 내 학교(고등학교를 포함한다)에 소속된 학생의 학부모로 위촉하여야 한다.
② 심의위원회의 위원장은 다음 각 호의 어느 하나에 해당하는 경우에 회의를 소집하여야 한다.
1. 심의위원회 재적 위원 4분의 1 이상이 요청하는 경우
2. 학교의 장이 요청하는 경우

3. 피해학생 또는 그 보호자가 요청하는 경우
4. 학교폭력이 발생한 사실을 신고받거나 보고받은 경우
5. 가해학생이 협박 또는 보복한 사실을 신고받거나 보고받은 경우
6. 그 밖에 위원장이 필요하다고 인정하는 경우

• 제13조의2(학교의 장의 자체해결)

① 제13조 제2항 제4호 및 제5호에도 불구하고 피해학생 및 그 보호자가 심의위원회의 개최를 원하지 아니하는 다음 각 호에 모두 해당하는 경미한 학교폭력의 경우 학교의 장은 학교폭력사건을 자체적으로 해결할 수 있다. 이 경우 학교의 장은 지체 없이 이를 심의위원회에 보고하여야 한다.

1. 2주 이상의 신체적·정신적 치료가 필요한 진단서를 발급받지 않은 경우
2. 재산상 피해가 없거나 즉각 복구된 경우
3. 학교폭력이 지속적이지 않은 경우
4. 학교폭력에 대한 신고, 진술, 자료제공 등에 대한 보복행위가 아닌 경우

② 학교의 장은 제1항에 따라 사건을 해결하려는 경우 다음 각 호에 해당하는 절차를 모두 거쳐야 한다.

1. 피해학생과 그 보호자의 심의위원회 개최 요구 의사의 서면 확인
2. 학교폭력 경중에 대한 제14조 제3항에 따른 전담기구의 서면 확인 및 심의

③ 그 밖에 학교의 장이 학교폭력을 자체적으로 해결하는 데에 필요한 사항은 대통령령으로 정한다.

• 제14조(전문상담교사 배치 및 전담기구 구성)

① 학교의 장은 학교에 대통령령으로 정하는 바에 따라 상담실을 설치하고 초·중등교육법 제19조의 제2항에 따라 전문상담교사를 둔다.

② 전문상담교사는 학교의 장 및 자치위원회의 요구가 있는 때에는 학교폭력에 관련된 피해학생 및 가해학생과의 상담결과를 보고하여야 한다.

③ 학교의 장은 전문상담교사, 보건교사 및 책임교사(학교폭력 문제를 담당하는 교사를 말한다) 등으로 학교폭력 문제를 담당하는 전담기구(이하 '전담기구'라 한다)를 구성한다.

④ 전담기구는 학교폭력에 대한 실태조사(이하 '조사'라 한다)와 학교폭력 예방 프로그램을 구성·실시하며, 학교의 장 및 자치위원회의 요구가 있는 때에는 학교폭력에 관련된 조사 등 활동 결과를 보고하여야 한다.

⑤ 전담기구는 학교폭력에 대한 실태조사(이하 "실태조사"라 한다)와 학교폭력 예방 프로그램을 구성·실시하며, 학교의 장 및 심의위원회의 요구가 있는 때에는 학교폭력에 관련된 조사결과 등 활동결과를 보고하여야 한다.

• 제15조(학교폭력 예방교육 등)

① 학교의 장은 학생의 육체적·정신적 보호와 학교폭력의 예방을 위한 학생들에 대한 교육(학교폭력의 개념·실태 및 대처방안 등을 포함하여야 한다)을 학기별로 1회 이상 실시하여야 한다.

② 학교의 장은 학교폭력의 예방 및 대책 등을 위한 교직원 및 학부모에 대한 교육을 학기별로 1회 이상 실시하여야 한다.

③ 학교의 장은 제1항에 따른 학교폭력 예방교육 프로그램의 구성 및 그 운용 등을 전담기구와 협의하여 전문단체 또는 전문가에게 위탁할 수 있다.

④ 교육장은 제1항부터 제3항까지의 규정에 따른 학교폭력 예방교육 프로그램의 구성과 운용계획을 학부모가 쉽게 확인할 수 있도록 인터넷 홈페이지에 게시하고, 그 밖에 다양한 방법으로 학부모에게 알릴 수 있도록 노력하여야 한다.

⑤ 그 밖에 학교폭력 예방교육의 실시와 관련한 사항은 대통령령으로 정한다.

(2) 학교폭력대책심의위원회

① 학교폭력대책심의위원회 구성

학교폭력의 수위가 갈수록 높아지는 현실에서 학교폭력 예방 및 대책에 관한 관련 법규를 숙지하는 것도 교사에게는 매우 필요한 일이다.

학교폭력대책심의위원회는 학교폭력 예방 및 대책에 관한 법률 시행령에 의하며 다음과 같이 구성된다.

• 학교폭력예방법 시행령 제14조(심의위원회의 구성 · 운영)

① 심의위원회의 위원은 다음 각 호의 어느 하나에 해당하는 사람 중에서 해당 교육장이 임명하거나 위촉한다.

1. 해당 교육지원청의 생활지도 업무 담당 국장 또는 과장

1의2. 해당 교육지원청의 관할 구역을 관할하는 시·군·구의 청소년보호 업무 담당 국장 또는 과장

2. 교원으로 재직하고 있거나 재직했던 사람으로서 학교폭력 업무 또는 학생생활지도 업무 담당 경력이 2년 이상인 사람

2의2. 「교육공무원법」 제2조 제2항에 따른 교육전문직원으로 재직하고 있거나 재직했던 사람

3. 법 제13조 제1항에 따른 학부모
4. 판사 · 검사 · 변호사
5. 해당 교육지원청의 관할 구역을 관할하는 경찰서 소속 경찰공무원
6. 의사 자격이 있는 사람
6의2. 「고등교육법」 제2조에 따른 학교의 조교수 이상 또는 청소년 관련 연구기관에서 이에 상당하는 직위에 재직하고 있거나 재직했던 사람으로서 학교폭력 문제에 대하여 전문지식이 있는 사람
6의3. 청소년 선도 및 보호 단체에서 청소년보호활동을 2년 이상 전문적으로 담당한 사람
7. 그 밖에 학교폭력 예방 및 청소년보호에 대한 지식과 경험이 풍부한 사람

② 심의위원회의 위원장은 위원 중에서 교육장이 임명하거나 위촉하는 사람이 되며, 위원장이 부득이한 사유로 직무를 수행할 수 없을 때에는 위원장이 미리 지정하는 위원이 그 직무를 대행한다.

③ 심의위원회 위원의 임기는 2년으로 한다. 다만, 심의위원회 위원의 사임 등으로 새로 위촉되는 위원의 임기는 전임위원 임기의 남은 기간으로 한다.

④ 교육장은 제1항 제2호, 제2호의2, 제3호부터 제6호까지, 제6호의2, 제6호의3 및 제7호에 따른 심의위원회의 위원이 제3조의2 각 호의 어느 하나에 해당하는 경우에는 해당 위원을 해임하거나 해촉할 수 있다.

② 학교폭력 전담기구 구성

학교폭력 전담기구(이하 '전담기구') 구성과 관련된 내용은 다음과 같다.

- **전담기구 구성권자** : 학교의 장
- **전담기구 구성원** : 교감, 전문상담교사, 보건교사 및 책임교사(학교폭력 문제를 담당하는 교사), 학부모 등으로 학교폭력 문제를 담당하는 전담기구를 구성한다(법률 제14조 제3항). 학부모는 구성원의 1/3 이상이어야 한다.

  ※ 담임교사를 포함한 해당학교 교원은 전담기구의 사안조사에 적극적으로 협조해야 함.

표 9-2 학교폭력 전담기구 구성

전담기구 인원	5	6	7	8	9	10	11
학부모 수	2명 이상	2명 이상	3명 이상	3명 이상	3명 이상	4명 이상	4명 이상

- 전담기구를 구성하는 학부모는 학교운영위원회에서 추천한 사람 중에서 학교장이 위촉한다.
- 전담기구 심의방법, 전담기구 업무분장, 학부모 구성원 임기 등 전담기구 운영에 필요한 사항은 학교의 장이 정한다.

(3) 학교폭력사안 발생 시 처리 절차

학교 현장에서 폭력 사안이 발생하여 담임교사, 보건교사 혹은 상담교사가 학교폭력 사실을 인지하였을 경우, 교사가 혼자 해결하기 위해 가해 및 피해 학생과 학부모를 불러 원만히 해결하도록 하는 것은 위법이 된다. 이에 관한 법적 근거는 다음과 같다.

- 제20조(학교폭력의 신고 의무)

① 학교폭력 현장을 보거나 그 사실을 알게 된 자는 학교 등 관계 기관에 이를 즉시 신고하여야 한다.

② 제1항에 따라 신고를 받은 기관은 이를 가해학생 및 피해학생의 보호자와 소속 학교의 장에게 통보하여야 한다.

③ 제2항에 따라 통보받은 소속 학교의 장은 이를 심의위원회에 지체 없이 통보하여야 한다.

④ 누구라도 학교폭력의 예비·음모 등을 알게 된 자는 이를 학교의 장 또는 심의위원회에 고발할 수 있다. 다만, 교원이 이를 알게 되었을 경우에는 학교의 장에게 보고하고 해당 학부모에게 알려야 한다.

⑤ 누구든지 제1항부터 제4항까지에 따라 학교폭력을 신고한 사람에게 그 신고행위를 이유로 불이익을 주어서는 아니 된다.

- 제20조의2(긴급 전화의 설치 등)

① 국가 및 지방자치단체는 학교폭력을 수시로 신고받고 이에 대한 상담에 응할 수 있도록 긴급전화를 설치하여야 한다.

② 국가와 지방자치단체는 제1항에 따른 긴급전화의 설치·운영을 대통령령으로 정하는 기관 또는 단체에 위탁할 수 있다.

③ 제1항과 제2항에 따른 긴급전화의 설치·운영·위탁에 필요한 사항은 대통령령으로 정한다.

학교폭력 사안 발생 시 처리 절차는 다음과 같다.

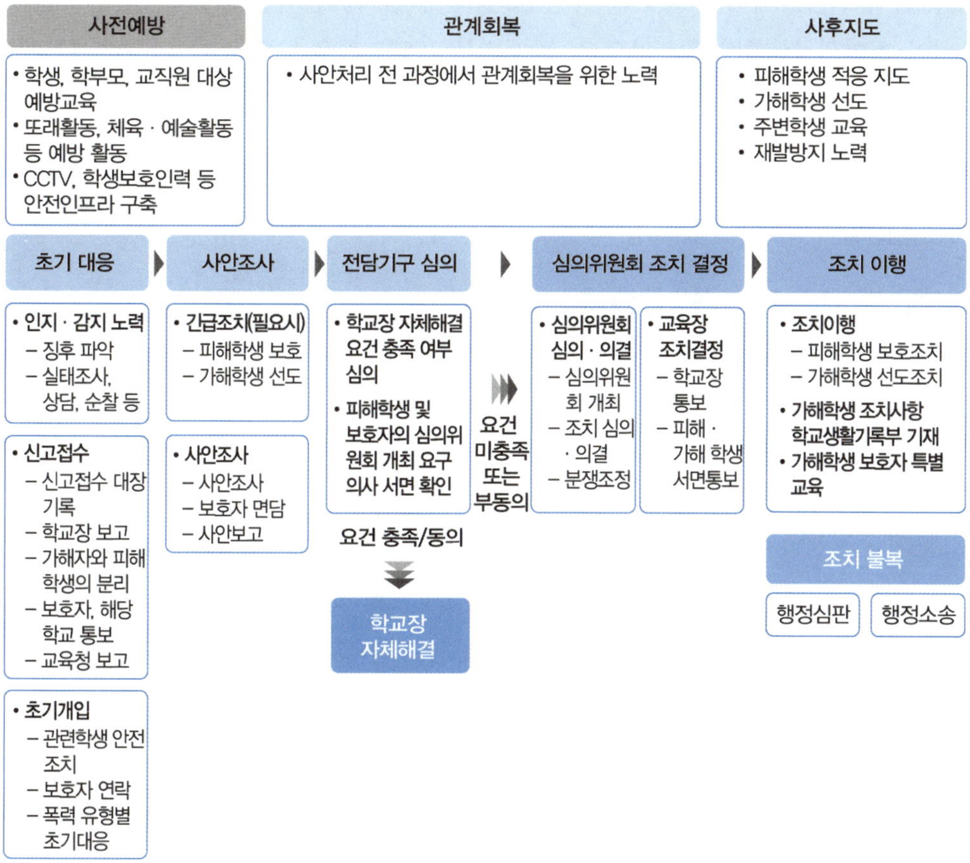

그림 9-1 학교폭력 사안 발생 시 처리 절차

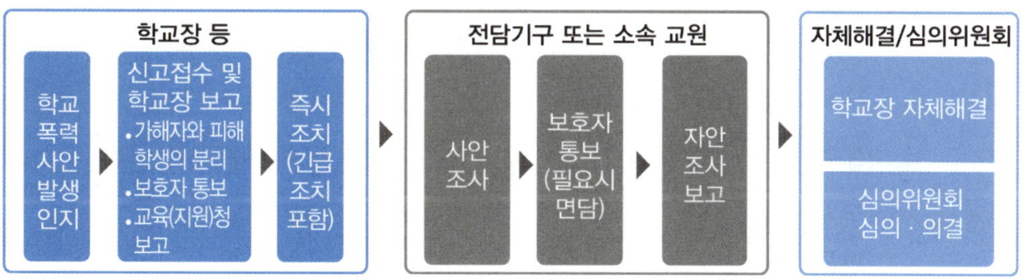

그림 9-2 사안의 '발생–조사–보고' 진행 과정

전담기구 심의결과 자체해결 요건에 모두 해당하더라도 피해학생 및 그 보호자가 심의위원회 개최를 요구하는 경우, 반드시 심의위원회 개최를 요청해야 한다. 사안 처리의 전 과정에서 필요 시 관계회복 프로그램을 운영할 수 있으며, 학교는 학교폭력 관련 학생 및 보호자에게 관계회복 프로그램에 대해 안내할 수 있다.

단계	처리내용
학교폭력 사건 발생인지	• 117 학교폭력 신고센터로부터의 통보 및 교사, 학생, 보호자 등의 신고접수 등을 통해서 학교폭력 사건 발생인지
신고 접수 및 학교장 · 교육청 보고 등	• 신고 접수된 사안을 학교폭력신고 접수대장<양식1-1>에 반드시 기록 • 학교장 보고 및 담임교사 통보 • 가해자와 피해학생의 분리<양식1-2> • 신고 접수된 사안을 관련 학생 및 그 보호자에게 통보 • 교육(지원)청에 48시간 이내에 보고<양식1-3>
즉시조치(필요시 긴급조치 포함)	• 필요 시 피해 및 가해학생 즉시 격리 가해학생이 눈빛 · 표정 등으로 피해학생에게 영향력 행사 못 하도록 조치 • 관련 학생 안전조치(피해학생 보건실 응급처치 · 119 신고 · 병의원 진료 등, 가해학생 격리 · 심리적 안정 등) • 피해학생 및 신고 · 고발한 학생이 가해학생으로부터 보복행위를 당하지 않도록 조치 • 피해학생의 신체적 · 정신적 피해를 치유하기 위한 조치 우선 실시 • 성폭력인 경우 「아동 · 청소년의 성보호에 관한 법률」에 따라 반드시 수사기관에 신고하고, 성폭력 전문상담기관 및 병원을 지정하여 정신적 · 신체적 피해 치유 • 사안처리 초기에 긴급한 필요가 있는 경우. 법률 제16조 제1항 및 제17조 제4항에 따라 긴급 조치 실시 가능<양식2-3>
사안조사	• 피해 및 가해 사실 여부 확인을 위한 구체적인 사안조사 실시<양식2-1>, <양식2-2> - 관련 학생의 면담, 주변 학생 조사, 설문조사, 객관적인 입증자료 수집 등 • 피해 및 가해학생 심층면담 • 조사한 결과를 바탕으로 육하원칙에 따라 사안조사 보고서 작성<양식2-4> • 성폭력의 경우, 비밀유지에 특별히 유의 • 장애학생, 다문화학생에 대한 사안조사의 경우, 특수교육 전문가 등을 참여시켜 장애학생 및 다문화학생의 진술 기회 확보 및 조력 제공 • 필요한 경우, 보호자 면담을 통해 각각의 요구사항을 파악하고 사안과 관련하여 조사된 내용을 관련 학생의 보호자가 충분히 이해할 수 있도록 안내
학교장 자체해결 부의 여부 심의	• 법률 제13조의2 제1항 제1호~제4호의 요건에 해당하는지 여부를 서면으로 확인<양식3-1> - 2주 이상의 신체적 · 정신적 치료를 요하는 진단서를 발급받지 않은 경우 - 재산상 피해가 없거나 즉각 복구된 경우 - 학교폭력이 지속적이지 않은 경우 - 학교폭력에 대한 신고, 진술, 자료제공 등에 대한 보복행위가 아닌 경우

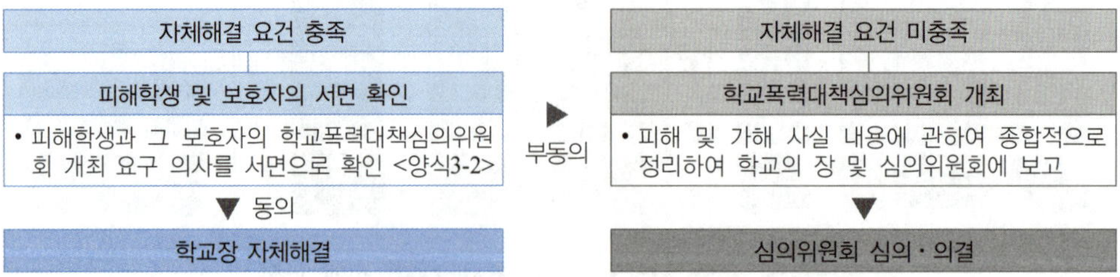

그림 9-3 단계별 조치사항

출처 : 교육부(2022). 개정판 학교폭력 사안처리 가이드북. 이화여자대학교 학교폭력예방연구소.

3) 학생 생활지도의 실제

(1) 학생 안전사고 예방과 안전교육

학교는 학생 안전사고 예방에 최선의 노력을 다해야 한다. 하지만 학생의 학교 생활지도에 만전을 기하고 주의를 요한다 하더라도 학교 교육활동 중 안전사고가 발생할 수 있는 여지는 항상 있다. 안전사고가 발생하였을 경우 피해 학생과 관련 교사의 경제적, 심리적, 정신적 고통을 최소화하면서 학부모에게 충분한 보상을 받을 수 있도록 조치를 취해야 한다.

학생 안전사고의 개념

학생 안전사고는 학생의 생명, 신체 또는 정신에 손상을 끼치는 현상 또는 그 결과를 말한다(조석훈 · 김용, 2007). 학교 안전사고는 학교 교육활동 중에 일어나는 사고로 주로 학생이 피해를 입게 되는 사고이다. 학교 시설 · 설비의 미비 및 관리상의 하자로 인해 발생하는 사고도 포함된다.

학교 안전사고의 유형

- 체육시간 또는 체육활동 중에 발생한 사고
- 실험 · 실습 또는 현장체험활동 시 발생한 사고
- 휴식 또는 청소시간에 발생한 사고
- 학교행사 활동 중에 일어난 사고
- 학교 시설물 관련 안전사고
- 휴식 또는 청소시간에 발생한 사고
- 학교 시설물 관련 안전사고

표 9-3 상황별 학교 안전사고 예방 수칙

상황	안전수칙
수업 및 실험실습	• 사용할 시설물이나 장비는 반드시 사전에 철저히 안전점검을 실시한다. • 학생들에게 필요한 안전교육을 실시하고 수시로 안전수칙을 환기시킨다. • 신체에 무리가 되는 활동을 할 때는 먼저 학생의 건강상태를 점검한다. • 실습 중에 교사의 감독이 미치지 못하는 곳이 없도록 진행한다. • 실험기구 및 약품은 안전한 곳에 보관하며, 실험실습실은 교사가 없는 상태에서 절대 열어두지 않도록 한다. • 소화기의 위치를 학생이 알 수 있도록 하고, 사용법을 지도한다.
청소 및 휴식시간	• 청소도구의 안전성을 확인하고 위험한 청소방법은 사용하지 않는다. • 급식을 할 때는 학생이 화상을 입지 않도록 지도한다. • 위험한 물품을 학생이 임의로 보관하지 못하도록 한다. • 복도나 계단에서 급하게 뛰어다니지 않도록 한다. • 학생에게 사적인 지시나 심부름을 시키지 않도록 한다.
현장교육 및 교외활동	• 교외활동을 할 때는 사전에 안전관리 방침과 기준을 확인하고, 인솔 및 지도교사는 해당 기관과의 긴밀한 협조 속에서 지도한다. • 인솔 및 지도교사는 유사시 필요한 구급약품 등을 준비한다. • 학생 중 신체허약자 또는 교육활동 운영상 특별한 보호를 요하는 학생을 사전에 파악하여 교육활동 중이나 차량 운행 시에 특별히 관리한다. • 인솔 및 지도교사는 차량 운행 시 운전자와 가까운 자리에 탑승하여 과속 방지, 안전거리 확보 등 운전자의 준법 및 안전운행에 필요한 사항을 조언하고, 탑승 학생이 안전 운행에 방해되는 행위를 하지 않도록 지도한다. • 인솔 및 지도교사는 차량이나 시설 사용 전에 운전자 및 시설관리자로 하여금 학생들에게 유사시 비상 탈출 방법, 안전장구 사용 방법 등을 설명하도록 한다. • 인솔 및 지도교사는 부득이한 경우를 제외하고는 각종 교육활동에 반드시 참여하여, 교육의 효율성을 높이고 각종 사고 예방에 힘쓴다.

학생 안전교육은 학교의 교육계획에 포함되어 교육과정과 연계하여 자연스럽게 실시되며 학교에서 이루어지는 모든 교육활동의 과정 중에 이루어져야 한다. 특히 담임교사 및 교과교사를 통해 이루어지는 안전사고에 대한 강조는 매우 중요하다.

학생 안전사고 발생에 따른 대처요령

첫째, 학생의 안전을 위한 최소한의 응급조치를 취하고 빠른 시간 내에 병원으로 이송하여 의사의 진료를 받을 수 있도록 하여야 한다.

둘째, 사고 발생에 대한 원인과 과정을 충분히 숙지하여 학교장과 학부모에게 알리고 원만한 해결이 이루어질 수 있도록 최선을 다해 노력한다.

셋째, 학교안전공제회의 보상 및 지원 절차를 확인하여 학생 사고에 대한 치료비 등 금전적 보상을 받을 수 있도록 조치를 취한다.

넷째, 학부모와 법률적인 분쟁이 발생할 경우에는 사실에 근거하여 학교교육분쟁조정위원회에 심의를 거쳐 법률적 소송 지원을 받을 수 있도록 한다.

학교안전공제회 활용하기

각 시・도교육감은 학교의 안전사고 예방 및 보상에 관한 법률에 따라 학교안전공제회를 설립・운영하고 있다. 학교에서 안전사고가 발생했을 경우에는 해당 교사는 사고처리 및 보상청구 절차에 따라 피해자가 학교 안전사고로 인하여 입은 피해를 신속・적정하게 보상받을 수 있도록 한다.

<공제급여 청구 절차>는 다음과 같다.

① 학교 안전사고 발생 통지: 학교안전사고가 발생한 때로부터 지체 없이 공제급여 관리시스템(www.schoolsafe.or.kr)으로 사고발생 통지

② 공제급여 청구서 작성: 치료종결 후 공제회 급여관리시스템(www.schoolsafe.or.kr)에서 공제급여 청구서 작성

③ 공제급여 청구서 제출: 관련 서류 구비하여 공제회로 우편 발송

④ 공제급여 결정 통지: 공제급여 청구서 접수일로부터 14일 이내 지급 결정하여 공제 가입자에게 결정 통지서 발송

⑤ 공제급여액 송금: 공제 급여 결정액을 청구자에게 송금(이병환, 2021)

※ 공제급여 청구 및 처리 절차는 각 시・도교육청 홈페이지를 활용한다.

공제급여 청구서 양식은 다음 〈표 9-4〉과 같다.

표 9-4 학교안전공제회 공제급여 청구서 양식

<table>
<tr><td colspan="2">공제급여(보전비용) 청구서</td></tr>
<tr><td colspan="2">ㅇㅇ 공제회 이사장 귀하
「학교안전사고 예방 및 보상에 관한 법률」 제41조에 따라 다음과 같이 공제급여를 청구합니다.
년 월 일</td></tr>
<tr><td rowspan="2">청구인</td><td>성 명 : (인) 주민등록번호 :
주 소 :
전화번호 :
피공제자와의 관계 :</td></tr>
<tr><td>공제급여 청구에 관한 모든 권한을 위임함
위임인 성명: (인)
대리인 성명: (인) 주민등록번호 :
주소:
전화번호:</td></tr>
<tr><td>공제가입자</td><td>학교명:
학교장:
주 소:</td></tr>
<tr><td>피공제자</td><td>성 명: 주민등록번호:
주 소:
소 속:</td></tr>
<tr><td>사고개요
(상세한 것은 별지에 적음)</td><td>발생일시:
발생장소:
사고 관련자 소속: 성명:
사고경위 및 내용:</td></tr>
<tr><td>청구액</td><td>요양급여 원, 장 의 비 원
장해급여 원, 위 자 료 원
간병급여 원, 보전비용 원
유족급여 원, 기 타 원
합 계 원</td></tr>
<tr><td>구비서류
(뒷면참조)</td><td></td></tr>
</table>

210mm×297mm
보존용지(2종) 70g/m^2

PLUS TiP | 학생이해

❙ 청소년이 학교에서 겪는 학생 스트레스 ❙

- **인지발달 과정 스트레스:** 외부 세계에 대한 새로운 시각과 비판을 가지면서 기존의 가치와 규범에 대해 저항하는 과정에서 청소년들이 스스로에게 유발시키는 스트레스
- **자아중심성 스트레스:** 청소년기에 접어들면서 아동기와는 다른 자아중심성을 가진 심리적 특성이 나타나 타인이나 대상에 대해 객관적인 사실의 추상화로 인해 스스로의 판단과 단정으로 슬퍼하기도 하고 즐거워하며 더 나아가 역설적인 생각으로 인해 받는 스트레스
- **자아정체성 발달 스트레스:** 자신에 대한 인식을 시작하면서 새로운 불안을 초래하여 현실과 이상 사이의 자아에 불균형이 생기고, 자신에 대한 타인인식과 자기인식 사이에 생기는 차이가 자아정체성의 확립을 어렵게 하고 그 과정에서 겪는 스트레스
- **자립성 확립 스트레스:** 청소년으로 성장한 학생들이 부모나 보호자, 간섭자들로부터 벗어나 자신 특유의 독립된 개체를 찾으려는 경향에서 오는 스트레스
- **신체적 성숙 스트레스:** 청소년기의 급격한 신체발달이 인지발달이나 성격발달과의 균형을 이루지 못해 불안과 초조감을 갖게 되므로 경험하게 되는 스트레스

토의해 보기

01 생활지도가 중요한 이유와 필요성을 설명하여라.

02 여러분이 교사로 부임했다고 가정하고 여러분이 맡고 있는 학급의 월별 생활지도 계획을 작성해 보자.

03 개인상담과 집단상담의 차이를 설명하고 개인상담과 집단상담이 효율적인 경우를 예를 들어 설명해 보아라.

04 학교폭력 사안 발생 시 필요한 조치사항을 설명하여라.

03

PART

행정업무의 이해

CHAPTER 10_ 학교운영위원회와 학교회계

CHAPTER 11_ 공문서관리 및 학교생활기록부 작성

CHAPTER 12_ 인사와 복무

CHAPTER

10 학교운영위원회와 학교회계

학교운영위원회가 설치되기 이전까지는 학교의 최고의사결정권자인 교장과 학부모 또는 지역사회 사이에는 상호작용이 제도적으로 보장되어 있지 않았다. 이러한 문제점을 극복하기 위하여 학교운영위원회 제도가 도입되었다. 단위학교의 민주적 운영을 위하여 학부모, 교원, 지역인사가 참여하는 민주적 의사결정구조가 학교운영위원회이다. 학교회계제도는 단위학교의 예산을 총액으로 배부하고 학교가 자율적으로 예산을 편성하여 운영하는 민주적 회계제도이다.

이 장에서는 학교행정의 구체적인 사례로 학교운영위원회와 학교회계제도를 실펴보고자 한다.

1 학교운영위원회의 개요

1) 의의

학교운영위원회는 학교운영에 학부모, 교원, 지역인사가 참여하여 학교 의사결정의 민주성 및 투명성을 확보하고, 지역실정과 학교특성에 맞는 다양한 교육을 창의적으로 실시할 수 있도록 심의·자문하는 기구이다. 학교운영위원회는 단위 학교 수준에서 이루어지고 있는 의사결정 과정에 학교의 구성 주체들을 참여시킴으로써 학교장 중심의 '닫힌' 의사결정체제를 단위 학교 구성원 공동의 '열린' 의사결정체제로 바꿀 수 있다.

2) 성격

(1) 실질적 의미

- **단위 학교 차원의 자치기구**: 자율적이고 창의적인 학교를 구현하기 위하여 학부모, 교원, 지역인사가 공동으로 참여하는 단위 학교 자치기구이다.
- **학교 내외의 구성원이 함께하는 학교 공동체**: 교사나 학부모뿐만 아니라 교육과 학교발전에 관심이 있는 지역사회 인사 누구나 학교운영에 참여할 수 있게 된 것이다.
- **개성 있고 다양한 교육을 꽃피울 수 있는 제도적 장치**: 학교운영위원 모두가 서로 존중하고 열린 마음으로 학교운영에 참여한다면 개별 학교의 실정에 맞는 다양하고 창의적인 교육을 실현할 수 있다.

(2) 법규적 의미

- **법정기관**: 학교운영위원회는 법률, 시행령 및 조례(사립학교는 정관)에 근거하여 설치·운영된다.
- **심의·자문기구**: 학교운영위원회는 법률과 시행령 및 조례에서 규정한 사항은 반드시 심의(국·공립학교)·자문(사립학교)을 거치도록 하고 있다.
- **독립된 위원회**: 학교장은 당연직 위원이지만 학교운영위원의 일원으로 참가하는 것이므로 법적 성격상 학교장과 독립된 기구이다.
- **필수기관**: 임의기구가 아니라 법규에서 반드시 설치하도록 하고 있는 필수기관이다.

3) 학교운영위원회 관련 법령 구조

- 초·중등교육법 제31조~제34조
  - 국·공립 및 사립의 초·중·고등학교 및 특수학교에 학교운영위원회 설치 근거 마련
  - 학교운영위원회의 기능, 학교발전기금 조성 근거
- 초·중등교육법시행령 제58조~제64조
  - 학교운영위원회의 구성 원칙, 위원의 선출방법, 시정명령 근거, 조례 등에의 위임 근거, 학교발전기금 조성 방법·사용범위 등

2 학교운영위원회의 구성과 선출

1) 운영위원의 정수와 구성

당해 학교의 학부모, 교원, 지역사회인사 등의 고른 참여로 구성하되 위원 정수와 구성 비율은 지역특성, 학교규모, 학교·급별 등을 고려하여 당해 학교의 학교운영위원회 규정으로 정한다. 학교운영위원 구성 비율은 다음과 같다.

표 10-1 학교운영위원회 위원 구성 비율

위원별 / 학교별	학부모 위원	교원 위원	지역 위원
일반계 학교	40~50%	30~40%	10~30%
특성화고등학교	30~40%	20~30%	30~50%

※ 특성화고등학교 지역위원 중 1/2 이상은 사업자로 구성

위원의 정수는 학생 수 200명 미만인 학교는 5인 이상 8인 이내, 학생 수가 200명 이상 1천 명 미만인 학교는 9인 이상 12인 이내, 학생수가 1천 명 이상인 학교는 13인 이상 15인 이내로 규정하였다.

표 10-2 학교운영위원회 위원 정수: 5인 이상 15인 이내

학생수	200명 미만	200명 이상 1천 명 미만	1천 명 이상
위원수	5~8인	9~12인	13~15인

2) 위원의 선출

국·공립학교의 장은 운영위원회의 당연직 교원위원이 된다. 학부모위원은 학부모 중에서 민주적 대의 절차에 따라 학부모 전체회의에서 직접 선출한다. 당연직 교원위원을 제외한 교원위원은 교원 중에서 선출하되, 교직원 전체회의에서 무기명 투표로 선출한다. 지역위원은 학부모위원 또는 교원위원의 추천을 받아 학부모위원 및 교원위원이 무기명투표로 선출한다. 학교운영위원회에는 위원장 및 부위원장 각 1인을 두되, 교원위원이 아닌 위원 중에서 무기명 투표로 선출한다. 학교운영위원의 임기는 1년(매년 4월 1일부터 익년 3월 31일까지)으로 하며, 연임할 수 있다.

3 학교운영위원회의 기능

1) 권한과 의무

(1) 권한

- **학교운영 참여권**: 운영위원은 자신이 대표하는 학부모, 교원, 지역사회의 다양한 요구를 수렴하여 학교운영위원회에 제안하고 건의할 수 있다.
- **중요사안에 대한 심의·자문**: 학교운영위원들은 초·중등교육법 제32조에 따라 학교의 주요 사안에 대한 심의(국·공립학교) 혹은 자문(사립학교)을 할 수 있는 권한이 있다.
- **보고 요구권**: 학교장이 학교운영위원회의 심의·자문 사항임에도 불구하고 이를 따르지 않을 경우, 그 사유를 지체 없이 학교운영위원회에 보고하도록 요구할 수 있다(한상길, 2011).

(2) 의무

- 회의참여: 학교운영위원은 학교운영위원회가 소집되었을 때 회의에 출석하여 성실히 참여해야 하는 기본적 의무가 있다.
- 지위남용 금지: 학교운영위원은 그 지위를 남용하여 당해 학교와 영리를 목적으로 하는 거래를 하거나 재산상의 권리 혹은 이익 취득 또는 알선을 해서는 아니 된다. 그리고 학교운영위원은 무보수 봉사직이기 때문에, 위원으로서 활동하는 대가로 반대급부의 성격을 띤 보수나 수당은 지급할 수 없다. 단 대외적인 출장의 경우 예산범위 내에서 출장비 지급이 가능하다.

2) 학교운영위원회의 기능

학교운영위원회는 다음 각 호의 사항을 심의·의결한다.

(1) 초·중등교육법 제32조 제1항의 심의사항

① 학교헌장 및 학칙의 제정 또는 개정에 관한 사항
② 학교의 예산안 및 결산에 관한 사항
③ 학교교육과정의 운영 방법에 관한 사항
④ 교과용도서 및 교육 자료의 선정에 관한 사항
⑤ 교복·체육복·졸업앨범 등 학부모가 경비를 부담하는 사항
⑥ 정규학습시간 종료 후 또는 방학기간 중의 교육활동 및 수련활동 사항
⑦ 교육공무원법 제31조 제2항의 규정에 의한 초빙교원의 추천에 관한 사항
⑧ 학교운영지원비의 조성·운용 및 사용에 관한 사항
⑨ 학교급식에 관한 사항
⑩ 대학입학 특별전형 중 학교장 추천에 관한 사항
⑪ 학교 운동부의 구성·운영에 관한 사항

⑫ 학교운영에 대한 제안 및 건의 사항

⑬ 기타 대통령령, 특별시·광역시 또는 도의 조례로 정하는 사항

(2) 초·중등교육법 제32조 제3항의 심의·의결사항

- 학교발전기금의 조성·운영 및 사용에 관한 사항

4 학교회계제도의 실제

1) 학교회계제도의 이해

(1) 회계와 예산

회계란 재정활동의 일부로서 금전, 물품, 기타 재산들의 출납과 보관·관리 등 유용한 재무정보(회계정보)를 종합적으로 정리·기록하여 그 이용자가 합리적으로 의사를 결정할 수 있도록 전달해 주는 정보시스템(Information system)이다. 예산(Budget)은 회계 연도 내의 세입, 세출의 재정적 계획을 말한다.

(2) 학교회계제도의 의미

학교회계제도란 단위 학교를 중심으로 교육활동을 실천해 나가는데 필요한 재원을 조달하고 조달된 재원을 여러 사업에 배분하여 교육의 성과를 거두기 위한 일련의 과정이다. 예산편성, 예산심의, 예산집행, 결산 등 예산과정이 이루어지고 학교의 재정과 관련하여 이해관계를 가진 사람들에게 합리적인 의사결정을 하는데 정보를 제공하기 위한 일련의 과정이나 체계라고 할 수 있다. 학교회계제도는

단위 학교 교육목표 달성에 초점을 두는 분권화의 형태로서 주로 의사결정 권한이 재배분된다.

(3) 학교회계의 일반원칙과 예외

예산 총계주의 원칙

- 학교의 모든 재정활동은 예산에 편입되어야 한다는 원칙이며 이는 예산의 완전성이기도 하다.

회계연도 독립의 원칙

- 예산은 당해 연도 개시 전에는 물론 회계연도를 경과한 후에도 집행할 수 없으며 당해 회계연도의 경비는 당해 연도 세입으로 지출하여야 한다는 원칙이다(※ 예외: 계속비, 세출예산의 이월, 결산잉여금 이월, 과년도 지출).
- **회계연도**: 3월 1일~다음 해 2월 말일(초·중등교육법 제30조 3항)
- **출납폐쇄 기한**: 회계연도 종료 후 20일(학교회계규칙 제4조)

수입금 직접사용 금지의 원칙

- 모든 수입은 지정된 수납기관에 납부하여야 하며, 지출하고자 할 때는 반드시 세출예산에 계상하여 집행하여야 한다.

예산공개의 원칙

- 학교재정 운영의 투명성과 책무성을 제고하기 위해서는 학교운영위원회에서 심의된 예·결산서는 교직원과 학부모 등 학교의 이해관계자들에게 공개하여 예산의 투명성을 확보하여야 한다.

2) 예산편성 · 집행 · 결산

(1) 학교회계 예산 재원의 구성 체계

학교회계 예산 재원의 구성 체계는 [그림 10-1]과 같다.

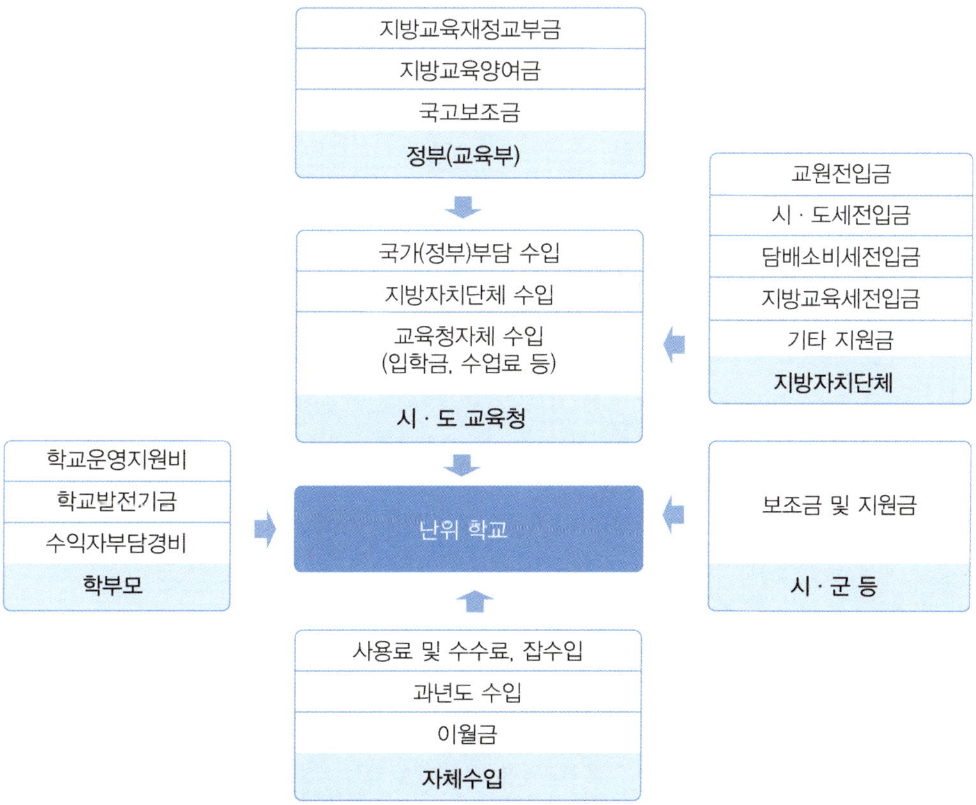

그림 10-1 학교회계 예산 재원의 구성 체계

(2) 예산안 편성

단계	내용
학교회계예산편성 기본지침 시달	• 회계연도 개시 3개월(11월 말) 전까지 단위 학교에 시달 • 관할청의 교육재정 여건 및 운용방향 제시 • 교육시책 및 권장사업 포함 예산과목 및 과목내용 등 학교예산 운영에 관하여 필요한 제반 내용 포함
학교교육계획의 수립	• 관할청의 예산편성 기본지침을 참고로 다음연도 교육계획서 작성(12월 초)
학교 재정규모 추정	• 예산편성 기본지침과 학교여건 감안하여 학교별 총 재정규모를 추정(12월)
예산편성회의(교육)	• 예산편성 기본지침 및 신년도 교육계획, 학교 재정규모 등을 정리하여 예산편성 관련 회의 또는 교육 실시(12월)
교직원의 예산요구서 제출	• 예산편성지침 시달 후 학교예산 편성 방향 및 계획에 따라 제출 • 교육과정 운영 및 학교 운영을 위하여 필요한 사업 및 재정 소요액 등 기록 • 부서별 또는 개인별 예산요구서 제출(12월~1월 초)
연간 총 전입금 및 분기별 자금배정 계획 통보	• 관할청으로부터 학교회계로 전출되는 금액의 총 규모 및 분기별 자금배정 계획을 회계연도 개시 50일(1월 10일) 전까지 통보 • 목적사업의 경우 대상학교가 지정되는 대로 확정 · 통보
예산 조정작업 및 예산안 확정	• 단위 학교의 총 세입규모를 확정 • 부서별 또는 전체 조정회의를 거쳐 예산안 확정(1월 중순)
예산안 제출	• 회계연도 개시 30일(1월 29일) 전까지 학교운영위원회에 제출

자료: 정명환(2005). 학교회계제도 실무.

그림 10-2 예산안 편성 과정

(3) 예산안 심의 및 확정

단계	내용
예산안 통지	• 학교운영위원들에게 회의 개최 7일 전까지 예산안 통지(최종 2월 15일)
예산심사소위원회 구성	• 예산심의의 효율성을 높이기 위하여 학교운영위원회의 의결에 의해 자율적으로 구성(필요시)
학교장 제안 설명 및 관계자 의견 청취	• 학교의 교육시책 방향 및 재정여건, 예산편성 방향 및 내용에 대한 학교장(행정담당자) 제안 설명 • 예산과 관련된 교직원 의견 청취 • 소위원회 구성 시 소위원회 위원장이 심사의견 발표
예산심의결과 송부	• 회계연도 개시 5일(2월 23일) 전까지 심의 종료 • 학교장에게 예산심의결과 송부
예산 확정	• 학교장이 학교의 세입세출예산 확정
예산 공개	• 소규모 학교는 가정통신문 및 학부모 총회 등을 통하여 예 · 결산서를 인쇄하여 공개하고 홈페이지에 탑재 • 대규모 학교는 예 · 결산서를 모든 학부모에게 송부하기는 현실적으로 어려움이 있으므로 세입 · 세출예산의 성질별 조서 등을 송부하며, 예 · 결산서는 행정실에 비치하고 홈페이지에 탑재
결과보고	• 초 · 중학교는 교육지원청, 고등학교 · 특수학교는 3월 20일까지 시 · 도 교육청으로 보고 • 추가경정예산은 예산 확정 후 10일 이내 • 교육지원청은 3월 말일까지 집계 보고

그림 10-3 예산안 심의 · 확정 과정

예산 교부 목적이 지정되고 소요 전액이 교부된 경비로 예산편성의 시간적 여유가 없는 경우에는 추가경정예산의 편성 이전에 집행할 수 있도록 하여 예산운영의 융통성을 부여하고 예산총계주의의 원칙에 따라 우선 집행 후 차기 추가경정예산에 반영한다. 또한 예산 성립 전 사용은 차기 추가경정예산에 반드시 반영되어야 될 경비로 성립 전 사용 요건에 해당되는지 정확히 판단하고, 예산 성립

전 사용 요건에 해당되더라도 예산집행에 따른 시일이 충분한 경우에는 추가경정 예산에 편성하여 집행하여야 한다.

(4) 예산의 집행

예산의 집행

- 예산의 집행이란 예산이 정하는 바에 따라 수입과 지출을 실현하는 과정으로 다음과 같은 단계로 진행된다.

예산배정 ➡ 수입 절차 ➡ 지출 절차 ➡ 기록 및 보고

예산의 목적 외 사용 금지

- 세출예산의 집행 시에는 학교운영위원회의 심의결과를 존중하고 예산편성의 목적을 달성하기 위하여 정해진 목적 외에는 지출할 수 없다.
- 예산은 학교재정 운영에 대한 약속이라고 할 수 있으며 예산에 정해진 목적을 벗어나 방만한 예산집행을 하게 되면 예산제도 존재 자체가 무의미한 결과를 초래하게 된다.

예산집행의 신축성

- **예산의 이용**: 세출예산의 관・항 사이에 상호 융통하는 제도로 학교운영위원회의 심의를 거친 경우에만 사용이 가능하다.
- **예산의 전용**: 세출예산의 세항・목 사이에 상호 융통하는 제도로 학교운영위원회의 심의 없이 학교장이 결정한다.
- **계속비**: 공사나 제조 등 그 완성이 수년을 요하는 경우 소요경비의 총액과 연도별 소요 금액을 정하여 미리 학교운영위원회의 심의를 거쳐 수년에 걸쳐 지출하는 경비를 말한다.

- 세출예산의 이월
  - 명시이월: 학교예산 운영에 있어서 세출예산의 경우 경비의 성질상 당해 회계연도 안에 지출을 끝내지 못할 것이 예상되는 경우 그 취지를 세입세출예산에 명시하여 미리 학교운영위원회의 심의를 거치고 다음 연도에 사용할 수 있도록 하고 있는 제도이다.
  - 사고이월: 명시이월은 본예산이나 추가경정예산의 편성 시에 이월할 것으로 예상되어 학교운영위원회의 심의를 미리 거친 경우임에 반해, 사고이월은 이월할 것이라고 미리 예상한 것이 아니라 예산집행 과정상에서 지출원인행위를 하고 불가피한 사유로 지출을 끝내지 못할 것이 예상되는 경비를 다음 연도에 사용할 수 있도록 하기 위한 제도이다.
- 예비비: 예측할 수 없는 예산 외의 지출이나 예산의 초과지출에 사용할 수 있도록 예산 중 일부분에 대하여 구체적 사용목적은 정하지 아니하고 총액으로 예비비를 계상할 수 있도록 하고 있다.

(5) 학교회계의 지출

지출의 의의

넓은 의미의 지출은 예산의 사용결정에서부터 지출원인행위에 의한 부담 채무를 이행하기 위하여 대금을 지급할 때까지의 일체의 행위를 말하며, 좁은 의미의 지출은 지출원인행위에 의하여 부담한 채무를 이행하기 위하여 대금을 지급하는 행위를 말한다.

지출원인행위

세출예산, 채무부담행위 등에 의해 학교회계의 지출 원인이 되는 계약, 기타의 행위를 하는 것을 의미한다.

- 지출원인행위권자: 학교회계의 지출원인행위는 학교의 장이 담당하며, 학교의 장이 없을 때에는 지출원인행위를 대결할 수 없고, 관할청에 의해 당해 학

교장의 직무대리자가 임명되는 경우에 그 직무대리자가 담당한다. 지출원인 행위 시 법령, 조례 및 규칙 등을 준수하고 자금의 수급을 고려해야 하며 예산의 목적 외 사용금지 등의 예산집행의 제반 원칙을 준수해야 한다.

- **지출행위**: 지출기관은 학교회계의 지출업무는 수납업무와 같이 학교회계 출납원이 담당하고, 출납원이 장기간 회계업무 처리가 불가능한 경우(장기간 병가, 출장 등)나 현지에서 경비를 지출하여야 할 경우(수학여행, 현장학습 등)에는 임시출납원을 임명한다.
- **지출의 특례**
  - **선금**: 확정된 채무에 대하여 상대방이 의무를 이행하기 전에 또는 지급할 시기가 도래하기 전에 금액의 일부를 지급하는 것을 의미한다.
  - **개산급**: 개산급이란 채무는 존재하나 지급할 금액이 확정되지 않은 경우 개략적인 금액을 계산하여 채무 이행 시기 이전에 지급하고 집행실적에 의하여 채무액을 확정·정산하는 것을 말한다(수학여행비, 수련활동비 등).
- **계약**: 일반적으로 사법상의 일정한 법률효과를 발생시킬 목적으로 2인 이상 당사자의 합의에 의거 성립하는 법률 행위이다. 계약체결 방법은 〈표 10-3〉과 같다.

표 10-3 계약체결 방법 및 장단점

구분		장점	단점
수의계약		• 자본, 신용, 경험이 많은 상대방 선택 가능 • 계약업무 편의	• 정책목적 수단으로 악용 우려 • 자의적인 운용 가능 • 기술개발의 저해
입찰계약	일반경쟁	• 단순하고 공정한 절차 • 가격경쟁에 따른 예산절감 • 공평한 입찰 참가 기회 부여	• 부적격자 응찰로 과열경쟁과 부실공사 우려 • 입찰 등 계약기간 장기화
	제한경쟁	• 참가자격 사전 제한으로 부적격자 참여 배제 가능 • 일반경쟁, 지명경쟁의 단점 보완	• 객관적 제한기준 설정의 어려움 • 업체의 반발 가능
	지명경쟁	• 참가자를 사전 지명, 부적격자 사전 배제 • 일반경쟁에 비해 간소한 절차	• 특정인 참가로 담합 소지 • 객관성 및 공정성 확보 어려움

자료: 정명환(2005). 학교회계제도 실무.

(6) 결산

예산회계의 결산 과정은 [그림 10-4]와 같이 진행된다.

단계	내용
회계연도 종료	• 매년 2월 말일 기준 • 당해 회계연도의 징수행위 및 지출원인행위 종료
↓	
출납폐쇄 정리	• 회계연도 종료 후 20일(3월 20일) • 당해 회계연도에 징수행위 및 지출원인행위가 된 사항의 세입금 수납 및 세출금 지출 마감
↓	
결산서 작성	• 제 장부 마감 및 세입 · 세출 결산서 작성 • 예산의 이 · 전용 내역, 이월경비 내역, 예비비 사용 내역 첨부
↓	
결산심의	• 학교운영위원들에게 회의개시 7일 전까지 결산서 개별 통보 • 단위학교의 장이 결산 내용 설명 • 의문사항에 대하여 관련 교직원 의견 청취
↓	
결산심의 결과 통보	• 회계연도 종료 후 4월 이내에 심의결과를 학교장에게 통보(6월 말)
↓	
결산공개	• 예산 공개와 동일함
↓	
결과보고	• 학교에서의 결산심의 결과 통보 후 10일 이내 • 교육지원청에서는 7월 10일까지 집계보고

그림 10-4 예산의 결산 과정

3) 학교회계 세입세출예산의 구조

(1) 세입예산의 구조

세입예산은 장・관・항・목으로 구분한다. 세입은 크게 교육비특별회계 전입금, 학부모 부담수입, 자체수입, 학교발전기금 전입금, 보조금 및 지원금, 이월금으로 구분된다. 세입예산 과목 구분과 설정내용 예시는 〈표 10-4〉와 같다.

표 10-4 학교회계 세입예산의 과목 구조

관	항	목	내용
교육비 특별회계 전입금	교육비 특별회계 전입금	학교교육비	교육청에서 목적지정 없이 총액으로 교부되는 전입금
		목적사업비	단위 학교의 특정 사업수행을 위하여 지원되는 경비
학부모 부담수입	학교운영지원비	학교운영 지원비	학교운영위원회의 심의를 거쳐 조성・운용되는 학부모 회비
	수익자 부담경비	현장학습비	현장학습(견학, 수학여행, 도・농간 교류학습 등)을 위한 경비
		학생수련 활동비	각종 수련활동에 필요한 경비
		학교급식비	학생에게 제공하는 급식비(인건비, 식품비, 관리비 등 포함)와 우유 대금
		특기적성 교육활동비	특기적성교육활동에 참여하는 학생들이 부담하는 교육비
		졸업앨범비	졸업앨범을 구매하기 위한 경비
		청소년단체 활동비	보이스카우트, 걸스카우트 등과 같이 청소년단체에 가입하여 활동하는 학생들이 부담하는 경비
		기타 수익자 부담경비	생활관 사용료, 기숙사 운영비, 스쿨버스 운영비 등 다른 수익자 부담으로 운영되는 사업이 있을 경우 사업별로 각각의 목으로 편성하여 별도의 계정으로 관리
자체수입	사용료 및 수수료	사용료	학교체육시설(운동장, 테니스장, 체육관, 수영장 등), 교실, 매점, 급식실, 이발소 등 학교장이 관리하는 행정재산 사용허가를 득한 자로부터 수수하는 사용료와 학교물품의 대여로 발생하는 대여료 등
		수수료	제 증명 발급, 정보공개, 입찰등록 등 시・도교육청의 조례 및 규칙 등에서 정한 수수료를 학교에서 수납하는 수수료
	기타수입	기타수입	예금이자, 폐휴지매각대, 실습물매각대, 위약금, 생산물매각대, 동・식물매각대, 공공요금 사용료 및 기타 수입금

관	항	목	내용
학교발전 기금 전입금	학교발전 기금 전입금	학교발전 기금 전입금	학교운영위원회에서 학교회계로 전출할 것을 동의하여 학교발전기금에서 학교회계로 전입되는 학교발전기금
보조금 및 지원금	보조금 및 지원금	보조금	국가 또는 지방자치단체의 보조금
		지원금	다른 기관으로부터 당해 학교에 지원되는 지원금
이월금	이월금	이월금	전년도 학교회계에서 발생하는 불용액(추계)으로 당해 연도에 이월되는 순세계 잉여금

(2) 세출예산의 구조

세출예산도 세입예산과 마찬가지로 세출의 성질 및 기능에 따라 관·항·목으로 구분된다. 학교회계 세출예산의 과목 구조는 〈표 10-5〉와 같다.

표 10-5 학교회계 세출예산의 과목 구조

관	항	목	과목 내용
인건비	교직원 인건비	교원연구비	중·고·특수학교의 학교운영지원비를 수납하는 학교에서 교원에게 월정액으로 지급하는 연구비로서 기본연구비, 학생지도연구비, 직책연구비, 겸직연구비 등
		제 수당	중·고·특수학교의 학교운영지원비를 수납하는 학교에서 직급에 따라 지급하는 관리수당, 겸직자에게 지급하는 겸직수당, 교육과정 운영상 채용하여 강사에게 지급하는 수당 등
	기타직 인건비	학교회계 직원 인건비	중·고·특수학교의 학교운영지원비를 수납하는 학교에서 학교회계 직원으로 계약된 자에게 매월 지급하는 보수와 학교회계직원에 대한 부담금(국민연금, 국민건강보험, 고용보험, 산재보험 등)
		비정규직 인건비	각급 학교에서 교육과정 운영을 위하여 채용하는 일용잡급(사무보조원, 실험·실습보조원, 조리종사원, 교육보조원, 차량도우미, 순회코치, 체육코치 등)에게 지급하는 보수와 비정규직(일용잡급)에 대한 부담금(국민연금, 국민건강보험, 고용보험, 산재보험 등)
		퇴직적립금	학교회계 직원 및 비정규직(일용잡급)의 퇴직 대비 적립금

관	항	목	과목 내용
학교 운영비	학생 복리비	학생복리비	학생자치활동에 소요되는 제 경비, 교육과정 활동 중에 발생하는 학생 사고에 대한 치료비 또는 보험금, 학교보험관리 기준에 의한 각종 검사비, 저소득층 자녀에게 지급하는 인터넷통신비, 중식지원비, 장학금 등 학생복리 증진을 위한 경비
	교수·학습 활동비	교수·학습 활동비	실험·실습 재료비, 도서구입 및 도서실 운영에 소요되는 경비, 교육행사에 소요되는 제 경비, 학급용품비, 인쇄비, 교육과정 및 교수·학습에 필요한 교재·교구 구입비, 교직원 및 학부모연수비, 기타 교육과정 운영 및 교수·학습에 필요한 제 경비
	일반 운영비	공통운영비	일반운영비, 공공요금 및 제세공과금, 연료비, 급량비, 운영수당, 차량비, 여비, 용역비, 자산취득비 등 학교운영을 위한 기본적인 경비
		업무추진비	학교장에게 매월 지급하는 직책급 업무추진비, 기관운영을 위한 업무추진비, 주요사업 또는 시책사업을 추진하기 위한 업무추진비
		시설비	학교시설에 필요한 설계비, 시설비, 감리비 및 건물, 시설물, 부대시설의 유지·보수에 필요한 제경비
수익자 부담경비	수익자 부담경비	현장학습비	현장학습(소풍, 견학, 수학여행 등)을 위한 경비
		학생수련활동비	극기훈련, 야영수련, 학년별 수련, 임원수련 등을 위한 경비
		학교급식비	학생에게 제공하는 급식비(인건비, 식품비, 관리비 등 포함)와 우유대금
		특기적성 교육활동비	방과후에 학생들의 특기적성을 지도하기 위한 교육활동비
		졸업앨범비	졸업앨범을 구매하기 위한 경비
		청소년단체 활동비	각종 청소년단체 활동을 위한 경비
		기타 수익자 부담 경비	생활관 사용료, 신문구독비, 교지구입비, 교과서대금, 건강검진료, 스쿨버스 이용료 등 기타 수익자가 납부하는 경비
예비비	예비비	예비비	예측할 수 없는 지출 또는 예산 초과지출에 충당하기 위한 경비

자료: 송기창 외(2009). 중등교직실무. 학지사.

4) 에듀파인 학교회계시스템

(1) 에듀파인 학교회계시스템의 개요

교육부는 2008년 7월에 지방교육 재정업무의 전 처리과정을 사업별 예산제도와 발생주의·복식부기 회계제도를 기반으로 자동화하고 이를 개인의 단위업무와 연계하여 성과관리가 가능하도록 「지방교육 행·재정 통합시스템」(EDUFINE)을 구축하여 개통하였으며 2010년에 전면 도입·적용하였다.

(2) 에듀파인 학교회계시스템의 구성

에듀파인은 단위업무관리시스템, 예산관리시스템(예산관리, 중기재정계획, 교부금관리), 회계관리시스템(재무회계, 학교회계, 자금관리, 통합자산관리), 통합결산관리시스템(재무결산, 예산결산, 원가관리, 재정분석), 통합통계분석관리시스템(맞춤형통계, 통계보고서, 사립학교결산)으로 구성되어 있다.

현재 학교회계시스템은 품목별 예산·현금주의·단식부기로 하는 회계제도를 개선하여 사업별 예산·발생주의·복식부기제도로 운영되고 있다. 각 학교는 행정의 효율성과 투명성 제고를 위해 재정업무의 전체 과정을 자동 처리한다.

(3) 에듀파인을 활용한 교사의 업무처리

에듀파인을 활용한 교사의 업무는 사업기본정보관리, 사업예산 요구 및 이·전용 신청, 지출 품의, 계약검사 및 검수, 예산 불용처리 등이다. 특히 교사가 교육과정을 실현하기 위한 학습활동과 관련된 지출품의를 하는 일은 매우 빈번하게 이루어지는 업무이다. 각 시·도교육청 업무포털에 접속하여 에듀파인(EDUFINE) 홈에서 지출품의 매뉴얼에 따라 쉽게 지출을 요구할 수 있다.

(4) 에듀파인 학교회계시스템의 기능

표 10-6 학교회계시스템의 기능

대분류	중분류
사업관리	학교정보관리, 사업코드관리, 사업정보관리, 사업지원관리
예산관리	예산기준정보관리, 예산편성관리, 예산운영관리, 예산분석관리
수입관리	수납기준정보관리, 수납자관리, 수납품의관리, 징수결의관리, 출납관리, 학적변동자관리, 미수납관리, 교육비납입증명, 수입분석관리
지출관리	지출관리카드, 지출지원관리, 신용카드사용관리, 지출장부관리
세무관리	(세금)계산서관리, 소득세관리
발전기금관리	발전기금사업관리, 발전기금접수관리, 발전기금지출관리, 발전기금결산관리
세입세출외 현금관리 (세외관리)	수납관리 예금관리, 반환관리, 이월관리, 장부관리
예산결산	마감관리, 이월관리, 예산결산서관리
재무결산	장부관리
계약관리	수의계약, 입찰계약

자료: 송기창 외(2009). 중등교직실무. 학지사.

(5) 학교회계 관련 서식 안내

학교회계 관련 서식에는 예산서 및 예산현황 서식, 결산서 및 결산현황서식, 기타서식 등 여러 가지 서식이 있다. 〈표 10-7〉은 교사의 업무와 관련된 서식의 예시이다. 예산요구서 작성은 에듀파인에 접속하여 학교회계시스템의 예산관리에서 직접 작성할 수 있다(이병환, 2021).

표 10-7 예산요구서(교원 제출용) 예시

예산요구서(교원 제출용)

교 감________________ (인)
작성자________________ (인)

우선 순위	사업명	시기 (월)	예산내역 및 산출기초 (단가 × 물량)	예 산 요구액	전년도 예산액	조정액	조정 사유
1							
2							
3							

표 10-8 예산요구서(교과, 부서별 취합용)

○○부(과) 예산요구서

교 감 ____________ (인)
________부부장 ____________ (인)

우선 순위	사업명	시기 (월)	예산내역 및 산 출 기 초	예 산 요구액	담당자	전년도 예산액	조정액	조정 사유
1								
2								
3								
합계								
기타								

• 교과, 부서별로 취합된 요구서를 제출하는 경우 '기타'란에는 교과, 부서의 사업과 관련이 없더라도 예산에 반영할 수 있는 물품비, 휴게실 등의 시설비 기재
• 신규 사업의 경우는 사업개요, 세부계획서, 사업 관련 서류 중 하나를 첨부

PLUS TiP | 학교회계 이해

▌회계정보의 기록▐

회계정보의 기록이란 회계 실체에서 발생한 거래를 일정한 원리 원칙에 따라 자산, 부채, 자본, 비용, 수익으로 구분하여 회계장부에 기입하는 과정을 말하며 회계기록방법은 비영리조직에서 주로 채택하고 있는 단식부기제도와 영리조직에서 채택하고 있는 복식부기제도가 있다.

▌단식부기(single entry book-keeping)▐

단순히 현금을 주로 취급하는 학교와 관청 등 비영리조직에서 채택하고 있는 부기법으로서 현금의 증감변화의 원인과 결과 및 타인과의 채권 채무 관계를 기록하는 간단한 부기법이다. 따라서 단식부기에서 재무제표는 현금의 수지증감 변화의 기록에 거치며 현금의 증감변화 원인은 각 거래의 적요란에서만 개별적으로 파악할 수 있다. 또한 단식부기는 수익과 비용이 기록되지 않고 단순히 타인과의 채권 채무 관계만을 기록하는 부기법으로 현금거래를 주로 취급하는 비영리기관에서 채택하고 있으며 또한 원인과 결과가 동시에 동일한 금액으로 기록되지 않으므로 기록의 정확성을 자동적으로 검증할 수 있는 자동검증기능이 없다.

▌복식부기(double entry book-keeping)▐

단식부기와 같은 거래의 일원적 인식 즉, 단순한 현금의 증감만을 기록하는 것이 아니라 회계 실체의 모든 거래 사실을 차변과 대변이라는 이분법을 사용하여 기록하는 부기법으로 차변과 대변에 동일한 금액이 기록되고 양변의 일치 여부를 확인함으로써 기록의 정확성을 자동적으로 검증할 수 있고 회계 처리상의 오류를 쉽게 발견할 수 있는 자동검증기능이 있다. 또한 하나의 거래는 반드시 두 가지 이상의 계정에 기입되므로 자금의 원천별 조달과 자금의 구체적 사용별 내역이 동시에 기록된다. 이러한 과정을 통하여 회계의 최종 목표인 재정상태보고서와 재정운영보고서를 작성할 수 있으므로 회계 실체의 활동 전반을 파악하는 것이 가능해졌다. 한편 교육비특별회계기준도 지방재정법 제53조에 의거 발생주의 회계와 복식부기의 처리 방법에 따라 조직의 재정상태와 경영성과에 대한 재무보고서를 요구하고 있으며 관련 세부사항은 지방재정법시행령 및 교육비특별회계기준(안)에 규정하고 있다.

토의해 보기

01 학교운영위원회의 도입 목적과 그 임무는 무엇인가?

02 학교운영위원회 위원 선출 방식과 학교 규모에 따른 위원 수를 설명해 보자.

03 학교회계제도 시행에 있어서 교원의 업무와 관련하여 교원이 해야 할 일은 무엇인가?

04 학교회계 관련 서식 중에서 교육활동과 관련된 예산 요구서를 작성해 보자.

CHAPTER

11 공문서관리 및 학교생활기록부 작성

학교에서 이루어지는 모든 교육활동 지원을 위한 행정업무의 대부분은 문서로 이루어지고 있다. 이장에서는 공문서의 일반적 특성과 작성 방법을 이해하고자 한다. 나아가 학교생활기록부를 작성・관리하는 방법을 살펴보도록 한다.

1 공문서의 이해

1) 공문서의 개념 및 기능

공문서의 개념

행정기관의 내부 또는 상호 간이나, 대외적으로 공무상 작성되거나 시행되는 문서 및 행정기관이 접수한 모든 문서(도면, 사진, 디스크, 테이프, 필름, 슬라이드, 전자문서 등의 특수 매체 기록을 포함)를 말한다. 일반적으로 개인이 사적인 목적으로 작성하는 사문서와 대비되는 개념이다.

공문서의 기능

공문서는 의사전달, 의사보존, 자료제공의 기능을 수행한다.

- 의사전달의 기능: 학교나 교육행정기관의 의사를 내부나 외부로 전달하는 것을 의미한다. 내용이 복잡하여 문서 없이는 당해 업무처리가 곤란할 때, 사무처리의 형식 또는 체제상 문서가 필요할 때, 사무처리 내용을 명확하게 하여야 할 때 유용하다.
- 의사보존의 기능: 업무처리 결과의 증빙자료로서 문서가 필요한 때나 사무처리의 결과를 일정기간 동안 보존할 필요가 있을 때 활용된다.
- 자료제공의 기능: 보존된 문서가 다시 활용되어 행정활동을 촉진하는 자료로서 제공된다.

2) 공문서의 일반적 요건

객관성

문서를 작성할 때는 사회적 약속인 문자 및 기호를 정확하게 사용하고 맞춤법과 문서에 관한 규칙들을 준수하여 작성자의 의사가 상대방에게 객관적으로 정확하게 전달되도록 하여야 한다.

전달성

문서의 주된 기능의 하나는 의사전달이므로 의사전달이 용이한 형태로 작성되어야 한다. 그러므로 문서작성에 사용되는 용어와 문서의 규격, 무게, 두께, 형태 등이 의사를 전달하는 데 적합해야 한다.

보존성

문서는 의사보존의 기능도 가지고 있기 때문에 증빙자료나 역사자료 또는 정보원으로서 나중에 활용될 수 있도록 상당한 기간 동안 보존이 가능한 형태로 작성되어야 한다.

명확성

문서는 작성자가 확실하여야 하며 작성자의 의사가 명확하게 표현되어야 한다.

국가 행정작용으로서 공문서가 유효하게 성립하기 위한 요건

- 내용이 위법·부당하거나 시행 불가능한 사항이 없어야 한다.
- 당해 기관의 권한 내의 사항 중에서 작성되어야 한다.
- 법령에 규정된 절차에 따라 형식이 정리되어야 한다.

3) 공문서 처리의 기본 원칙

즉일처리의 원칙

문서는 그 내용 또는 성질에 따라 처리기간이나 방법이 다를 수 있으나 효율적인 업무수행을 위하여 그 날로 처리하는 것이 바람직하다.

책임처리의 원칙

문서는 여러 단계를 거쳐 처리되므로 정해진 사무분장에 따라 담당자가 직무의 범위 내에서 책임을 가지고 관계 규정에 따라 신속하고 정확하게 처리하여야 한다.

법령 적합의 원칙

문서는 법령의 규정에 따라 일정한 형식적·절차적 요건을 갖추어야 함은 물론 권한이 있는 자에 의해 작성·처리되어야 하므로 중요한 요건을 빠뜨려서 문서의 신뢰성을 저해하거나 법령 위반 등의 문제로 문서의 효력에 영향을 미치는 일이 생기지 않도록 해야 한다.

전자처리의 원칙

문서의 모든 처리 절차가 업무관리시스템으로 전자처리되어야 한다.

4) 공문서의 종류

유통대상에 의한 구분

- **대내문서**: 당해 기관 내부에서 유통되는 문서로서, 지시·명령 또는 협조를 하거나 보고 또는 통지를 위해 수발하는 문서이다.
- **대외문서**: 국민이나 단체 또는 다른 행정기관(소속기관 포함) 간에 수발하는 문서이다.
- **전자문서**: 컴퓨터 등 정보처리능력을 가진 장치에 의하여 전자적인 형태로 송·수신 또는 저장된 문서를 말한다.

문서의 성질에 의한 구분

- **법규문서**: 헌법·법률·대통령령·총리령·부령·조례 및 규칙 등에 관한 문서를 말한다.
- **지시문서**: 훈령·지시·예규 및 일일명령(당직·출장·시간외 근무·일일업무명령) 등 행정기관이 그 하급기관 또는 소속공무원에 대하여 일정한 사항을 지시하는 문서를 말한다.

- **공고문서:** 고시 · 공고 등 행정기관이 일정한 사항을 일반에게 알리기 위한 문서를 말한다.
  - **고시:** 법령이 정하는 바에 따라 일정한 사항을 일반에게 알리는 문서를 말하는데 일단 고시된 사항은 개정 · 폐지가 없는 한 효력이 계속된다.
  - **공고:** 일정한 사항을 일반에게 알리는 문서로서 그 내용의 효력이 단기적이거나 일시적인 것을 말한다. 예를 들면 입찰공고, 시험시행공고 등을 말한다.
- **비치문서:** 비치대장 · 비치카드 등 행정기관이 일정한 사항을 기록하여 행정기관 내부에 비치하면서 업무에 활용하는 문서를 말한다.
- **민원문서:** 민원인이 행정기관에 대하여 허가 · 인가 · 기타 처분 등 특정한 행위를 요구하는 문서 및 그에 대한 처리문서를 말한다.
- **일반문서:** 위에서 언급된 문서에 속하지 않는 문서로서 각급 학교나 교육행정기관에서 흔히 공문서라고 할 때는 일반문서를 말한다.

5) 문서의 성립과 효력 발생

문서의 성립

- 당해 문서에 대한 결재권자(위임전결 규정에 의해 결재권을 위임받은 자 포함)의 결재(전자이미지 서명에 의한 결재 포함)가 있으므로 성립한다.

문서의 효력발생 시기

- **일반문서:** 다른 법령에 특별한 규정이 있는 경우를 제외하고는 수신자에게 도달됨으로써 효력이 발생된다.
- **전자문서:** 다른 법령에 특별한 규정이 있는 경우를 제외하고는 수신자의 컴퓨터 파일에 기록됨으로써 효력이 발생된다.
- **공고문서:** 다른 법령 및 공고문서에 특별한 규정이 명시되어 있는 경우를 제외하고는 그 고시 또는 공고가 있은 후 5일이 경과한 날부터 효력이 발생된다.

- 민원문서: 정보통신망을 이용하여 접수·처리한 경우에는 당해 민원사항을 규정한 절차에 따라 접수·처리된 것으로 본다.

2 공문서 작성의 실제

1) 공문서 작성의 일반 사항

(1) 용지에 관한 규격

- 용지의 기본 규격: 특별한 사유를 제외하고는 210mm×297mm의 A4용지로 한다.
- 용지 색깔: 특별한 사유가 있는 경우를 제외하고는 흰색
- 글자 색깔: 검은색 또는 청색(도표작성, 수정, 주의환기 등 특별한 경우 예외)

(2) 공문서의 일반적 표기법

공문서 작성 시 사용 용어

- 공문서 작성 시 육하원칙에 따라 명료하게 작성한다.
- 특별한 경우를 제외하고 쉽고 간명하게 한글 맞춤법에 따라 가로쓰기를 한다.
- 올바른 뜻을 전달하기 위해 필요한 경우 (　　) 안에 한자나 기타 외국어를 넣어 쓸 수도 있다.

숫자 표기

특별한 사유가 있는 경우를 제외하고 아라비아숫자를 사용한다.

* 예 이십 명(×) ⇒ 20명

연 · 월 · 일 · 시각의 표기와 요일 표기

- 서기연호를 표기하되 '서기'는 표시하지 않는다.
- 날짜는 숫자로 하되 연 · 월 · 일의 글자는 생략하고 그 자리에 온점(.)을 찍어 표기하고, 시각은 24시각 제에 따라 숫자로 표기하되 시 · 분의 글자는 생략하고 그 사이에 쌍점(:)을 찍어 구분한다.

  * 예 2014년 6월 16일 수요일 오후 3시 30분(×) ⇒ 2014. 6. 16(수) 15:30(○)
- 연 · 월 · 일과 요일을 표기하며 연도를 줄이고자 할 때에는 다음과 같이 쓴다.

  * 예 '23. 4. 17(월).
- 공문제목에 따른 날짜는 <예 중등교육과-1171(2014. 04. 04)>와 같이 표기한다.

금액 표시는 아라비아숫자로 쓰되 숫자 다음 (　　)를 하고 한글로 기재하며, 〈예: 113,000원(금 일십일만삼천 원)〉과 같이 표기한다.

항목의 구분

- 문서의 내용이 한 항목만 있을 경우에는 항목번호를 부여하지 않는다.
- 문서의 내용을 두개 이상의 항목으로 구분하여 작성할 필요가 있을 경우에는 1. → 가. → 1) → 가) → (1) → (가) → ① → ㉮의 여덟 가지 항목으로 구분하여 작성한다.
- 첫째 항목의 구분 1., 2., 3., …… 등의 항목은 제목의 첫 글자와 같은 위치에서 시작하고 다음 항목부터는 바로 앞 항목의 위치로부터 2타(한글 1글자)씩 오른쪽으로 들어가서 시작한다.
- 항목 부호와 내용 사이는 1타씩 띄운다.
- 항목 구분에서 하., 하), (하), ㉻ 이상 더 계속 될 때는 거., 거), (거), …… 등으로 이어서 표시한다.
- 항목번호 다음의 마침표는 홑글자인 경우에는 마침표를 찍고 한 타를 띄운 다음에 작성하며 반괄호문자, 괄호문자, 원문자, 도형문자인 경우에는 마침표

를 찍지 않고 한 타 띄운 다음에 작성한다. 문서 작성 시 항목 표시 방법 예시는 [그림 11-1]과 같다.

<table>
<tr><td>○ ○ ○ ○ 중 학 교(02)

수신자×ㅇㅇㅇㅇㅇㅇ교육지원청교육장(교육과장)
(경유)
제목×교육공무원 호봉재획정 신청</td><td>두문</td></tr>
<tr><td>1.*첫째 항목ㅇㅇㅇㅇㅇㅇㅇㅇㅇㅇ
× 가.*둘째 항목ㅇㅇㅇㅇㅇㅇㅇㅇㅇㅇ
× × 1)*셋째 항목ㅇㅇㅇㅇㅇㅇㅇㅇㅇㅇ
× × × 가)*넷째 항목ㅇㅇㅇㅇㅇㅇㅇㅇㅇㅇ
× × × × (1)*다섯째 항목ㅇㅇㅇㅇㅇㅇㅇㅇㅇㅇ
× × × × × × (가)*여섯째 항목ㅇㅇㅇㅇㅇㅇㅇㅇㅇㅇㅇㅇㅇㅇ하시기 바랍니다.×끝.</td><td>본문</td></tr>
<tr><td>○ ○ ○ ○ 중 학 교(02)

서명, 생산등록번호, 시행일자, 접수등록번호, 접수일자, 행정기관의 우편번호 · 주소 · 홈페이지 주소 · 전화번호 · 모사전송번호, 공무원의 공식 전자우편 주소, 공개구분</td><td>결문</td></tr>
</table>

•작성요령: ×표시는 2타(한글1자), *표시는 1타(숫자1자)를 띄움

그림 11-1 문서의 항목 표시 방법

2) 문서의 구성

문서의 구성은 두문, 본문, 결문으로 구성된다.

(1) 두문

두문은 행정기관명, 경유, 수신자로 구성된다. 행정기관명은 그 문서를 기안한 행정기관이며, 수신자는 수신자명 또는 수신자 기호를 먼저 쓰고, 이어서 괄호 안에 처리할 사람, 즉 보조기관 또는 보좌기관의 직위를 쓴다. 그러나 처리할 사람의 직위가 분명하지 않는 경우에는 ○○○업무 담당과장 등으로 쓰며, 수신자가 많아 본문의 내용을 기재할 난이 줄어들어 본문의 내용을 첫 장에 파악하기 곤란할 경우에는 두문의 수신자란에 '수신처 참조'라고 쓰고, 결문의 발신자 명의 밑의 왼쪽 기본선에 맞추어 수신자란을 설치하여 수신자명 또는 수신자 기호를 표시한다. 공문서가 경유할 곳이 있는 경우에만 (경유)란을 쓴다. 경유기관의 장은 '제목란'에 '경유문서의 이송'을 표시하여 순차적으로 이송한다.

(2) 본문

본문은 제목, 내용, 붙임으로 구성되며, 제목은 그 문서의 내용을 알기 쉽게 간단하고 명확하게 기재한다. 내용과 본문의 항목 구분에서 한 항목만 있을 경우에는 항목번호를 기재하지 않으나, 문서의 내용을 2개 이상의 항목으로 구분하여 작성할 경우에는 항목번호 사용 순서를 1, 가, 1), 가), (1), (가), ①로 표기한다. 첫 항목 1은 제목의 첫 글자와 같은 위치에서 시작하고, 그다음 항목부터는 바로 위 항목의 위치로부터 한자(2타)씩 오른쪽에서 시작하여 항목 부호와 내용 사이에는 1타, 본문과 '끝'자 사이에는 2타 띄운다.

붙임물이 있는 경우는 본문이 끝난 다음 줄에 붙임 표시를 하고, 붙임물이 2가지 이상인 경우에는 항목을 구분하여 표시한다. '끝' 자의 표시는 본문이 끝난 다음 한 글자(2타) 띄우고 표시하며, 본문 내용이나 첨부물의 표시문이 우측 끝에서 끝난 경우에는 다음 줄의 왼쪽 기본선에서 한자 띄우고 표시한다.

연명부 등의 서식 작성의 경우에는 기재사항이 서식의 중간에서 끝나는 경우, 기재 사항 마지막 자의 다음 줄에 '이하 빈칸'이라고 표시하고 기재사항이 서식의 마지막 칸까지 작성되는 경우에는 서식 밖의 아래 왼쪽 기본선에서 한 자 띄운 후에 '끝'자 표시를 한다.

문서 작성시 '끝.' 표시 방법 예시는 [그림 11-2]와 같다.

문서의 '끝.' 표시

- 문서가 본문으로만 끝난 경우에는 본문의 끝에서 1글자(2타) 띄우고 '끝.'을 표시한다.
- 첨부물이 있을 경우에는 붙임의 표시문 끝에서 1글자(2타) 띄우고 '끝.'을 표시한다.
- 본문의 내용이나 붙임의 표시문이 오른쪽 한계선에서 끝난 경우에는 다음의 왼쪽기본선에서 1글자(2타) 띄우고 '끝.'을 표시한다.
- 서식 작성 시 기재사항이 서식의 마지막 칸까지 작성되는 경우에는 서식 칸 밖의 아래 왼쪽 기본선에서 1글자(2타) 띄우고 '끝.'을 표시한다.
- 기재사항이 칸 중간에서 끝나는 경우에는 '끝.' 표시를 하지 않고 기재사항 마지막 자의 다음 칸에 '아래 빈칸'을 표시한다.
- 일괄기안의 경우 각 안마다 위에 든 요령과 같이 '끝.'을 표시한다.

• <붙임이 없는 경우의 예시>

(본문의 내용) ○○ ○를 보고합니다.※끝.

(작성방법) '※'는 2타를 띄우는 것임

• <붙임이 있는 경우의 예시>

○ ○ ○ ○ 중 학 교(02)

수신자×○○○○○○교육지원청교육장(교육과장)

(경유)

제목×학교교육과정 자율화 추진 현황 제출

1. 관련: 교육과-6958(2014.03.08)

2. 학교교육과정 자율화 추진 현황을 다음과 같이 제출합니다.

다음(삭제)

제 출 항 목

연번	교육과정 자율화 항목	제출대상 학교명	비고
1			
2			

붙임 ※ 1. ○○○○중학교 과목별 평균 수업 시수 1부

2. 학교교육과정 자율화 추진 현황 1부.※끝.

○○○○중학교장

(작성방법) • '※'는 2타를 띄우는 것임.

• 붙임 다음에 ':'는 사용하지 않음.

<예 > 붙임: 수준별 보충학습 지도자료 1부. 끝. (×)

• 붙임이 1개일 때는 연번을 붙이지 않으나 2개 이상인 경우 연번을 붙임.

• 본문 다음에 기재사항이 있을 경우 별도의 '다음(아래)' 표시를 하지 않음.

그림 11-2 문서의 '끝.' 표시 방법

3) 결문

결문은 발신명의, 기안자·검토자·협조자·결재권자의 직위 또는 직급 및 서명(전자문서서명·전자이미지서명 및 행정전자서명을 포함), 생산등록번호와 시행일자, 접수등록번호와 접수일자, 행정기관의 우편번호·주소·홈페이지 주소·전화번호·모사전송번호, 공무원의 공식 전자우편주소 및 공개구분을 말한다. 발신명의는 합의제 행정기관이나 행정기관의 장의 명의를 기재하고, 보조(좌)기관 상호 간에 발신하는 문서는 보조(좌)기관의 명의로 기재한다. 그리고 기안자·검토자·협조자·결재권자의 직위가 있는 경우에는 직위를 쓰고, 직위가 없는 경우에는 직급을 쓴다. 다만, 기관장과 부기관장의 직위는 간략하게 쓴다.

접수처리과와 일련번호에서 처리과명을 기재하고 처리과가 없는 행정기관은 10자 이내의 행정기관명을 약칭으로 기재하며, 일련번호는 연도별 일련번호를 기재하고, 시행일자와 '접수일자란'에는 연·월·일을 각각 온점을 찍어 숫자로 기재한다. 다만 민원문서에 필요한 경우에는 시행일자와 접수일자란에 시·분까지 기재한다. 우편번호와 행정기관이 위치한 도로명 및 건물번호 다음에 주소를 기재한다. 그리고 사무실의 층수와 호수를 괄호 안에 기재하고 행정기관의 홈페이지 주소를 기재한다. 또한 전화번호와 모사전송번호를 각각 기재하되 (　) 안에는 지역번호를 기재하며 기관 내부문서의 경우는 구내전화번호를 기재한다. 공무원의 공식 전자우편주소는 행정기관에서 공무원에게 부여한 전자우편주소를 기재한다. 공개구분은 공개·부분공개·비공개로 구분하여 표시하며, 부분공개·비공개의 경우에는 공공기관의 「기록물관리에 관한 법률 시행규칙」에 의한 공개여부 구분번호를 선택하여 (　) 안에 표시한다. 특히 발신명의의 오른쪽에 관인 생략 또는 서명 생략을 표시한다(박아청 외, 2010).

3 학교생활기록부 작성의 실제

학교생활기록부는 학생에 대한 전반적인 상황을 기록하는 법정 장부이다. 학교생활기록부 작성의 실제는 나이스시스템(교육정보시스템)에서 이루어지고 있다. 학교생활기록부는 학교생활기록부(학교생활기록부I)와 학교생활세부사항기록부(학교생활기록부II)로 나뉜다. 자료입력 항목과 전산처리 기본 서식은 같으나 학교생활기록부I은 준영구 보존해야 하며, 학교생활세부사항기록부(학교생활기록부Ⅱ)의 전산자료와 종이출력물은 학생졸업 후 5년 동안 보존하여야 하며, 보존기간이 종료된 후 폐기처분하여야 한다. 단, 고등학교는 상급학교 입학전형 자료로 활용할 수 있도록 학교생활세부사항기록부(학교생활기록부Ⅱ)를 전산매체로 5년간 추가 보존한다.

1) 학교생활기록부의 영역별 평가 및 기재방법

나이스시스템에서 담임교사, 교과담당교사, 활동담당교사가 각각 해당되는 업무영역에서 자료를 관리・입력한다. 초・중등학교에서 기록하여야 할 세부항목은 인적사항, 학적사항, 출결사항, 수상경력, 자격증 및 인증 취득 상황, 진로지도상황, 창의적 체험활동 상황, 교과학습발달 상황, 행동특성 및 종합의견 등이다. 생활기록부 길라잡이를 활용하면 보다 더 쉽게 자료를 관리하고 입력할 수 있다.

2) 생활기록부 작성 시 유의점

인적사항

'학생'란에 성명, 성별, 주민등록번호와 입학 당시의 주소를 입력하되 재학 중

주소가 변경된 경우에는 변경된 주소를 누가하여 입력하며, '가족상황'란에는 부모의 성명, 생년월일을 입력하고 '특기사항'란에는 학생 이해에 도움이 될 사항이 있는 경우 본인 또는 보호자의 동의를 받아 입력한다.

학적사항

중·고등학교에서는 입학 전 전적학교의 졸업연월일과 학교명을 입력하며, 검정고시 합격자는 합격 연월일과 '검정고시합격'이라고 입력한다. 재학 중 학적변동이 발생한 경우에는 전출교와 전입교에서 각각 학적변동이 발생한 일자, 학교와 학년, 학적변동 내용을 입력하며 '특기사항'란에는 학적변동의 사유를 입력한다.

출결사항

'수업일수'는 초·중등교육법시행령 제45조의 규정에 의하여 학교장이 정한 학년별 연간 총 출석해야 할 일수를 입력한다.

'결석일수', '지각', '조퇴', '결과'는 '출결상황관리'에 따라 판단하며, 질병·무단·기타로 구분하여 연간 총 일수 또는 횟수를 각각 입력한다.

재취학 등 학적이 변동된 학생의 수업일수 및 출결상황은 학적변동 전(원적교)의 것과 변동 이후의 것을 합산하여 입력하며, '특기사항'란에는 결석사유 또는 개근 등 특기사항이 있는 경우 학급담임교사가 입력한다.

수상경력

수상관련 업무 담당교사가 자료를 입력하며 담임교사는 학생 수상경력이 정확한지를 확인한다. 재학 중 학생이 교내에서 수상한 상의 명칭, 등급(위), 수상연월일, 수여기관명, 참가대상을 입력한다. 동일한 작품이나 내용으로 수준이 다른 상을 여러 번 수상하였을 경우, 최고 수준의 수상 경력만을 입력한다.

자격증 및 인증 취득 상황

학생이 취득한 자격증의 명칭 또는 종류, 번호 또는 내용, 취득연월일, 발급기관을 입력하며 원본을 대조한 후 취득한 순서대로 입력한다.

기재할 수 있는 자격증은 국가기술자격법에 의한 국가기술자격증, 개별 법령에 의한 국가자격증, 자격기본법에 의해 국가공인을 받은 민간자격증 중 기술과 관련 있는 내용으로 고등학생이 재학 중에 취득한 것으로 한다. 초등학교와 중학교에서는 '자격증 및 인증 취득 상황'에는 입력하지 않는다.

진로희망 사항

학기 중에 진로지도를 실시하여 파악한 학생의 특기 또는 흥미, 학생과 학부모의 진로 희망을 입력한다.

창의적 체험활동 상황

창의적 체험활동의 4개 영역별 활동내용, 평가방법 및 기준은 교육과정을 근거로 학교별로 정하며 자율활동, 동아리활동, 봉사활동, 진로활동의 영역별 이수시간 및 특기사항(참여도, 활동의욕, 태도의 변화 등)을 입력하되, 초등학교 특기사항은 4개 영역을 통합하여 종합적으로 기록한다.

봉사활동 영역의 실적은 학교계획에 의한 봉사활동과 학생 개인계획에 의한 봉사활동의 구체적인 내용을 별도의 '봉사활동실적'란에 연간 실시한 봉사활동의 일자 또는 기간, 장소 또는 주관기관명, 활동내용, 시간을 실시일자 순으로 모두 입력하며, 체계적이고 지속적인 봉사활동 등 특기할 만한 사항이 있는 경우 봉사활동 특기사항란에 자세히 입력한다. 영역별 누가 기록은 공정성, 객관성, 투명성, 신뢰도, 타당도 등이 확보되도록 서식을 개발하여 활용하되, 전산 입력하여 관리함을 원칙으로 한다.

'진로활동' 특기사항에는 학생의 활동 참여도, 활동 의욕, 태도의 변화와 담임교사, 상담교사, 교과담당교사가 상담・권고한 내용 등 진로지도와 관련된 사항을 종합하여 담임교사가 입력한다.

교과학습발달 상황

교과학습발달 상황의 평가는 '교과학습발달 상황 평가 및 관리'에 의거 시행한다. 고등학교는 규정에 의하여 시행한 평가에 따라 '교과', '과목', '단위수', '원점수/과목평균(표준편차)', '석차등급(수강자 수)'을 산출하여 각 학기 말에 입력한다. 다만, 보통교과의 체육・예술(음악/미술) 교과(군)의 과목은 '교과', '과목', '등급'을 입력하고 '특기사항'란에는 실기능력, 교과적성, 학습활동 참여도 및 태도 등을 특기할만한 사항이 있는 과목 및 학생에 한하여 간략하게 문장으로 입력한다.

고등학교의 보통교과 중 교양교과는 과목명, 이수시간(고등학교의 경우는 이수 단위) 및 이수여부를 입력하고 평가는 '세부능력 및 특기사항'란에 특기할 만한 사항이 있는 과목 및 학생에 한하여 간략하게 문장으로 입력한다.

독서활동 상황

중・고등학교의 개인별・교과별 독서활동 상황은 독서활동에 특기할만한 사항이 있는 학생을 대상으로 학기 말에 입력한다. 독서분야, 독서에 대한 흥미, 이해수준 등을 종합 서술형으로 정리하여 교과지도교사가 입력하는 것을 원칙으로 하되 담임교사도 입력할 수 있다.

행동특성 및 종합의견

행동특성 및 종합의견은 수시로 관찰하여 누가 기록된 행동특성을 바탕으로 총체적으로 학생을 이해할 수 있는 종합의견을 문장으로 평가한다.

3) 학생생활기록부 정정

학생생활기록부 정정 시 유의사항

- 학년도는 초・중등교육법 제24조(수업 등)에 따라 3월 1일부터 시작하여 다음 해 2월 말까지이다. 매 학년이 종료된 이후에는 당해 학년도 이전의 학교생활기록부 입력 자료에 대한 정정은 원칙적으로 금지한다.
- 정정사항은 학년도 단위로 작성하여 증빙서류와 함께 합철하며, 일련번호는 학년도 간 일련번호를 기재한다. 정정대상자가 졸업생일 경우 졸업대장번호를 병기한다.
- 담임(담당)교사는 반드시 정정대상자의 정정사유 증빙서류(성명 및 주민등록번호의 오기 등에 관한 증빙)를 첨부하여 학교학업성적관리위원회의 심의 절차를 거친 후 학교생활기록부 정정대장 서식에 따라 결재 절차를 거쳐 정정 처리해야 한다. 다만, 인권침해의 소지가 있는 학생 본인 및 가족(보호자 포함)의 질병명을 삭제할 경우에는 별도의 절차 및 증빙서류 없이 사유를 '인권침해 소지'로 하여 학교장 결재를 거쳐 정정할 수 있다.
- 각종 보조부의 내용에 오류가 있는 경우는 당해 학교의 규정에 따라 보조부의 정정 결재부터 시행한 후 학교생활기록부를 정정한다.
- 학교생활기록부 정정대장은 교육정보시스템에서 제공하는 결재 절차를 거쳐 학기 중에는 전자문서로 관리하다가 매 학년도 말에서 그 처리가 종료되면 출력하여 증빙서류와 함께 준영구 보관하되, 기록물이 훼손되지 않도록 보관에 유의한다.
- 졸업생으로서 전산 입력이 불가능할 경우에는 정정사유증빙서류(성명 및 주민등록번호의 누락 또는 오기에 관한 증빙 등)를 첨부하여 학교학업성적관리위원회의 심의 절차를 거친 이후 학교생활기록부 출력물에 두 줄을 긋고 정정하여 학교장 날인을 받는다. 관련 서류는 학교생활기록부 출력물 뒤에 첨부하고, 기 제작된 전산매체에 정정내용을 구별할 수 있는 설명서를 첨부해 라벨을

붙여 정정된 내용을 추후에도 파악할 수 있도록 조치해야 한다.

학교생활기록부 정정대장

표 11-1 학교생활기록부 정정대장(예시)

일련 번호	정정 연월일	정정 대상자		정정 사항				결재 및 입력확인			
		학년도 · 학년 · 반 · 번호 (졸업대장번호)	성명	항목	오류 내용	정정 내용	정정 사유	담임 (담당)	담당 부장	교감	교장

나이스시스템에서 생활기록부 정정

표 11-2 나이스시스템에서 생활기록부 정정

일련 번호	정정 연월일	정정 대상자		정정 사항				결재 및 입력확인			
		학년도 · 학년 · 반 · 번호(졸업대장번호)	성명	항목	오류 내용	정정 내용	정정 사유	담임 (담당)	담당 부장	교감	교장
2022-1	2022. 03.05	2020년 3학년 2반 35번	김유신	교과학습 발달 상황	국어: 의견을 분명하게 발표함	의견을 분명하게 발표함	문장 수정				
2022-2	2022. 03.07	2020년 2학년 전기과 5반 17번	홍길동	출석 상황	병결2 누락	병결2 기록	출석부 확인				

4) 생활통지표의 작성

생활통지표는 학생의 교육목표 성취 정도를 종합적으로 평가하는 동시에 학생에 대한 교사의 의견을 서술해서 학부모에게 학생의 학교생활정보를 알려주는 방법이다. 그러므로 교사는 학생발달 상황 및 학교생활에 대해 객관적이고 긍정적으로 평가하고 정확하게 작성해야 한다. 생활통지표는 나이스시스템에서 쉽게 생성하여 사용할 수 있다(이병환, 2021).

PLUS TIP | 문서처리

❙ 문서처리 방법과 문서처리 구분 ❙

- **문서처리 방법**
  - 검토: 결재경로에서 중간에 처리하는 결재
  - 결재: 최종으로 처리하는 결재
  - 대결: 결재자가 휴가 등의 사유로 그 직무대리자가 결재
  - 전결: 행정기관의 장으로부터 사무의 내용에 따라 결재권을 위임받아 보조기관 또는 보좌기관이 결재
  - 협조: 기안문의 내용이 다른 구성원의 업무와 관련이 있을 때에는 해당 구성원의 협조를 받으며 복수로 지정할 경우에는 순차적으로 진행
  - 병렬협조: 병렬협조로 설정된 협조자에게 동시에 문서가 송부
  - 공석: 결재자의 결재를 받을 수 없는 경우 공석사유를 선택하고 사용
- **문서처리 구분**
  - 결재: 문서를 결재하고 결재경로의 다음 협조자, 검토자, 결재자에게 전달
  - 반려: 문서내용을 보완 및 재검토하라는 의미로 기안자에게 전달
  - 보류: 현재 문서를 잠시 보류(관리자 본인이 재검토 시)
  - 중단: 현재 문서의 진행을 중단

토의해 보기

01 공문서의 처리 절차와 각 절차별 유의점에 대해서 이야기해 보자.

02 공문서의 효력 요건에 대해서 구체적인 사례를 들어 설명해 보자.

03 교내 영어경시대회 추진에 관한 기안문을 작성해 보자.

04 학생들의 성취도를 종합적으로 판단하여 학교생활기록부에 기록하는 방법을 익혀보자.

CHAPTER

12 인사와 복무

학교행정에서 인사행정의 이해는 교원에게 대단히 중요하다. 교원은 누구나 인사행정의 당사자이거나 수행자이기 때문에 인사행정 관련 규정을 이해하는 것이 중요하다. 이 장에서는 예비교사들이 학교 교원으로 근무할 때 반드시 알아야 할 필수적인 인사행정 관련 내용을 학습한다. 교원의 신분과 복무와 관련된 내용을 구체적인 사례를 통하여 이해하도록 하였다.

1 임용(국가공무원법, 교육공무원법)

임용이란 신규채용, 승진, 승급, 전직, 전보, 겸임, 파견, 강임, 휴직, 직위해제, 정직, 복직, 면직, 해임, 파면 등을 말하며 구체적인 내용은 국가공무원법과 교육공무원법에 명시되어 있고 사립학교 교원의 경우는 사립학교법에 명시되어 있다.

1) 신규임용

현행 교원임용고시의 선발방법은 1차 시험에서 교육학 논술(초등은 교직논술), 전공(초등은 초등 교육과정)은 기입형과 서술형 문항으로 출제하여 합격자 정수의 1.5 배수를 선발하고, 1차 시험 합격자들을 대상으로 치르는 2차 시험에서는 교직적성 심층면접, 교수·학습안 작성, 수업능력을 평가하여 1, 2차 시험성적의 합산으로 최종 합격자를 선발한다. 교원신규임용시험 응시의 결격사유는 국가공무원법과 교육공무원법에 각각 명시되어 있다.

- 공무원 임용의 결격 사유(국가공무원법 제33조)
  - 금치산자 또는 한정치산자
  - 파산자로서 복권되지 아니한 자
  - 금고 이상의 형을 받고 집행 종료 또는 집행을 받지 않기로 확정된 후 5년 미경과자
  - 금고 이상의 형을 받고 집행유예 완료 후 2년 미경과 자
  - 금고 이상의 형의 선고유예 기간 중인 자
  - 법원의 판결 또는 다른 법률에 의하여 자격 상실 또는 정지된 자
  - 징계에 의한 파면 처분을 받은 때로부터 5년 미경과 자
  - 징계에 의한 해임 처분을 받은 때로부터 3년 미경과 자
- 교육공무원 임용의 결격 사유(교육공무원법 제10조 4항)

  다음 각 호의 어느 하나에 해당하는 사람은 교육공무원으로 임용될 수 없다(개정 2016.1.27, 2021.3.23.).
  - 미성년자에 대한 다음 각 목의 어느 하나에 해당하는 행위로 파면·해임되거나 형 또는 치료감호를 선고받아 그 형 또는 치료감호가 확정된 사람(집행유예를 선고받은 후 그 집행유예기간이 지난 사람을 포함한다)
    - 「성폭력범죄의 처벌 등에 관한 특례법」 제2조에 따른 성폭력범죄 행위
    - 「아동·청소년의 성보호에 관한 법률」 제2조 제2호에 따른 아동·청소년

대상 성범죄 행위

- 성인에 대한 「성폭력범죄의 처벌 등에 관한 특례법」 제2조에 따른 성폭력범죄 행위로 파면・해임되거나 100만 원 이상의 벌금형이나 그 이상의 형 또는 치료감호를 선고받아 그 형 또는 치료감호가 확정된 사람(집행유예를 선고받은 후 그 집행유예기간이 지난 사람을 포함한다)

- **교사의 신규채용**(국가공무원법 제28조, 교육공무원법 제11조, 교육공무원임용령 제9조 및 제11조의 2, 3항)
  - 공개전형에 의하여 선발하며 필기시험, 실기 및 면접시험 등의 방법에 의함
  - **응시연령**: 제한 없음
  - **응시자격**: 채용 예정직에 해당하는 교사자격증 취득자(또는 교사자격증을 취득할 당학년도 졸업예정자)
  - 교사임용후보자명부(교육공무원임용령 제10, 12조, 교사임용후보자명부작성 규칙 제3~8조)
  - 임용후보자의 부활
    - 결격사유가 소멸된 것을 입증할 경우
    - 신체검사 불합격자가 치유된 것으로 판정된 경우
    - 부활의 순위는 명부의 최하위 순위
  - **임용의 연기 신청**: 병역법에 의한 병역 의무의 복무 만료 시 명부의 최상순위자보다 상위에 등재

2) 보직교사의 임용

표 12-1 각급 학교의 보직교사의 임용

구분	보직교사의 수	보직교사의 종류 및 명칭
유치원 보직교사	• 3학급 이상 5학급 이하의 유치원: 1인 • 6학급 이상 11학급 이하의 유치원: 2인 • 12학급 이상의 유치원: 3인 ※ 11학급 이하의 유치원 중 교육부 지정 연구학교는 보직교사 1인을 더 둘 수 있음	보직교사의 명칭은 관할청이, 유치원별 보직교사의 종류 및 업무분장은 원장이 정함
초등학교 보직교사	• 6학급 이상 11학급 이하의 학교: 2인 • 12학급 이상 17학급 이하의 학교: 4인 이내 • 18학급 이상 35학급 이하의 학교: 6인 이내 • 36학급 이상의 학교: 12인 이내 • 교감을 두지 않는 5학급 이하의 학교 또는 5학급 이하의 분교장: 1인 ※ 교육부 지정 연구학교는 보직교사 1인을 더 둘 수 있음	보직교사의 명칭은 관할청이 학교별 보직교사의 종류 및 업무분장은 학교장이 이를 정함
중학교 보직교사	• 3학급 이상 8학급 이하의 학교: 1인 • 9학급 이상 11학급 이하의 학교: 2인 • 12학급 이상 17학급 이하의 학교: 8인 이내 • 18학급 이상의 학교: 11인 이내 • 2학급 이하의 분교장: 1인 • 체육중학교의 경우와 11학급 이하의 학교로서 교육부장관이 지정하는 연구학교에는 보직교사 1인을 더 둘 수 있음	보직교사의 명칭은 관할청이, 학교별 보직교사의 종류 및 그 업무분장은 학교의 장이 이를 정함. 중학교의 장은 미리 교육부장관(교육감에게 위임)의 승인을 얻어 (1)항의 보직교사 외에 필요한 보직교사를 더 둘 수 있음
고등학교 보직교사	• 3학급 이상 5학급 이하의 학교: 2인 • 6학급 이상 8학급 이하의 학교: 3인 • 9학급 이상 17학급 이하의 학교: 8인 이내 • 18학급 이상의 학교: 11인 이내 • 실업과를 설치한 고등학교 및 체육고등학교와 8학급 이하의 학교 중 교육부 지정 연구학교는 보직교사 1인을 더 둘 수 있음	중학교와 같음
보직교사와 부장교사	• 고등학교 이하 각급 학교의 교육과정 운영의 효율성을 높일 수 있도록 교원 조직 모형을 구안하여 부를 둠 • 보직교사의 명칭은 부장교사로 하고, 부의 종류 및 업무분장은 학교장이 정함	

3) 기간제 교원의 임용

각급 학교에서는 정규교사의 휴직, 병가, 연가 등의 사유에 따른 수업결손을 보충하거나 특정한 과목의 수업을 위해 기간제 교원을 임용하여 교육의 효율성을 기하고 있다.

표 12-2 기간제 교원의 임용

구분	내용
임용사유	• 교육공무원법 제44조 제1항 각 호의 1의 사유로 휴직한 자의 후임자 보충 • 파견, 연수, 정직, 직위해제, 휴가(1월 이상)로 후임자 보충 • 신규임용 대상자가 없어 신규채용 불가능시 • 파면, 해임, 면직처분자의 교원소청심사청구로 후임자 보충이 불가능할 때 • 특정 교과를 한시적으로 담당할 필요가 있을 때 • 교육공무원이었던 자의 지식이나 경험을 활용할 필요가 있을 때
기간	• 1년 이내, 3년 연장 가능
임용권	• 학교장에게 위임
임용대상자	• 교원자격증 소지자(임용상 결격사유가 없는 자)
임용 계약기간 중 해임	• 업무를 태만히 하거나 업무수행 능력이 부족한 때 • 신체 · 정신상의 이상으로 계약기간 내에 계약내용을 수행하기 곤란할 때 • 복무상의 의무를 위반한 때 • 채용자격에 결격사유가 있거나 형사사건으로 기소된 때(다만 약식명령이 청구된 경우는 제외) • 특별한 이유 없이 1주일 이상 근무하지 않는 경우
보수	• 공무원보수규정 제8조에 의거 산정된 호봉(계약기간 동안 고정급) • 예산의 범위 내에서 제 수당 지급
신분 · 권한 등	• 책임이 중한 감독적 직위에 임용 불가 • 정규의 교원에 임용될 때 우선권 불인정 • 정규 교원과 같은 신분보장 규정의 적용이 배제됨

2 신분 및 권익 보장

1) 휴직(교육공무원법 제44, 45조, 공무원보수규정 제15, 28조)

(1) 휴직 사유 및 기간

휴직에는 직권휴직과 청원휴직이 있다. 직권휴직은 임면권자가 직권으로 교원에게 휴직을 명하는 경우이고, 청원휴직은 교원이 휴직을 시켜달라고 청하여 휴직하는 경우에 해당된다. 청원휴직은 임면권자가 휴직을 명해야 하는 경우와 명하지 않을 수도 있는 경우로 나뉘며 그에 관한 규정은 다음과 같다.

표 12-3 직권휴직의 내용

종 류	질병휴직	병역휴직	생사불명	법정의무수행	노조전임자
근거	제1호	제2호	제3호	제4호	제11호
요건	신체·정신상의 장애로 장기요양을 요할 때	병역의 복무를 위하여 징·소집된 때	천재지변·전시·사변, 기타의 사유로 생사·소재가 불명한 때	기타 법률상 의무수행을 위해 직무를 이탈하게 된 때	교원노동조합전임자로 종사하게 된 때
기간	1년 이내(1년 연장 가능), 공무상 질병·부상 휴직 3년 이내	복무기간	3월 이내	복무기간	전임기간
재직경력인정	• 경력평정: 미산입 (단, 공무상 질병은 산입) • 승급제한(단, 공무상 질병은 승급인정)	• 경력평정: 산입 • 승급인정	• 경력평정: 미산입 • 승급제한	• 경력평정: 산입 • 승급인정	• 경력평정: 산입 • 승급인정
결원보충	6월 이상 휴직 시 결원 보충 가능	6월 이상 휴직 시 결원 보충 가능	결원보충 불가	6월 이상 휴직 시 결원 보충 가능	6월 이상 휴직 시 결원 보충 가능
봉급	• 1년 이하: 봉급 70% 지급 • 1년 초과 2년 이하: 봉급 50% 지급 • 공무상 질병은 전액지급	지급 안 함	지급 안 함	지급 안 함	지급 안 함
수당	• 공통수당: 보수와 같은 비율 지급 • 기타수당: 휴직사유별 차등 지급	지급 안 함	지급 안 함	지급 안 함	지급 안 함
기타	의사의 진단서 첨부				

표 12-4 청원휴직의 내용

종류	유학휴직	고용휴직	육아휴직	입양휴직	불임 · 난임휴직	연수휴직	가사휴직	동반휴직	자율연수휴직
근거	제5호	제6호	제7호	제7호의2	제7호의3	제8호	제9호	제10호	제12호
요건	학위취득을 목적으로 해외유학을 하거나 외국에서 1년 이상 연구 · 연수하게 된 경우	국제기구, 외국기관, 국내외의 대학 연구기관, 다른 국가기관, 재외교육기관 또는 대통령령으로 정하는 민간단체에 임시로 고용되는 경우	만 8세 이하 또는 초등학교 2학년 이하의 자녀를 양육하기 위하여 필요하거나 여성 교육공무원이 임신 또는 출산하게 된 경우	만 19세 미만의 아동(제7호에 따른 육아휴직 대상이 되는 아동 제외)을 입양하는 경우	불임 · 난임으로 인하여 장기간의 치료가 필요한 경우	교육부장관 또는 교육감이 지정하는 연구기관이나 교육기관 등에서 연수하게 된 경우	사고나 질병 등으로 장기간 요양이 필요한 조부모, 부모(배우자 부모 포함), 배우자, 자녀 또는 손자녀를 간호하기 위하여 필요한 경우. 다만 조부모나 손자녀의 간호를 위하여 휴직할 수 있는 경우는 본인 외에는 간호할 수 있는 사람이 없는 등 대통령령으로 정하는 요건을 갖춘 경우에 한함	배우자가 국외근무를 하게 되거나 제5호에 해당하게 된 경우	재직기간 10년 이상인 교원이 자기개발을 위하여 학습 · 연구 등을 하게 된 경우
기간	3년 이내(학위취득의 경우, 3년 연장 가능)	고용기간	자녀 1명에 대하여 3년 이내로 하되 분할 휴직 가능	6월 이내 (입양자녀 1명당)	1년 이내 (1년 연장 가능)	3년 이내	1년 이내 (재직 기간 중 총 3년)	3년 이내(3년 연장 가능) 단, 배우자의 국외근무, 해외 유학 연수 기간을 초과할 수 없음	1년 이내 (재직기간 중 1회)
재직경력인정	• 경력평정: 5할산입 • 승급인정	• 경력평정: 산입(비상근으로 근무한 경우 5할 산입) • 승급인정(비상근으로 근무한 경우 5할 산입)	• 경력평정: 산입 • 승급인정 : 첫째, 둘째 자녀 1년 이내, 셋째 자녀 휴직 전 기간 - 3년	• 경력평정: 산입 • 승급인정	• 경력평정: 미산입 • 승급제한	• 경력평정 5할 산입 • 승급제한(단, 상위 자격 또는 학위취득 시 승급인정)	• 경력평정: 제외 • 승급제한	• 경력평정: 제외 • 승급제한	• 경력평정: 제외 • 승급제한
결원보충	6월 이상 휴직 시 결원보충 가능	6월 이상 휴직 시 결원보충 가능	6월 이상(출산휴가와 연계한 경우 3월 이상 휴직 시 결원보충이 가능하고, 출산 휴가일부터 후임자 보충 가능)	6월 이상 휴직 시 결원보충 가능	6월 이상 휴직 시 결원보충 가능	6월 이상 휴직 시 결원보충 가능	6월 이상 휴직 시 결원보충 가능	6월 이상 휴직 시 결원보충 가능	6월 이상 휴직 시 결원보충 가능
봉급/수당	[봉] 50% 지급 [수] • 공통수당: 50% 지급 • 기타수당: 미지급	[봉] 지급 안 함 [수] 지급 안 함	[봉] 지급 안 함 [수] • 육아휴직 시작일부터 3개월: 80%(상한 150, 하한 70), 그 이후부터 종료 시까지 50%(상한 120, 하한 70) (1년 이내) • 지급 방법: 총 지급액의 85% 지급, 15%는 복직 후 6월 이후에 지급)	[봉] 지급 안 함 [수] 지급 안 함	[봉] • 1년 이하: 봉급 70% 지급 • 1년 초과 2년 이하: 봉급 50% 지급 [수] • 공무원 수당 등에 관한 규정의 의거 (불임 · 난임 업무처리요령 참조)	[봉] 지급 안 함 [수] 지급 안 함	[봉] 지급 안 함 [수] 지급 안 함	[봉] 지급 안 함 [수] 지급 안 함	[봉] 지급 안 함 [수] 지급 안 함
기타			출산휴가 별도신청 가능						

* 공통수당: 대우공무원수당, 장기근속수당, 가족수당, 자녀학비보조수당, 보전수당

① 휴직 중인 자의 처리: 국가공무원법 제73조 교육공무원 인사관리 규정 제21 · 22조

- 휴직의 효력: 신분은 보유하나 직무에는 종사하지 못함
- 휴직연장: 휴직기간 만료 전 15일까지 신청(휴직허용 기간 내)
- 휴직자의 동태파악: 6개월마다 소재지와 휴직사유 계속여부 소속기관장에게 보고

② 육아휴직: 교육공무원법 제44조 제1항 제7호

- 교육공무원이 만 8세(취학의 경우 초등학교 2학년) 이하의 자녀 양육에 필요하거나 여성교육공무원이 임신 또는 출산하게 된 때
- 자녀당 1년 이내(여교원의 경우는 3년 이내)의 기간 무급 휴직 가능
- 휴직의 요건
  - 휴직대상
    - 만 8세 이하의 자녀 양육을 위한 휴직: 남 · 여 공무원
    - 부부교원 또는 배우자가 공무원인 경우 그중 1인만 휴직하도록 운영
    - 여교원인 경우 자녀 1인에 대한 휴직 사유의 각 단계(임신−출산−양육)를 하나의 사유로 연계하여 휴직하도록 운영
  - 자녀의 범위: 친생자는 물론 양자도 포함.
    - 이혼한 경우에는 양육권을 가진 자녀에 한함.
    - 재혼한 경우에는 배우자에게 양육권이 있는 자녀도 포함.
  - 휴직기간
    - 법정 휴직기간: 1년, 단 여교원인 경우는 3년
    - 휴직의 신청, 휴직기간의 연장 및 재휴직
      - ▶ 법정 휴직기간 내에서 본인이 희망기간(예: 3개월 또는 6개월 등)에 따라 정하여 운영하되, 가급적 학기 단위로 휴직할 수 있도록 하고
      - ▶ 법정 휴직기간을 초과하지 않는 범위 내에서 휴직기간을 연장하거나 복직하였다가 재휴직도 할 수 있음

- 휴직의 회수: 휴직기간 중 다른 자녀의 임신·출산·양육으로 계속 휴직을 할 때에는 복직 후 다시 휴직을 하여야 함
  - 휴직기간 중 경력 인정 등
  - 최초 1년 범위 내 재직 경력 10할 인정(승급도 인정)
    - ▸단 셋째 자녀 이후 육아휴직 기간은 전 기간 산입

- 휴직 신청서류
  - 휴직신청서(휴직사유, 휴직기간 등 명시)
  - 휴직사유 입증 서류
    - 호적등본 또는 주민등록등본
    - 이혼자의 경우에는 양육권을 입증할 수 있는 서류
    - 임신 또는 출산의 경우에는 그 사실을 입증할 수 있는 서류(의료법 제18조에 의하여 교부된 의사에 진단서 또는 출산확인서 등)
    - 기타 휴직사유를 입증할 수 있는 서류

- 복직 절차
  - 휴직자가 휴직기간 중 그 사유가 소멸되거나 휴직이 불필요한 경우 임용권자에게 이를 신고(복직원 제출)하여야 하며, 임용권자는 지체 없이 복직을 명함
  - 임용권자는 2년 이상 휴직한 여교원이 복직하고자 할 때에는 미리 직무연수를 받도록 조치하여야 함
  - 휴직자가 휴직기간의 만료로 30일 이내에 복귀신고를 한 때에는 당연 복직됨(이 경우 복직일까지는 휴직기간으로 봄)

- 출산휴가와의 관계
  - 여성교육공무원의 경우 90일 이내의 출산휴가와는 별도로 양육휴직을 신청할 수 있음
  - 출산휴가 90일을 사용한 후 즉시 또는 일정 기간 근무하다가 법정휴직 기간 내의 양육휴직 가능

③ 간병휴직: 교육공무원법 제44조 제1항 제9호

- 사고 또는 질병 등으로 장기간의 요양을 요하는 부모, 배우자, 자녀 또는 배우자 부모의 간호를 위하여 휴직을 원할 때
- 1년 이내의 기간 무급(無給)휴직 가능(재직기간 중 총 3년 초과 불가)
- 휴직의 요건
  - 휴직대상자: 남·여 교육공무원
    - 간병대상자 1인에 대하여 교원 및 공무원이 2인 이상인 경우에는 그중 1인만 휴직하도록 운영
  - 간호대상자: 부모, 배우자, 자녀 또는 배우자의 부모
    - 부모 및 자녀에는 친부모, 친생자녀뿐 아니라 양부모, 양자녀도 포함함
    - 이혼한 교육공무원에게 간호대상 자녀가 있을 경우에는 대상 자녀에 대한 양육권을 가진 경우에 한함
    - 재혼한 교육공무원의 경우 배우자에게 양육권을 가진 자녀가 있을 때에는 그 자녀를 포함함
    - 본인 및 배우자의 부모가 재혼한 경우에는 부 또는 모의 배우자를 포함함
  - 간호의 필요성
    - 정신적 신체적 장애로 병원, 수용소 기타 의료시설에 입원 진료가 필요하거나 다른 사람에 의한 계속적인 간호가 필요한 경우
    - 부모 등이 연로하여 다른 사람의 조력이 필요한 경우 등
- 휴직기간
  - 기준: 매회 1년 범위 내에서 실제 간호에 필요한 기간
    - 매 휴직시마다 가급적 학기 단위로 기간을 정하여 휴직하도록 운영
    - 휴직기간이 1년을 초과하게 될 경우에는 1년 만료시 복직과 동시 다시 새로운 휴직을 하여야 함.
    - 휴직횟수는 제한을 두지 아니하나 교육공무원으로 재직 중 총 휴직기간은 3년을 초과할 수 없음.

- 휴직신청 서류
  - 휴직신청서: 휴직사유, 간호대상자와의 관계, 휴직기간 등 명시
  - 휴직사유 입증서류
    - 간호대상자의 진단서(의료법 제18조에 의거 진단서 발급이 가능한 경우에 한함)
    - 호적등본 또는 주민등록등본(간호대상자임이 나타나야 함)
    - 기타 간호대상자와의 관계, 휴직사유 등을 증명할 수 있는 서류
- 복직 절차
  - 휴직자는 휴직기간 중 그 사유가 소멸되거나 휴직이 불필요하여 임용권자에게 복직원을 제출하는 경우 임용권자는 지체 없이 복직을 명하여야 함(이 경우 휴직사유 소멸을 입증할 수 있는 서류는 제출할 필요 없음).
  - 휴직기간이 1년을 초과하게 되는 경우에는 1년을 경과하기 전에 미리 복직원과 휴직원을 함께 제출하여 일단 복직을 한 후 새로운 휴직 발령을 하여야 함(이 경우 휴직요건과 동일한 때에는 휴직신청서만 제출).
- 육아휴직과의 관계
  - 육아휴직 사유와 간병휴직 사유가 동시에 있는 경우는 각각 별개로 운영
  - 동일한 자녀에 대하여 육아휴직 후 다시 간병휴직이 가능함.

④ 휴직교원의 숙지사항

- 휴직 중 6개월마다 소재지와 휴직사유의 계속여부를 유선 또는 서신으로 학교장에 보고하여야 한다(교육공무원 인사관리규정 제22조).
- 휴직사유가 소멸되거나 휴직기간이 만료되면 지체 없이 복직하여야 한다(국가공무원법 제73조). 휴직사유가 소멸된 경우에는 30일 이내에 학교장에게 신고하고 복직하여야 한다.

더 알아보기 휴직소멸사유

① 군복무: 소집해제, 귀가조치
② 유학: 학업중단(휴학조치)
③ 국내연수: 연수중단
④ 육아: 유산, 유아사망 등
⑤ 고용: 고용 해제
⑥ 가사(간병): 간병대상자 사망 등 유고(有故)
⑦ 동반: 동반휴직 사유 소멸

- 공무원 신분으로 품위유지의 의무를 다하여야 한다(국가공무원법 제63조).
- 2년 이상 출산 휴직한 교원은 복직 전에 미리 연수를 받아야 한다(교육공무원법 제45조 제3항).
- 고용휴직 교원은 복직시 고용기관에서의 수업 시수가 기록된 고용계약 만료증빙서 또는 경력증명서를 제출하여야 한다(호봉획정을 위한 경력 환산시 필요).
- 휴직기간의 만료 또는 휴직사유가 소멸된 후에도 직무에 복귀하지 아니하거나, 직무를 감당할 수 없을 때에는 직권면직됨(국가공무원법 제70조 제1항 제4호 및 교육공무원 임용령 제6조 제3호).

(2) 복직

- 휴직사유 소멸 30일 이내 신고: 지체 없이 복직 조치
- 휴직기간 만료 또는 사유소멸 시 직무에 복귀하지 않거나 직무를 감당할 수 없을 때는 직권 면직(국가공무원법 제70조)
- 교육공무원 일반징계위원회의 동의를 얻어야 한다(교육공무원법 제70조 3항).

2) 직위해제(국가공무원법 제73조의3)

표 12-5 직위해제 사유와 조치

사유 (국가공무원법 제73조의3 제1항)	조치 (동법 제73조의3 제3~5항)	보수 (공무원보수규정 제29조)
1. 삭제		
2. 직무수행 능력부족, 근무성적 불량, 근무태도 불성실	3개월 이내 대기명령: 능력회복이나 태도 개선을 위한 교육훈련 또는 연구과제를 부여하여야 함(3개월 이내 직위 부여 또는 직권면직)	• 봉급의 8할
3. 징계의결 요구 중인 자	제1항 제2호와 3호 또는 4호의 직위해제 사유 경합시 제3·4호 또는 제6호의 직위해제 처분을 해야 함	• 제3호 또는 6호 해당자로 봉급의 7할(3개월 경과시 4할)
4. 형사사건으로 기소된 자(약식명령으로 청구된 자 제외)	• 4호 사유에 의한 직위해제의 경우 소급 발령 가능 • 직위해제 사유 소멸시 지체 없이 직위를 부여하여야 함 • 형사사건으로 기소된 경우 반드시 직위해제를 하도록 되었으나 '94. 12. 22(법률 제4830호) 개정으로 적절한지 여부 확인 후 처리 • 형사사건으로 인한 직위해제는 기간명시가 없음	

자료: 인천광역시 남부교육청(2008). *교원실무편람*; 법제처(2018).

3) 퇴직(국가공무원법 제33조, 제69조, 제70조 제1항, 교육공무원법 제47조)

(1) 당연 퇴직

- 국가공무원법 제33조 결격사유 해당자
- 인사발령 예문

〈인사발령 예문〉

국가공무원법 제33조 호의 규정에 의하여 그 직을 면함. 201 년 월 일 임용권자

(2) 직권면직: 국가공무원법 제70조 제1항

- 직제와 정원의 개폐, 예산 감소 등에 의하여 과원 되었을 때
- 휴직기간 만료, 휴직 사유 소멸 후 복귀 불응 또는 능력 부족
- 전직시험에서 3회 이상 불합격자로 직무수행 능력 부족
- 징병검사, 입영 또는 소집 명령 기피, 군무 이탈
- 대기명령을 받은 자가 능력향상 또는 개전의 정이 없을 때

(3) 정년퇴직: 교육공무원법 제47조

- **연령**: 62세
- **정년퇴직일**: 정년이 달한 날이 속하는 학기의 말일
- **직위해제 중인 자의 정년**: 직위해제 기간에 불구하고 정년퇴직

(4) 명예퇴직: 국가공무원법 제74조의2, 교육공무원법 제36조

지급 대상자 경력 연수	정년 잔여 년수
공무원으로 20년 이상 근속자	정년퇴직일 전 1년 이상 자진퇴직자(만 45세 이상)

(5) 의원면직

의원면직자는 면직발령 전 일까지 신분을 유지하며 징계사유 해당자 및 형사 혐의자는 사표 수리가 금지된다.

① 처리 절차

본 인		소속 기관장		발 령 권 자
사직원(본인) 카드이력서 서약서 기타 증빙서류	➡	서류 확인 내 신	➡	접 수 결 정 면직통보

② 사직원 예문

> **사 직 원**
>
> 경유
> 소직
>
> 본인은 으로 인하여 사직코자 하오니 청허하여 주시기 바랍니다.
>
> 년 월 일
>
> 소속 직 성명 인
>
> 귀하

(6) 사망: 교육공무원 임용령 제5조 제1항

- 사망자 면직일: 사망 다음 날
- 사망자 보고: 발생 7일 이내에 임용권자에게 보고

3 상훈 및 징계

1) 상훈

교육공무원은 국가공무원법과 교육공무원법이 정한 요건과 절차에 따라 상을 받거나 징계를 받을 수 있다.

(1) 훈장 및 포상

교육공무원에 대한 훈장 및 포상은 상훈법과 상훈법시행령에 따라 이루어지며 구체적인 내용은 다음의 〈표 12-6〉과 같다.

표 12-6 훈장 및 포상 · 상훈법, 상훈법시행령

등급 \ 종류	국민훈장	근정훈장	새마을훈장	문화훈장	체육훈장
1등급	무궁화장	청조근정훈장	자립장	금관문화훈장	청룡장
2등급	모란장	황조근정훈장	자조장	은관문화훈장	맹호장
3등급	동백장	홍조근정훈장	협동장	보관문화훈장	거상장
4등급	목련장	녹조근정훈장	근면장	옥관문화훈장	백마장
5등급	석류장	옥조근정훈장	노력장	화관문화훈장	기린장

(2) 포상

포상은 스승의 날 포상을 비롯하여 크게 세 가지 종류의 포상이 있으며 구체적인 포상 내용은 다음과 같다.

① 스승의 날 포상(매년 5월 15일경 실시)

추천기준: 국가관 및 교육관이 투철한 교원으로 표창은 5년 이상, 포장은 10년 이상, 훈장은 15년 이상 재직한 자

추천 제외 대상자

- 재포상 금지: 훈장 또는 포장을 받은 자는 훈·포장의 종류를 불문하고 5년 이내에 다시 훈장 또는 포장을 받을 수 없으며 또한 2년 이내에 다시 대통령표창 및 국무총리표창을 받을 수 없음
- 형사처벌 등을 받은 자
  - 기소되어 형사재판에 계류 중인 자
  - 금고 이상의 형을 받고 그 집행이 종료된 후 3년이 지나지 아니한 자
  - 형의 집행유예를 받은 경우에는 기간이 완료된 날로부터 1년이 지나지 아니한 자
  - 금고 이상의 형의 선고유예를 받은 경우는 그 기간 중에 있는 자
- 사회적으로 지탄을 받는 자: 공·사 생활을 통하여 각종 비위, 부조리 등으로 물의를 일으켜 정부 서훈이 합당하지 않다고 판단되는 자
- 재직 중 징계(불문경고 처분 포함)를 받은 자: 금품 및 향응수수, 공금횡령 유용 비위로 징계를 받은 교원이 아닌 자로서 징계 등이 사면·말소된 경우 포상 가능
- 징계의결 요구 중인 자

② **업무추진유공(우수 모범) 공무원 포상**

- 포상대상
  - 우수공무원: 직종, 직급 제한 없이 소속공무원 전체(교육공무원 제외)대상
  - 모범공무원: 직종 제한 없이 소속 6급(상당) 이하 공무원 및 초·중등 교사
- 포상 시기: 연 2회, 상반기 6월 중, 하반기 12월 중

③ **퇴직자 포상**

- 추천대상자: 재직 중 직무에 정진하여 국가발전에 기여한 교육공무원 또는 사립학교 교원으로서 정년(명예)퇴직자 또는 의원퇴직자(임기만료 퇴직자 및 사망자 포함)
- 종류: 훈·포장, 대통령표창, 국무총리표창, 교육부장관표창

2) 징계

(1) 징계의 종류와 효력

징계란 공무원 관계의 목적을 달성하기 위하여 공무원의 의무 위반에 대하여 국가나 지방자치단체가 그의 사용자로서의 지위에서 과하는 행정상 제재를 말하며, 공무원이 징계처분을 받지 않으면 안 될 의무위반 행위가 발생했을 때 부여한다. 징계 사유는 크게 법령위반 행위와 직무상 의무 위반 및 직무태만 행위 그리고 직무의 내외를 불문한 체면 또는 위신손상 행위이다.

징계의 종류에는 파면, 해임, 강등, 정직, 감봉, 견책의 6종이 있는데, 파면, 해임은 공무원 신분을 완전히 해제함을 내용으로 하는 배제 징계이고, 정직, 감봉, 견책은 공무원의 신분을 보유하면서 신분적 이익의 일부를 제한함을 내용으로 하는 교정 징계이다. 국가공무원법과 교육공무원법에 명시된 징계의 종류와 효력은 다음의 표와 같다.

표 12-7 징계의 종류별 효력

종류		기간	신분	보수
중징계	파면	-	• 공무원관계로부터 배제 • 5년간 공무원에 임용될 수 없음	• 퇴직급여 1/4(재직기간 5년 미만인 자), 1/2(재직기간 5년 이상인 자) 감액
	해임	-	• 공무원관계로부터 배제 • 3년간 공무원에 임용될 수 없음	• 퇴직급여 전액 지급 단, 금품수수 및 향응수수, 공금횡령 유용의 경우 1/8, 1/4 감액
	강등		• 공무원 신분 유지 • 3개월간 직무에 종사하지 못함 • 동종의 직무 내에서 하위직에 임명	• 18월+ 정직처분기간(3월) 승급 제한 • 보수의 2/3 감액
	정직	1~3월	• 신분보유, 직무종사 못 함 • 18월+ 정직처분기간 승진 제한 • 처분기간 경력평정 제외	• 18월+ 정직처분기간 승급 제한 • 보수의 2/3 감액
경징계	감봉	1~3월	• 12월+ 감봉처분기간 승진 제한	• 12월+ 감봉처분기간 승급 제한 • 보수의 1/3 제한
	견책	-	• 6월간 승진 제한	• 6월간 승급 제한

(2) 징계양정의 기준

동일한 징계사유라 하더라도 비위의 정도와 과실의 경중에 따라 징계가 달라지며 구체적인 징계양정의 기준은 다음의 〈표 12-8〉과 같다.

표 12-8 징계양정의 기준

비위의 정도 / 비위의 유형	비위의 도가 무겁고 고의가 있는 경우	비위의도가 무겁고 중과실이거나 비위의도가 가볍고 고의가 있는 경우	비위의도가 무겁고 경과실이거나 비위의 도가 가볍고 중과실인 경우	비위의 도가 가볍고 경과실인 경우
1. 성실의무 위반				
가. 직무태만 또는 회계 질서문란	파면	해임	정직 – 감봉	견책
나. 시험문제를 유출하거나 학생성적을 조작하는 등 학생 성적과 관련한 비리	파면	해임	해임 – 정직	감봉 – 견책
다. 기타	파면 – 해임	정직	감봉	견책
2. 복종의무	파면	해임	정직 – 감봉	견책
3. 직장이탈금지위반	파면 – 해임	정직	감봉	견책
4. 친절 · 공정의 의무 위반	파면 – 해임	정직	감봉	견책
5. 비밀엄수의 의무 위반	파면	해임	정직	감봉 – 견책
6. 청렴의무 위반				
가. 금품수수	파면	해임	해임 – 정직	감봉 – 견책
나. 기타	파면	해임	정직	감봉 – 견책
7. 품위유지의무 위반				
가. 성희롱	파면 – 해임	해임 – 정직	정직 – 감봉	견책
나. 성폭력	파면	해임	해임 – 정직	감봉 – 견책
다. 학생에 대한 상습적이고 심각한 신체적 폭력	파면	해임	해임 – 정직	감봉 – 견책
라. 기타	파면 – 해임	정직	감봉	견책
8. 영리업무 및 겸직금지의무 위반	파면 – 해임	정직	감봉	견책
8의2. 정치운동금지 위반	파면	해임	정직	감봉 – 견책
9. 집단행위금지 위반	파면	해임	정직	감봉 – 견책

자료: 서울특별시 교육연구정보원(2006). 교직실무편람.

4 복무

공립학교 교원은 교육공무원임과 동시에 국가공무원으로서 국가공무원법과 교육공무원법에 정한 복무규정을 지키며 소임을 다해야 한다. 사립학교교원도 사립학교법이나 기타 규정에 특별히 명시된 경우를 제외하고는 공립학교 교원의 복무규정에 준하여 적용되고 있다.

1) 공무원의 근무

단위 학교별 탄력적 근무시간제에 따라 근무하되 법과 규정에 정한 범위 내에서 기관장의 판단에 따라 탄력적으로 운영할 수 있다. 공무원의 근무에 관련된 구체적인 내용은 다음과 같다.

(1) 근무시간

- 1주간 근무시간은 점심시간을 제외하고 40시간을 기준으로 한다.
- 1일의 근무시간은 9시부터 18시까지로 하며, 점심시간은 12시부터 13시까지다. 다만 행정기관의 장은 직무의 성질, 지역 또는 기관의 특수성을 감안하여 1시간의 범위 안에서 점심시간을 달리 정하여 운영할 수 있다.
  ※ 교원의 경우 학생지도 목적에 따라 근무시간이 탄력적으로 적용되며 평일의 경우 오전 8시 30분에서 오후 4시 30분(8시간)을 근무시간으로 본다.
- 고등학교 이하 각급 학교에서는 학교별 교육과정 운영의 자율성을 높이고 교원의 자율연수 기회를 확대하기 위하여 단위 학교별 탄력적 근무 시간제를 2002년 3월 1학기부터 시행하고 있다.
- 복무관리의 효율화를 위해 근무상황부를 부서 개인별로 비치

- 휴가・지참・조퇴 및 외출과 근무지 내 출장 시 근무상황부나 근무상황카드에 의하여 사전에 학교장에게 허가를 받아야 함
- 허가를 받지 아니하고 출근하지 아니한 때는 결근 처리

2) 휴가

교원의 휴가는 법과 규정에 휴가의 원칙과 절차 및 휴가 일수 등을 명시해 주고 이 규정에 따라 시행하도록 하고 있다. 사립학교 교원도 공립학교 교원의 규정에 준하도록 하고 있다.

(1) 휴가제도의 운영

- 휴가의 종류: 연가, 병가, 공가, 특별휴가
- 휴가의 실시 원칙
  - 공무원이 원하는 시기에 법정 일수 보장 및 휴가에 따른 업무공백 방지
  - 연가와 장기근속휴가는 학생들의 수업 등을 고려 특별한 경우(부모 위독 등) 외에는 학교의 교육활동에 지장이 없는 기간에 실시
- 휴가 등의 허가권자 및 절차
  - 미리 신청하여 허가를 받아야 함(병가・특별휴가 등 불가피한 경우는 당일 오전 수업 종료 시까지 필요한 절차를 취하여야 함)
  - 학교장의 휴가는 상급기관 장의 허가를 받아 실시
- 휴일일수의 계산
  - 연가・병가・공가 및 특별휴가의 일수는 종류별로 따로 계산
  - 휴가기간 중의 토요일 또는 공휴일은 그 휴가 일수에 산입하지 않으나, 휴가 일수가 연속하여 30일 이상 계속되는 경우와 경조사휴가의 경우는 산입
  - 법정휴가 일수를 초과한 휴가는 결근으로 처리

(2) 휴가종류별 실시방법

① 연가

연가는 공무원이 정신적 및 육체적 휴양을 취하여 생산성을 유지할 수 있게 하고 공무원의 사생활을 돌볼 수 있는 편의를 제공하려는 휴가이다. 따라서 연가는 공무원이 받는 편익이며, 이를 받는 것은 공무원의 권리라 할 수 있다. 현재 연가는 유급휴가로서 공무원의 권리에 속하기 때문에 해당 공무원이 원하는 때에 받을 수 있게 해야 하지만, 일시에 많은 공무원이 연가를 받을 경우에 업무수행에 지장을 초래하게 되므로 어느 정도의 통제는 불가피하다. 연가일수가 7일 이상 필요로 한 자에게는 연 2회 이상으로 분할하여 허가한다. 다만 공무 외의 국외여행 기타 특별한 사유가 있는 공무원에 대하여는 그러하지 아니한다.

㉠ 연가일수

- 재직기간별 연가일수

아래 〈표 12-9〉는 교원 포함 국가공무원 재직기간별 연가일수이다. 재직기간 1개월 이상 1년 미만은 11일, 1년 이상 2년 미만은 12일, 2년 이상 3년 미만은 14일, 3년 이상 4년 미만은 15일, 4년 이상 5년 미만은 17일, 5년 이상 6년 미만은 20일, 재직기간 6년 이상이 되면 21일이 된다.

표 12-9 재직기간별 연가일수

재직기간	연가일수	재직기간	연가일수
1월 이상~1년 미만	11일	4년 이상~5년 미만	17일
1년 이상~2년 미만	12일	5년 이상~6년 미만	20일
2년 이상~3년 미만	14일	6년 이상	21일
3년 이상~4년 미만	15일		

- 미리 사용할 수 있는 연가

국가공무원(교원 및 재직기간이 1년 이상인 자로서 연도 중 휴직, 퇴직예정자 제외)에게 연가 일수가 없는 경우 또는 당해 재직기간의 잔여 연가 일수를 초과하는 휴가사유가 발생한 경우에는 그다음 재직기간의 연가 일수를 미리 사용할 수 있다.

당해 연도에 연가가 많이 모자란 경우 유용하게 사용하면 된다. 재직기간 1년 미만은 5일까지 미리 사용을 할 수 있다. 재직기간이 4년 이상이면 최대 10일까지 다음 연도 연가를 미리 사용할 수 있다.

- 재직기간 산정방법

재직기간에는 휴직기간, 정직기간, 직위해제 및 강등처분에 따라 직무에 종사하지 못하는 기간은 포함되지 않는다. 단, 법령상 의무수행이나 공무상 질병 또는 부상으로 인한 휴직기간은 포함되며, 육아휴직의 경우 최초 1년(셋째 자녀부터는 휴직기간 전부)을 포함한다. 여기에서 말하는 재직기간은 공무원연금법에 따른 재직기간을 말한다. 따라서 공무원 임용전의 군복무경력이나 공무원 신분이 단절된 과거의 공무원 경력도 연가일수 산정 시 재직기간에 포함이 된다.

• 연가일수의 가산

당해 연도에 결근, 휴직, 정직, 직위해제 및 강등처분 사실이 없는 공무원으로서 병가를 활용하지 않은 경우와 연가보상비를 지급받지 못한 연가 일수가 있는 경우에는 다음 해에 한하여 재직기간별 연가 일수에 각각 1일 최대 2일이 가산된다. 연가가산은 1년간 성실히 근무한 데 대한 보상이므로 연도 중 임용되어 1년 미만 근무한 공무원은 가산되지 않는다.

• 연가일수의 공제

결근, 정직, 직위해제 일수 및 강등처분으로 인하여 직무에 종사하지 못한 경우에는 당해 연도의 잔여연가 일수에서 공제를 한다. 지각, 조퇴, 외출의 누계 8시간은 연가 1일로 계산한다. 연가는 반일 단위(근무시간 4시간 기준)로도 허가할 수 있으며, 반일연가 2회는 연가 1일로 본다. 단, 질병이나 부상으로 인한 지각, 조퇴, 외출의 누계 8시간은 병가 1일로 계산한다.

법령에 의한 의무수행이나 공무상 질병 또는 부상으로 인하여 휴직한 경우를 제외한 휴직의 경우에는 연가일수에서 공제한다. 이 경우 당해 연도 휴직기간은 월로 환산하여 계산하되, 15일 이상은 1월로 계산하고 15일 미만은 산입하지 않는다. 소수점 이하의 일수는 반올림한다.

직무에 종사하지 못하는 일수 산정 시 토요일 및 공휴일은 제외한 후, 정직, 직위해제 일수 및 강등처분 기간 중 직무에 종사하지 못하는 일수를 당해 연도에 부여받은 잔여연가일수(저축연가일수 제외)에서 공제하되, 초과한 연가는 결근으로 보지 않는다.

$$\frac{\text{해당연도 중 사실상 직무에 종사한 기간(월)}}{\text{12(월)}} \times \text{해당연도 연가일수}$$

- 예시

1년간 외출 15시간, 조퇴 9시간, 지각 1시간, 오후 반일연가 1회가 있는 공무원의 경우 3일을 공제합니다. 잔여 5시간은 가산하지 않습니다.

연가공제일수 = (15시간 + 9시간 + 1시간 + 4시간)/8시간
= 3일 5시간(공제일수는 3일)

② 병가

공무원복무규정에 명시된 병가의 종류와 실시 내용은 다음과 같다.

- 일반병가
  - 질병 또는 부상으로 직무를 수행할 수 없을 때
  - 전염병의 이환(罹患)으로 그 공무원의 출근이 다른 공무원의 건강에 영향을 미칠 우려가 있을 때
  - 연 60일의 범위 안에서 허가, 질병 부상에 따른 지참・조퇴・외출은 구분 없이 누계 8시간을 병가 1일로 계산한다.
- 공무상 병가
  - 공무상 질병 또는 부상으로 직무를 수행할 수 없거나 요양을 요할 경우, 연 180일의 범위 안에서 허가한다.
- 병가일수의 계산
  - 1년 단위(1.1~12월 말)로 계산하며, 전년도 병가사용 일수에 관계없이 연도가 바뀌면 새로 시작한다. 다만 공무상 병가에서 병가 사유가 동일한 경우는 그러하지 아니한다.

③ 공가

공가는 공무에 따른 휴가를 말하며 공무원 복무규정에 명시된 공가의 내용은 다음과 같다.

- 공가사유
  - 병역법, 기타 다른 법령에 따른 징병검사・소집・검열점호・동원 훈련 참가
  - 공무에 관해 국회, 법원, 검찰 기타 국가기관에 소환 시
  - 법률의 규정에 따른 투표에 참가
  - 승진・전직시험에 응시
  - 원격지간의 전보발령을 받고 부임
  - 국민건강보험법시행령 제26조에 의한 건강진단을 할 때

- 공무원교육훈련법시행령 제32조에 의거한 외국어 능력시험 응시
- 올림픽 · 전국체전 등 국가적인 행사에 참가
- 천재지변 · 교통차단 기타의 사유로 출근 불가능

- 기간: 공가사유에 따라 직접 필요한 기간

④ 특별휴가

특별휴가는 병가와 공가를 제외한 개인적인 사유에 의한 휴가를 말하며 경조사에 의한 휴가와 기타 특별휴가가 있다.

- 경조사 휴가
  - 경조사별 휴가일수(국가공무원복무규정 제20조 제1항 관련)

표 12-10 경조사별 휴가일수

구분	대 상	일수
결혼	본인	5
	자녀	1
출산	배우자	10
입양	본인	20
사망	배우자, 본인 및 배우자의 부모	5
	본인 및 배우자의 조부모 · 외조부모	3
	자녀와 그 자녀의 배우자	3
	본인 및 배우자의 형제자매	1

입양은 「입양촉진 및 절차에 관한 특별법」에 따른 입양으로 한정하며, 입양 외의 경조사 휴가를 실시할 때 원격지일 경우에는 실제 왕복에 필요한 일수를 더할 수 있다(이병환, 2021).

표 12-11 기타 특별휴가

종류	대상	시기	일수
출산휴가	임신 중의 여성 공무원	출산 전후	90일
모성보호시간	임신 중인 여성 공무원	임신 중 휴식이나 병원 진료	1일 2시간
임신검진	임신 중인 여성 공무원	임신기간 중 검진 사유	10일 범위
육아시간	공무원	만 5세 이하 유아	24개월 범위 내 1일 2시간
자녀돌봄	공무원	자녀의 학교행사 참여나 병원 진료 등	연간 2일(2자녀 이상은 3일)
여성보건휴가	여성공무원	매 생리기(무급)와 임신한 경우 검진(유급)	1일
수업휴가	한국방송통신대학 재학 공무원으로 연가일수를 초과하는 출석 수업을 받는 공무원	출석 수업시간	연가일수를 초과하는 출석 수업시간
재해구호휴가	재해·재난 피해 공무원이거나 재해·재난 발생지역에서 자원봉사활동을 희망하는 공무원	재해 복구상 필요시	5일 이내

(3) 공무 외의 국외여행

표 12-12 공무 외 국외여행 관련 내용

<table>
<tr><td>기본 방침</td><td colspan="3">• 교원의 공무 외 국외여행은 휴업일 중에 실시함을 원칙으로 함
• 교원의 전문성 신장을 위하여 휴업일 중 공무 외 자율연수목적의 국외여행 기회를 부여
• 공무 외 자율연수목적의 국외여행은 국가공무원 복무규정에 따른 휴가와 별도로 실시</td></tr>
<tr><td rowspan="3">실시 방법</td><td rowspan="3">휴가일수 범위 내의 공무 외 국외여행</td><td>사유</td><td>본인 또는 친인척의 경조사, 질병의 치료, 친지방문, 견문목적, 취미활동, 가족 기념일, 여행, 기타 필요한 경우</td></tr>
<tr><td>기간</td><td>본인 또는 친인척이 경조사 및 본인의 긴급한 질병 치료 등 특별한 경우를 제외하고는 학교교육에 지장이 없는 휴업일 중 휴가기간의 범위 내에서 자율적으로 실시</td></tr>
<tr><td>절차</td><td>• 근무상황부의 「사유 또는 용무」란에 공무 외의 국외여행임을 표시한 후 학교의 장의 허가를 받아 실시
• 본인의 법정 연가일수 안에서 필요한 기간 허가
• 공휴일을 이용하여 공무 외의 국외여행을 하는 경우는 근무상황부에 기재하거나 소속기관에 신고할 의무는 없으나 사전에 여행일정과 여행지 등을 비상연락 담당자에게 통보하여 긴급 시 소재파악 및 비상연락이 될 수 있도록 비상연락체계가 유지되어야 함</td></tr>
<tr><td rowspan="4">실시 방법</td><td rowspan="4">국외 자율 연수를 위한 공무 외 국외여행 (국외자율 연수)</td><td>사유</td><td>• 교직단체가 주관하는 연수 또는 해외 교육기관의 초청에 따른 연수 참가, 개인의 학습 자료 수집 등</td></tr>
<tr><td>기간</td><td>• 휴업일 중 실시하되 학교교육에 지장이 없는 범위 내에 한함</td></tr>
<tr><td>절차</td><td>• 학교장의 사전승인 후 실시. 다만 학교장은 직근 상급기관장의 사전승인을 받아야 함</td></tr>
<tr><td>유의 사항</td><td>• 교원이 휴가일수 범위 내에서 공무 외의 목적으로 국외여행을 하고자 할 때 불필요한 규제를 할 수 없으며, 여권발급 등에 필요한 지원을 하여야 함
• 교원의 전문성 신장을 위한 국외 자율연수 기회를 최대한 부여함으로써 자질향상에 기여할 수 있도록 하여야 함
• 교원은 여권발급·입국사증의 취득·출입국관리·통관 절차를 준수하고, 여행기간 중 현지의 규범·관습 등을 지켜 교원의 품위를 유지하여 건전한 여행문화 풍토 조성에 솔선수범하여야 함</td></tr>
<tr><td colspan="4">국민 경제의 불황기에는 공무원의 해외 출장·연수·공무 외 국외여행 절제의 분위기가 형성되어 있음을 감안하여 적기에 최소한의 범위 내에서 시행하여야 함</td></tr>
</table>

PLUS TIP | 위대한 똘레랑스

❙ 똘레랑스한다는 것 ❙

그것은 견딘다는 것입니다. 우리에게 지워진 부담을 견디는 것처럼 말입니다.

똘레랑스한다는 것은 내가 동의하지 않는 생각을 용인하는 것을 말합니다.

더 정확히 말하자면, 내가 동의하지 않는 상대방의 생각이나 의견을 바꿀 수도 있지만 그대로 용인하는 것을 말합니다.

필리프 사시에, <왜 똘레랑스인가> 중에서

토의해 보기

01 교육공무원의 신규임용 절차를 설명하여라.

02 기간제 교원과 보직교사 임용 시 유의점을 설명하여라.

03 교육공무원의 휴직에서 직권휴직과 청원휴직의 사유를 열거하고 그 특징을 설명하여라.

04 교육공무원의 징계양정 기준과 징계의 내용을 설명하여라.

05 휴가의 종류와 실시방법에 대해서 재직기간별로 구분하여 설명하여라.

참고문헌

교육부(2022). 개정판 학교폭력 사안처리 가이드북. 이화여자대학교 학교폭력예방연구소.

교육부 보도자료(2022.12.22). 2022개정 초·중등학교 및 특수교육 교육과정 확정·발표.

김계현·김동일·김봉환·김창대·김혜숙·남상인·조한익(2009). 학교상담과 생활지도. 학지사.

김종운·김영훈·김효은·박서희·이태곤(2023). 예비교사를 위한 교직실무. 동문사.

김윤태·김상호·이규환·김재만(1984). 교육학개론. 배영사.

김재춘·부재율·소경희·채선희(2005). 교육과정과 교육평가. 교육과학사.

박도순 외(2012). 교육평가: 이해와 적용. 교육과학사.

박병량(2003). 학급경영. 학지사.

박아청·최미자·정현희·엄우용·최명숙·김성훈·박인식·장동만(2010). 교직실무. 공동체.

박완성(2012). 교직실무의 이론과 실제. 학지사.

서울특별시교육청(2008). 지구별 자율장학 우수·특색사례.

서울특별시 교육연구정보원(2006). 서울특별시교육청 교직실무편람.

성태제 외(2012). 중등학교 성적 평가제도 개선의 이유와 의미: 중등교육의 미래를 밝힐 성취평가제 도입. 교육정책포럼, 224, 4-7.

송기창·김민조·김병주·김병찬·김성기·김용·나민주·남수경·박수정·오범호·이정미·이희숙·정성수·정제영·조동섭·조석훈·주현준·홍창남(2009). 중등교직실무. 학지사.

신재흡(2022). 초·중등 예비교사를 위한 교직실무. 동문사.

윤정일·송기창·조동섭·김병주(2008). 교육행정학원론(5판). 학지사.

이병환(2021). 교직실무(제2판). 정민사.

이병환·김진규·차성현(2011). 학교컨설팅 장학 모형 및 평가지표 개발 연구. 2010 교육과학기술부 교육정책연구보고서.

이병환·박미란(2013). 교직실무: 예비교사를 위한 지침서(제2판). 교육과학사.

이병환·장기풍(2015). 최신 교육행정 및 교육경영. 태영출판사.

이윤식(2001). 장학론. 교육과학사.

이재창(1998). 생활지도 성장과 적응을 위한 접근. 문음사.

이종승(2011). 현대교육평가. 교육과학사.

인천광역시 남부교육청(2008). 장학자료 2008-3 교원 실무 편람.

정명환(2005). 학교회계제도 실무. 충청북도단재교육연수원 연수자료.

정찬기오 · 문승한 · 이광우 · 강순상(2016). 교원자격종별 예비교사를 위한 교직실무. 양서원.

조석훈 · 김용(2007). 학교와 학교법. 교육과학사.

주삼환(2006). 교육의 질 향상을 위한 장학의 이론과 기법. 학지사.

한국교원단체총연합회(2009). '행복한 배움터' 학교폭력 예방 및 사안 처리를 위한 지침서.

한상길(2011). 교직실무. 공동체.

황정규 외(2012). 교육평가의 이해. 학지사.

찾아보기

ㄴ

ㄷ

ㅁ

ㅂ

ㅅ

기타

저자소개

■ **이병환**

경북대학교 대학원에서 교육학 석사 및 박사학위를 받았으며 교육부 교육연구사와 국가전문행정연수원 교수요원을 거쳐 현재 국립순천대학교 사범대학 교직과 및 동 대학원 교육학과 교수로 재직 중이다. 교육부 전국 시・도교육청 평가위원, 교육부 전국교원양성기관 평가위원, 중등교원임용시험 출제위원, 순천시정평가위원, 순천시평생학습관운영자문단장, 서울특별시교육청, 전라남도교육청, 대구광역시교육청 정책자문위원 등 중앙과 지방교육행정기관의 정책평가와 자문을 수행하고 있다.

주요 저서로는 『대안교육의 실천과 모색』(학지사 : 2009년 대한민국 학술원 우수추천도서), 『교육사회학(역서)』(교육과학사 : 2006년 문화체육관광부 우수추천도서), 『새로운 교육사회학』(태영출판사), 『교직실무』(정민사), 『새로운 교원임용시험』(양서원), 『교육행정 및 교육경영 신강』(태영출판) 등이 있으며, 『사교육 발생 요인과 대책』, 『창의경영학교 성공 요인 탐색』, 『컨설팅장학에 대한 교육전문직의 요구분석』,『학교부적응 학생의 행동 분석과 지원 방안』, 『혁신학교의 쟁점 탐색』, 『열린교육과 대안교육의 개념 비교』, 『문화다양성 교육정책 분석과 발전 방안 탐색』 등 80여 편의 논문을 발표하였다.

이외에도 교육부와 각 시도교육청의 학교부적응 학생 지원과 대안교육 관련 정책 용역 연구를 다수 수행하였다. 『대안교육 활성화를 위한 국가수준 교육과정 운영 방안 연구』(교육부), 『대안학교 교육과정 평가 및 질 관리 방안 연구』(교육부), 『컨설팅 장학 모형 및 평가지표 개발 연구』(교육부), 『컨설팅 장학 활성화를 위한 시도별 교육전문직 직무분석 연구』(교육부), 『교육 논술 출제 모형 개발 연구』(교육부), 『학생맞춤형 행복한 교육복지 시스템 구축 방안 연구』(교육부), 『지역별 여건에 따른 통학버스 서비스 모델 개발연구』(교육부), 『학업중단 학생을 위한 방송고 학사운영 및 특별활동 운영방안 연구』(한국교육개발원), 『학업중단숙려제 운영 방안 연구』(전라남도교육청), 『광주광역시 대안교육 실태 분석과 발전적 대안교육체제 정착 방안』(광주광역시교육청), 『경남지역 청소년들의 학교부적응 실태조사와 지원방안』(경상남도교육청), 『자유학기제의 안정적 정착 방안』(경상북도교육청), 『지역수요를 고려한 평생교육대학 설립방향 및 활성화 방안 연구』(순천대학교),『대안교육 발전 방안 모색을 위한 연구』(대구광역시교육청), 『한국교원대 종합교육연수원 사업 개편 방향 연구』(한국교원대학교) 등 여러 정책연구과제의 연구책임자로 성공적으로 연구를 수행 한 바 있다. 미국 피츠버그대학교에서 미국 교육정책의 최신 동향을 연구한 바 있으며, 각종 교육정책과 새로운 학교모형 구상에 관심을 가지고 활발한 연구 활동에 매진하고 있다.

leebh@sunchon.ac.kr

교직실무

초판 1쇄 발행 / 2023년 3월 20일
초판 2쇄 발행 / 2025년 2월 10일

•

저 자 / 이 병 환
발행인 / 이 중 수
발행처 / **동 문 사**

•

서울특별시 서대문구 홍제원 1길 12
(홍제동 137-8)
Tel: 02)736-3718(대), 736-3710, 3720
Fax: 02)736-3719
등록번호: 1974.04.27 제9-17호
가격: 22,000원

•

ISBN: 979-11-6328-509-0(93370)
E-mail: dong736@naver.com
www.dongmunsa.com